여기, 우리, 함께

여기,

우리,

함께

희정 지음

오래도록 —— 싸우고
곁을 지키는 사람들,
그 투쟁과 연대의 기록

갈마바람
Galmabaram

오 나는
나는 무릎 꿇고 싶지 않아
아스팔트 위를 기어 기어서라도
자유 마음의 깃발로
평화 너에게 저녁을
평등 땅 위에 발바닥

— 〈간다〉, 연영석 노래·글·곡

오래도록, 곁에 선

오래도록 싸우는 사람들

오래도록 싸우는 사람들을 취재한다는 것은 이런 일이다.

내가 그때 왜 웃었지? 하고 반성하게 되는 일.

1년짜리 비정규직을 거부하며 노동조합을 만들어 10년을 싸웠지만 결국에는 회사가 사라지는 일을 목격해야 했던 노동자가 오체투지에 대한 이야기를 해주었다. 처음에는 아스팔트에 무릎을 꿇고 다음에는 몸을 아예 납작 엎드린다. 이 동작을 세 걸음마다 반복한다. 살이 데일 듯한 열기가 올라오는 길바닥에 코를 박고 있는데 그 옆을 지나가는 차는 클랙슨을 길게 눌러댄다. 도로가 막혀 짜증난다는 표현이다. 날카로운 소리를 듣고 있자면 욕이 나오거나 눈물이 질금 나오거나 둘

중 하나다.

그는 눈물 이야기는 하지 않는다. 그저 냄새 이야기만 한다. 해봤자 자신만 초라해지는 이야기는 하지 않는다. 그래서 눈물보다 냄새가 낫다. 냄새 이야기를 하던 그가 묻는다.

"지역마다 하수구 냄새가 다른 거 알아요?"

그 말에 나는 웃음을 터트렸다. 그러나 곧 후회한다. 이게 웃을 일인가. 아니, 웃어도 될 일인가. 당사자가 웃는다고 나도 따라 웃어도 되는 일인가. 나는 그 시절을 같이 나누어 가진 사람이 아니다. 그들이 아파할 때 무엇 하나 보탬이 되지 않았던 내가 이제 와서 웃음 하나 보태도 되는 일인가.

나는 슬그머니 웃음을 거두고, 그에게 다양한 하수구 냄새를 알려주는 세상을 생각한다. 내가 발 딛고 사는 곳이다. 오체투지 정도의 일이 아니면 오지 않는 카메라를 떠올린다. 카메라에 찍힌 모습을 언론에서 접하는 순간 사람들은 안타까워한다. 그러나 잠시일 뿐이다. 싸우는 사람들의 이야기를 듣고 기록하는 일을 나의 역할로 삼지만, 듣는 이야기는 토막일 뿐이며 머무는 순간은 짧다.

싸우는 사람 옆에 잠시라도 머물다 온 날이면 혼자 중얼거리기 마련이다. 이런 세상 망해버려라. 어디서부터 해결해야 할지 몰라 '망해라'를 외게 된다. 그러나 이런 나와 달리 싸우는 이들은 '어디서부터' 해결해야 할지를 고민하는 사람들이다. 흔히들 어쩔 수 없다고 체념하거나, 세상이 다 그런 거 아니냐며 지나치는 일을 가지고 싸운다. 내가 '망해라' 같은 말로 퉁쳐버리는 세상의 모순을 부여잡고 싸운다. 억울해서 싸우든, 가혹해서 싸우든, 그런 일을 받아들일 수 없는 사람은 싸워서 자신의 답을 얻어낸다. 그 답으로 요구를 하고 싸우는 이유를 설명한다.

자신만의 답안지를 작성해야 하는 싸움은 외로울 수밖에 없다. 나에게 '오래도록 싸우는 사람'이라 기억되는 이가 있다. 앞만 보고 동네 길을 걷던 사람.

떠들썩하게 싸웠던 노동조합이 있다. 그를 포함한 노조 조합원들은 공장 점거, 고공 농성, 무기한 단식을 한 번도 아니고 몇 차례씩이나 거듭했다. 앞서 이야기했던 오체투지만 해도 수차례. 그래서 세상사람 모두는 아니라도 동네 사람은 다 아는 싸움을 하게 된 그는 집으로 돌아가는 길에 앞만 보고 간다고 했다.

고개를 돌리지 않고 빠르게 걷는다. 동네 사람과 눈이라도 마주칠까봐. 그 사람이 다가와 말을 걸어올까봐. "요즘도 그래?" 하고 물어볼까봐. 낮에는 자신이 하는 일이 옳다고 말해주는 사람들 속에 있어도, 세상 밖으로 한 걸음만 나가면 그는 답 없는 싸움을 하는 답답한 사람 취급을 받는다. 사람들은 그를 보고 수군댄다. 뭐가 저리 꼬여서, 드세서, 한심해서 포기를 못하고 계속 저러는 건지. 사회 불만 세력이나 빨갱이는 차라리 명예로운 표현이다. 가족의 미래보다 자기 자존심이 더 중요한 이기적인 사람, 자신의 무능함을 사회 탓으로 돌리는 모자란 사람, 어딘가 꼬여 있는 모난 사람. 그에게는 이런 딱지가 붙는다.

"요즘도 그래?" 사람들은 대답을 요구하고, 싸우는 사람은 그 물음 앞에서 망설인다. 그래서 십수 년을 같은 동네에서 살아온 사람들을 피한다. 공장 앞에 죽치고 있는 직원들을 피하는 사장님처럼 유리창을 까맣게 선팅한 검은 세단에 몸을 싣고 매끄럽게 들어가면 되는 일이 아니다. 인생이 발품인 노동자는 빠르게 걸어 세상의 시선에서 자신을 보호한다. 그런 마음은 켜켜이 쌓여 무엇이 될까. 오래도록 싸우는 사람들을 볼 때마다 나는 그 마음을 가늠하고 싶었다.

그러나 묻진 않는다.

묻는 일은 어렵다. 수백 일을 굴뚝 위에서 산 노동자에게 조심스러운 질문이라며 서두를 꺼내자, 그는 익숙하다는 듯 "왜요? 가족 이야기 물어보려고요?" 했다. 굴뚝 위에 올랐더니 사람들이 얼마나 힘든지만 물어본다고 했다. 하고 싶은 말이 있어서 높은 곳에 올랐는데, 세상은 쓸개를 끄집어내어 속이 얼마나 쓰린지 대답하라고만 한다고.

그래서 다른 질문을 던졌다. 이들이 왜 '답 없다는' 싸움을 하는지. 세상의 시선을 피하고 스스로를 굴뚝에 고립시키면서도 '한심하게', '답답하게', '드세게' 맞서는지. 왜 이토록 오래 싸우는지.

어쩌면 이조차도 잘못된 질문일지 모른다. 싸우는 사람에게 '왜'를 묻는 일은 무의미하다. 싸우는 사람은 자신이 왜 굳이 떠나지 않고 남아 싸우는지를 생각하지 않는다. 하루하루를 버텨내고 한 단계씩 밟아나간다. 그렇게 앞만 보고 가지 않으면 주저앉게 마련이다. 옆에선 "요즘도 그래?"라고 묻는다. 뒤에서는 무엇이 목덜미를 잡아챌지 모른다. 왜 계속 싸우느냐는 질문을 받은 이는 세상에 그런 바보 같은 질문이 어디 있느냐고 되받아친다.

"아직 끝나지 않았으니까요."

그럼에도 묻고, 그럼에도 답을 구한다. 꽤나 괜찮은 답이 기다리고 있어서가 아니다. 오히려 그들이 해준 답은 뻔하다. '왜 싸우느냐?'는 질문은 어느새 '힘들지 않느냐?'는 질문과 다를 바 없어진다. 질문이 상투적이기에 답도 상투적일 수밖에 없다. 상투어 가득한 세상에서 당연한 일이다. 하지만 밋밋한 말들 사이에서 처절하거나 특이한 이야기를 선별해 담으려 하진 않는다. 그들을 대신해 답할 생각도 없다. 그렇다면 왜 나는 제대로 들을 수도 없는 답을 좇는 걸까.

싸우는 사람들은 하늘에 오르고, 땅에 온몸을 붙이고, 수십 일을 굶고 나서야 세상 사람들에게 질문을 받는다. 질문을 받아내기 위해 그런 일을 한다. 그러나 나는 가끔 이런 생각을 한다. 이들은 답하는 사람이 아니라고. 이들은 묻는 사람이라고. 우리가 지나치고 감내하고 넘어가는 일들을 들춰내 묻는 사람.

오랜 시간 싸우는 사람은 강한 사람, 지독한 사람, 모자란 사람이 아니라, 우리에게 묻는 사람이다. 우리의 삶이 이대로 괜찮은지. 그 물음에 답이 주어지지 않기에 싸움은 길어진다. 괜찮을 것 없는 세상이라 나는 싸우는 사람들이 우리에게 던지는 물음의 답을 좇는다.

곁을 지키는 사람들

그럴 때가 있다. 잘 지내느냐는 말에 대한 답을 찾을 수 없어, 그 질문을 던져올 사람을 아예 만나지 않는 날들. 그렇게 혼자가 된다. 사람들은 그걸 고립이라 부른다. 고립에서 벗어나기 위해 우리는 잘 지내려고 한다. 싸우는 사람들은 승리하려고 한다. 승리만이 잘 지내지 못한다는 의심을, 싸우는 동안 받은 무시와 멸시의 눈빛을, 내 안에 자리잡은 모호한 죄책감을 털어낼 수 있을 거라 믿는다. 그러나 승리는 한번에 오지 않고 싸움은 길어진다.

　잘 지낼 수 없는 사람들은 '잘 지내요?'라고 묻지 않는 사람 옆에 있고 싶어한다. 자신의 처지를 길게 설명하여 납득시킬 필요가 없는 사람. 세월호 참사를 겪은 유가족을 만나 그들의 구술을 기록해온 어떤 이*는 이런 말을 했다. 자신은 세월호 부모님들에게 "안녕하세요?"라고 인사하지 않는다고. 안녕할 수 없는 사람에게 안녕을 묻지 않는다. 옆에 있는 사람이 내줄 수 있는 작은 품이다. 이 작은 무언가가 당사자

---

* 　기록 활동가 유해정. 세월호 이야기를 다룬 《금요일엔 돌아오렴》(유해정 외 지음, 창비, 2017) 등을 썼다.

를 조금은 숨 쉬게 한다.

하지만 옆에 사람이 있다고 괴로움이 온전히 사라지진 않는다. 〈꽃다지〉라는 민중 가수 그룹이 부른 노래가 있다. 재능교육 학습지 교사들의 싸움을 보고 쓴 곡인데 가사 중에 이런 구절이 있다.

"도와주는 사람, 함께하는 사람 있지만 그래도 추운 건 어쩔 수 없더라."●

사람들은 함께라면 춥지 않다고 말하지만, 실은 춥다. 외롭게 춥지 않을 뿐이다. 솔직히 외롭기도 하다. 결국 나의 싸움이기 때문이다. 연대란 우산을 씌워주는 게 아니라 함께 비를 맞는 일이라고 하지만, 함께 젖는다고 싸움에서 꼭 이기는 것은 아니다.

그럼에도 함께 비를 맞는다. 이 무용하면서도 가치 있는 일을 복잡한 심정으로 바라볼 때가 있다. 연대란 함께 도모하고 함께 이행하고 함께 책임지는 것이다. 왜 '함께'하느냐고 물으면 때로 이런 대답이 돌아온다.

"그러게요. 왜 함께하는 걸까요?"

누군가는 이 말을 하고 뜬금없이 웃었던가. 골몰해 생각하는 표정을 지어 보였던가. 구할 수 없는 답이라고 단정내리기도 했다. 뚜렷하게 답해주는 사람은 없었다. 왜 연대를 하는지, 의문을 갖는 이들은 연

●　　　〈내가 왜〉, 꽃다지 노래, 정윤경 글·곡.

11

대자만이 아니다. 싸우는 당사자들도 의아하다는 듯 말했다.

"그 사람들은 왜 우리와 함께하는지 모르겠지만…."

'함께 살자'가 구호였던 노동조합에 소속된 사람이 있었다. 자신들과 연대해준 사람들의 이야기를 하던 그는 문득 말을 멈추고 내게 물었다.

"그런데 그 사람들은 왜 우리와 함께한 걸까요?"

나는 같은 의문을 품은 입장이었지만 교과서 읽듯 답했다.

"함께 살자면서요."

함께 산다는 것이 무엇인지는 나 역시 모른다. 이들의 행동이 함께하는 삶을 이루어낼 수 있을 것인지 그것 역시 알지 못한다. 함께하려는 사람은 어디에서 와서, 어떤 자리에 서서, 어떻게 관계를 맺으며, 싸우는 이에게 자리 한 칸을 내어주는지, 모든 것에 의문을 품는다. 그러다보면 결국 질문은 '왜'로 돌아간다.

나는 모호하게 쏟아지는 의문을 뒤로한 채 소박한 질문을 품고 사람들을 만났다.

"왜 연대를 하나요?"

왜 사람이 사람에게 가서 함께하는지 스스로도 답을 갖지 못한 채 사람들은 함께한다. 그래서 이들에게 얻어낸 답은 한시적이고 부유했다. 모두 내게 선명한 이야기를 들려주려고 애썼지만, 그것은 집으로 돌아가는 길에 '그건 아니었어' 하고 중얼거릴지도 모르는 이야기들이었다. 어쩌면 정말 중요한 이야기는 집에 놓아두고 왔을지도 모르는, 그런 정도의 이야기였다.

그럼에도 내가 이들의 이야기를 글로 옮기는 이유는 나 또한 답을 찾고 있기 때문이다. 내게 연대자란 오래도록 싸우는 사람들이 세상을 향해 던진 질문에 가장 먼저 응답하는 사람들이다. 이들은 저마다 어떤 답을 가지고 싸우는 사람들의 옆으로 왔을까. 그들의 답안지를 곁눈질하는 기분으로 연대하는 사람들을 만났다.

50년 전 사람, 50년 후 우리

올해는 전태일 열사 50주기이다. '50년이 지나도 여전히 핍박받는 노동 현실'이라는 말을 수없이 들었지만, 여기에서 그 말을 반복하고 싶진 않다. 50년이 지나도 100년이 지나도 변할 수 없는 계급의 문제가 있고, 격세지감을 떠올릴 만큼 일하는 사람들이 한걸음씩 걸어 바꾸어낸 현실도 있다.

다만 지금 눈에 보이는 것을 본다. 한국마사회의 횡포에 스스로 목숨을 끊은 젊은 기수 문중원의 아내(오은주)와 태안화력에서 일하다 사망한 김용균의 어머니(김미숙)가 분향소를 지키려다가 용역들에게 폭행을 당하는 현실을. 전태일의 어머니 고 이소선 여사가 떠오르는 것은 어쩔 수 없다.

전태일이 떠난 지 50년이 되는 지금, 전태일 열사를 기리는 방식이 무엇일지 생각해본다. 내게 기리고 추모하는 행위란 현실에서 싸우는 이들에게 묻는 일이다. 왜 이토록 싸우느냐고. 멈추지 않느냐고.

차례

어둠과 밝음이 만날 즈음
등짐 한 보따리 짊어지고
쇠기둥 가지를 붙잡고
허공으로 올랐다

한참 후에 당도한
땅과 하늘 사이
텅 빈 공간 그곳에
둥지를 틀었다

— 〈고공〉, 콜밴* 노래·글·곡

---

* 콜텍악기 해고자들이 결성한 밴드(김경봉, 이인근, 임재춘). 〈고공〉은
  콜밴의 자작곡으로, 이인근 콜텍 지회장의 고공 농성을 다루었다.

1부

하늘로 오르는
사람들에게
왜 오르느냐고
묻는다면

파인텍(스타플렉스)

질문을
되돌려야 하는 시간,
409일

2018년 12월 24일, 파인텍 노동자들은 고공 농성 408일을 맞이했다. 고공 농성이 해를 넘겨 또 하나의 기록을 세우자 언론은 하늘 위 노동자들에 주목했다. 이 글은 그 당시에 쓰였다. 이듬해인 2019년 1월, 노동자들은 고공 농성 426일 만에 스타플렉스와 합의를 이루고 땅으로 내려온다. 고공 농성이 끝난 이후의 기록은 글 말미에 따로 밝혀두었다.

공사판에서 몇 달째 임금을 받지 못한 노동자들이 일을 못하겠다며 털썩 주저앉았다. 그러고는 나를 붙잡고 언론사 타령을 한다.

"우리 돈 못 받고 이런 거 기자에게 알려야 하는 거 아니야?"

건설 현장에서 두어 달 치 임금 체불은 흔한 일이다. 공사 막판에는 원청 건설사와 하청 업체의 공사 자금 장난질에 건설 노동자는 불안을 안고 살아야 한다. 월급날만 바라보며 사는 사람에게 이것만큼 서러운 일이 없다. 이게 건설 현장 적폐지 싶지만 나는 무심하게 말한다.

"기자들 안 와요, 이런 걸로는."

그러자 한 이가 묻는다.

"그럼 어떤 걸로 오나?"

그러게, 방송국 카메라는 어떤 걸로 오나. 싸우는 노동자들은 얼추 그 답을 알고 있다. 그래서 굴뚝에 오르고, 망루를 짓고, 끼니를 거부하고, 차가운 아스팔트를 기어간다. 그렇게 해야 사람들의 시선이 향하고 질문이 생겨난다.

"왜 저렇게 한대?"

할 수 있는 것이 없었다

파인텍 노동자들은 그 질문을 두 차례나 받았다. 그들은 2014년과 2017년 두 번에 걸쳐 굴뚝에 올랐다. 일명 고공 농성. 처음 차광호˚가 오른 굴뚝은 높이가 45미터였고, 지금 박준호와 홍기탁이 있는 곳은 땅에서부터 75미터 떨어져 있다. 세 사람 모두 봄을 지나 겨울이 될 때까지 사계절을 견뎠다. 이들에 대한 질문 횟수가 잦아진 것은 농성 시작 408일째를 앞두고였다. 차광호의 농성은 408일로 마무리됐다. 당시 세계 최장기 고공 농성으로 기록되었다. 그런데 두 번째 고공 농성마저 408일 기록을 넘어설 지경이었다.

˚　민주노총 전국금속노동조합 충남지부 파인텍지회 전前 지회장.

언론에 이들이 소개되는 횟수가 잦아지고, 사람들의 염려도 늘어갔다. 나 또한 뒤늦게 이들을 찾았다. 목동 스타플렉스 서울사무소 앞에 차린 지상 농성장으로 들어가니, 동조 단식을 하는 이들* 사이로 노조 조합원들이 보였다. 5명이 전부라고 했다. 굴뚝 위에 2명이 올라갔고, 아래에는 차광호 전 지회장을 포함해 셋이 남았다. 차광호는 단식 중이었다. 가뜩이나 마른 얼굴에 볼이 움푹 패어 있었다.

나는 말수가 적은 한 조합원을 붙잡고 물었다. 묻고 싶지 않은 질문이었다. "힘들지 않아요?" 그는 그래도 지금이 낫다고 한다.

"정말 힘든 건 두 번째 고공에 오르기 전까지의 1년이었죠. 굴뚝에 오른 건 당시에 할 수 있는 게 이것밖에 없었기 때문이에요."(김옥배 조합원)

2015년, 첫 번째 고공 농성은 차광호 전 지회장이 스타플렉스 김세권 사장의 도장이 찍힌 고용 승계 합의서를 가지고 굴뚝에서 내려오면서 마무리됐다. 그리고 스타케미칼 노동자였던 이들은 파인텍 소속이 되어 충남 아산 공장으로 가게 됐다. 이때 남은 조합원이 8명.

2007년 한국합섬이 파산하기 직전만 해도 조합원은 800여 명에 달했다. 건실했던 기업이 공금 횡령과 무분별한 투자, 부실 경영으로 인

---

* 차광호에 동조해 사회 인사 4명(박승렬 한국기독교교회협의회 인권센터 소장, 나승구 천주교정의구현사제단 신부, 박래군 인권센터 사람 소장, 송경동 시인)이 함께 무기한 단식에 들어갔다. 차광호의 단식은 33일로 마무리됐다.

해 하루아침에 파산 절차에 들어갔고, 회사를 떠날 수 없었던 노동자들은 공장을 지켰다. 파산 4년 만에 스타플렉스가 한국합섬(매각 후 스타케미칼로 법인명 변경)을 인수하고 이들은 복직한다. 그 수가 104명.

그러나 스타케미칼마저 스타플렉스에 인수된 지 1년 8개월 만에 매각된다. 노동조합은 스타케미칼이 먹튀 자본이 아닐까 의심해왔는데 우려가 적중한 것이었다. 스타플렉스에는 스타케미칼 인수 비용(399억 원)보다 높은 가격의 설비와 공장 부지가 남았다. 노동자에겐 일자리 상실이 주어졌다. 고용 승계를 요구하며 싸우기로 결정한 사람은 30명 남짓이었지만, 2년간의 싸움과 첫 번째 고공 농성을 거치면서 11명으로 줄고, 노사 합의 과정에서 다시 8명이 됐다.

8명의 노동자는 고용 승계 약속을 받고 파인텍 충남 아산 공장으로 간 첫날, '있는 이들의 장난질'이 얼마나 무서운 건지 깨달았다. 누구에게는 1평짜리 굴뚝에서 1년 넘는 시간을 보내고 간신히 손에 쥔 약속이었지만, 누구에게는 잔꾀 부린 술수에 불과했다. 기업이 사무직 직원을 모욕하는 방식에 책상빼기가 있다면 생산직 노동자에게는 가짜 공장이 있나보다. 아산으로 내려간 이들은 급조된 낡은 공장을 마주했다. 기계는 수십 년 전 사양이었고 기숙사는 가재도구 하나 없이 휑했다. 공장장과 조합원 8명을 제외하고는 어떤 직원도 없었다. "사기당했죠."

노사 합의한 이행 약속도 지켜지지 않아 조합원들은 최저 시급에 가까운 기본급에 잔업도 없어 실수령액 120만 원으로 몇 달을 버텼다. 합의서가 종이 쪼가리로 전락한 가운데 이들은 단체협약 체결을 요구하며 파업을 시작했다. 그러자 기다렸다는 듯 회사는 아산 공장을 폐업 처리했다.

일터는 사라지고, 이들은 다시 거리로 나왔다. 그사이 조합원은 다섯으로 줄었다. 그나마 이들을 기억하는 사람들에게 파인텍 투쟁은 '해결된' 문제였다. 노사 합의를 이뤘으니 다 해결된 거라 여겨졌다. 간단히 잊혔다. 다시 하늘로 오르기를 결심하기까지 이들은 외로웠다.

하늘에 오르면 그나마 카메라가 비춘다. 목소리가 전파를 탄다. 그러나 "왜 투쟁하는가?"라는 질문이 시작되는 순간, 또 다른 곤혹이 시작된다. 싸우는 사람들은 싸우는 내내 사람들을 납득시켜야 한다. "이렇게까지 해야 해?"라는 질문이 따라붙기 때문이다.

"사람들이 많이 이야기합니다. 다른 데 가서 일을 할 수도 있는데 왜 여기서 계속 투쟁을 하느냐고. 그런 바보 같은 말이 어디 있습니까?"

400일 넘게 굴뚝에서 사는 홍기탁이 말했다. 전화기 너머로 그 말을 들었을 때 조금 통쾌했다. '왜 포기하지 못하고 계속 싸우는가'처럼 하나 마나 한 질문이 또 어디 있을까. 그럼에도 기어코 나 역시 그에게 묻는다. 왜 떠나지 않고 남아 싸우느냐고.

왜 못 떠났느냐고 묻지만

"왜 떠나지 않고 함께하느냐고요?"

800여 명 조합원이 다섯으로 줄었다. 그 5명도 떠날 기회는 많았다. 왜 떠나지 않았느냐는 질문에 지상에서 농성 중인 김옥배 조합원은 선선히 대답한다.

"내가 왜 남았지? 그냥 이번이 마지막이다, 마지막이다 하다보니 여기까지 왔네요."

그러나 나는 그의 말이 끝나기도 전에 질문이 잘못되었음을 깨달았다. '왜 떠나지 않았느냐'고 물었는데 그는 '왜 함께했느냐'고 받아들였다. 그는 떠나지 않은 것이 아니라 함께한 것이다.

고공에서 박준호가 덧붙인다.

"지내왔던 사람들과 함께해야 한다는 의리. 그게 우선이 되었던 거 같아요."

이들은 말한다.

"지금은 왜 싸우는지를 말할 수 없어요. 나중에 투쟁이 끝나고 문득 아, 그때 내가 이래서 같이했구나. 이렇게 떠오를 때가 있겠죠."

투쟁이 길어질수록 싸우는 이유를 하나하나 되새기는 것보다 매순간 버티는 일이 중요해진다. 노동조합에서는 '질긴 놈이 승리한다'는 말을 흔하게 하는데, 질기게 버티는 일이 쉽지 않아 생긴 말일 것이다.

그 쉽지 않은 걸 해내야 종잇조각에 불과한 합의라도 손에 쥘 수 있다. 공장이 파산하고 매각되는 과정에서 수백, 수천 명 노동자의 밥줄은 고려 대상이 되지 않는다. 사회안전망이 미흡한 한국에서 밥줄은 곧 목숨줄이다. 목숨줄 지키겠다고 5년 동안 텅 빈 공장(한국합섬)을 지키고 두 차례나 굴뚝에 올라갈 각오를 했다.

그에 비해 밥줄 빼앗는 일은 너무 쉽게 일어난다. 매각과 대량 해고 시 적합한 요건을 갖췄는지 정부가 관리 감독해야 한다는 말은 힘없는 입바른 소리. 누구도 책임지지 않는 말이다. 기업은 가뿐히 떠난다. 중요한 것은 공장 부지의 부동산 가치, 영업이익 등을 계산기로 두드리며 얼마에 매각할지를 따지는 일뿐이다. 그 계산은 경영상의 위기라고 불린다.

가진 것 없는 '평범한' 사람에게 세상은 장애물 경기와도 같고, 그래서 장애물을 뒤로하고 돌아서는 일이 더 쉬울 때가 많다. "에잇, 더러워. 너희끼리 잘 먹고 잘살아라 하고 갈 수도 있었어요." 많이들 그렇게 한다. 그러나 홍기탁은 75미터 굴뚝에서 묻는다.

"그렇게 돌아서서 간 길에 다른 세상이 있나요?"

어차피 노동자로 살아야 하는 몸이다. 다른 세상은 없다. 그러니 지금 최선을 다해 버티는 것이다. 싸우는 데 뭐 그리 거창한 이유가 있어야 할까.

"사람들이 왜 자꾸 싸우느냐고 물어요. 노동조합과 약속한 게 하나도 지켜지지 않는데, 우리가 힘이 없다는 걸 알았다고 집에 갈게요, 이래요? 모르긴 몰라도 우리는 알아버렸는데, 저들이 어떤지 우리는 알아버렸는데. 알아버린 사람들이 선택할 수 있는 것이 뭐겠어요. 싸울 수밖에 없는 거죠."

이 간명한 이유 하나 들으려고 굳이 하늘에 올라간 사람에게 묻는다. 단순하고 명료하지만 브라운관에 담기지 못하는 말. 이토록 간명한 이유가 사람들 귀에 가닿지 않는 세상이라, 노동자는 반복해 묻고 답하고 고공에 오르고 단식을 한다. 자신의 고통, 외로움, 감내, 자책을 다 보여주고 나서야 한마디 말을 덧붙일 수 있다. 자신들의 싸움이 얼마나 정당한지.

409일이 되고, 410일이 되고

홍기탁에게 마지막 질문을 했다.

"요즘 어느 시절이 제일 생각나세요?"

그는 한국합섬 시절을 언급했다.

"한국합섬에서의 마지막이 기억에 남아요. 멈춰버린 3만 평 공장을 소수가 지키고 있었으니까. 새로운 자본(스타케미칼)이 들어오고, 공장이 재가동되고, 고용도 노동조합도 승계되고. 한편으로는 먹튀 자본일까 불안하면서도 너무 기뻤거든요."

김세권 회장이 책임지고 3년 전의 고용 승계 합의를 이행한다면, 지금도 그때처럼 기쁠까. 그러기에는 너무 작은 약속이 오랫동안 지켜지지 않았다. 스타케미칼 차광호가 고공 농성을 하며 견뎌야 했던 시간을 같은 회사 동료, 아니 같은 노동조합 조합원들이 또다시 감내해야 한다.

"사실 408일은 인생에서 그리 긴 시간이 아니에요."

이 또한 홍기탁의 말. 그렇다. 그는 1999년 한국합섬에 입사해 노동조합을 알게 되었고, 노동자로 살았다. 그가 노동자로 살아온 세월에 비해 400여 일은 긴 시간이 아니다. 앞으로 노동자로 살아가게 될 시간에 비해서도. 이것이 진짜 마지막 투쟁이면 좋겠다는 땅 위의 조합원 역시 다시 공장으로 돌아가면 노동조합을 세우고 노동자로 살아가겠다고 이야기한다. 오늘 굴뚝은 살아가는 길목에 있을 뿐이다.[*]

이제는 깨져버린 고공 농성 기록인 408일이라는 시간을 기억해야 하는 건 굴뚝에 오른 이들의 몫이 아니다. 땅 위에 남은 그들의 동료 몫도 아니다. 누군가의 시간이 하늘 위에서 자꾸 흘러가고 있다는 것을 기억해야 하는 이는 오히려 우리다.

어쩌면 408일은 일하는 사람 모두의 마지노선이었을 것이다. 그

---

[*] 《마음은 굴뚝같지만》(마음은 굴뚝같지만 팀 엮음, 나무야미안해, 2018)은 파인텍 노동자들이 굴뚝 농성을 하며 보낸 '시간'에 대해 이렇게 말한다. "쌓이는 하루들은 길 위의 생활이 얼마나 비참한가를 호소하는 숫자들이 아니다. 굴뚝의 시간은 견디는 게 아니라 '맞서며' 흐른다."

래서 사람들이 그토록 발을 동동거렸는지 모른다. 우리 앞의 장애물은 여러 이름으로 불렸다. 첫 번째 공장인 한국합섬이 파산한 2007년에는 '노동 유연화'로, 공장이 스타플렉스 손으로 들어간 2010년에는 '기업 하기 좋은 나라'로, 다시 '쉬운 해고-규제 완화'로. 지금은 또 다른 이름을 기다리고 있다. 어떤 이름이 붙건 안정된 일자리는 사라지고, 해고는 손쉽고, 노동조합은 공공의 적처럼 명명된다. 불안정한 일자리로 내몰리지 않기 위해 사람들은 장애물 경기에 전력을 다한다. 그런 세상에서 408이라는 숫자를 기억하는 것은 노동의 마지노선이 사람이 사는 굴뚝에 있기 때문이다.

촛불도 그렇게 들지 않았느냐고 홍기탁은 되물었다. 우리가 믿어온 올바름의 마지노선을 기득권 세력이 건드렸다. 이것이 국가인가. 사람들은 그 선을 지켜내기 위해 광장에 나왔다. 지켜내지 못하면 '잘' 살아갈 자신이 없는 사람들이 추운 겨울 언 손을 부여잡고 애를 썼다. 지켜내야 할 마지노선은 촛불에만 있지 않다.

태안화력 김용균의 죽음, 강남역에서 일어난 죽음, 그리고 언급하는 것조차 슬픈 수많은 학생의 죽음은 사람들을 거리로 나오게 했다. '이것만은' 지켜야 하는 순간이 각자에게 있다. 408일에도 '이것만은'이 담겨 있다. 노동의 권리를 말하는 싸움에 자꾸만 최장기 기록을 갱신시키는 사회, 이것만은 막아야 하지 않나. 408일을 마지노선이라 생각하는 사람이 많아지길 바라는 마음으로 이제 물음을 되돌린다.

이들에게 쉽게 던져온 물음을 우리 자신에게 되돌려야 한다. 우리가 우리에게 물어야 한다.

"이들은 왜 싸우는가."

누군가를 하늘에 오르게 하고, 망루에 가두고, 쇠사슬에 몸 묶게 하는 세상을 함께 살아가기에, 우리는 사람이 싸우는 이유에 대답해야 한다.

땅 에 선 후

굴뚝 농성 410일이 되던 날 언론에 글을 기고했다. 그리고 글 전문을 굴뚝 위 홍기탁과 박준호에게 보냈을 때 두 사람은 별로 탐탁지 않아 했다. 예상한 바였다. 그들은 전화 인터뷰 때 길게 '다른 이야기'를 했고, 나는 그 이야기를 글에 거의 담지 않았다. 그것은 정부의 노동정책에 관한 내용이었다. '촛불 정국'을 거쳐 '장미 대선'으로 당선된 대통령의 임기 2년차였다.

굴뚝 위 사람들을 만날 수 없으니 전화통화로 인터뷰를 대신했다. 귀에 댄 핸드폰이 뜨거워지는 것을 느낄 만큼 긴 통화였다. 그들이 있는 75미터 굴뚝에서는 핸드폰이 뜨거워질 일이 없겠다고 생각하며 전화를 끊었다. 추운 날이었다. 그들이 처한 상황을 생각하면서도, 그들이 왜 올라갔는지만 썼다. 그들이 긴 시간 들려준 '노동법 개악'에 관한 이야기는 따로 적지 않았다(파인텍 고공 농성자들과의 인터뷰가 이뤄지기 몇 달 전, 노동 존중 사회를 표방하던 정부는 탄력 근로 기간을 6개월로 확대하겠다는 방침을 세웠다). 자신의 회사가 사라진 처지인데도 정부의 노동정책을 논하는 노동자들과 고공 위 '절박함'을 연결하기 어려웠다. 그래서 담지 않았다.

굴뚝 위 사람들은 무기한 단식을 단행했다. 그들은 체온 유지도 버거운 곳에서 20여 일을 굶은 끝에 지상으로 내려올 수 있었다. 스타플렉스는 최소 3년의 고용 보장에 합의했다. 고공 농성 426일 만의 일이었다.

폐업의 위험을 방지하기 위해 김세권 스타플렉스 사장이 파인텍 대표이사를 맡고, 회사는 원활한 생산 활동을 위해 적정 인원을 고용하고, 노사는 노조 활동을 보장하기 위한 단체협약을 체결하기로 했다. 굴뚝에 올랐던 이들의 복귀 예정일은 2019년 7월 1일이었다.

몇 개월 후 나는 지상에서 그들을 만났다. 글을 쓰고 '혼난' 이야기를 농담 삼아 꺼냈다. 그들이 들려준 말을 내가 다루지 않은, 어쩌면 다루지 못한 이유를 말했다. 이야기를 나누며 나는 그들이 굴뚝 아래로 내려온다고 해도 사정이 크게 바뀌진 않을 거라고 예상했었다는 말을 들었다. 그들의 예상은 적중했다.

파인텍 노동자들을 만난 것은 7월이 한참 지났을 때였다. 그들은 일터로 돌아가지 못했다. 단체협약이 아직 체결되지 않았다고 했다. 협의는 난항을 거듭했다. 그들이 새로 들어가야 할 평택 공장에는 이번에도 직원이 그들뿐이었다. 휑한 공장밖에 없었다.

"7월 1일 자 출근 명령을 받고 우리가 그랬어요. 이게 무슨 소리냐. 우선 단체협약이 맺어져야 한다. 2016년 파인텍 때 공장으로 복귀하고 단체협약이 맺어지지 않아서 결국 10월에 우리가 파업을 한 거 아니냐. 그런 절차를 또 밟을 순 없다. 4년 전에도 우리를 방치하다시피 한 거잖아요. 지금도 평택에 공장만 지어놓고 방치하고 있고요. 그런데 자기네들은 해줄 수 있는 게 더 없다, 법대로 해라, 이러면서 계속 미루는 거죠."(박준호)

회사는 굴뚝에서 내려올 때 합의한 내용(고용 승계, 생활임금 보존 등) 이외에는 단체협약에 어떤 내용도 넣을 수 없다는 태도를 고수하고 있다고 했다. 그사이 법원 판결이 났다. 판사는 홍기탁과 박준호에게 징역 1년, 집행유예 2년을 선고했다. 그들이 고공 농성으로 시설을 무단 점유해 손해를 끼쳤다는 판단이었다. 아무도 그들이 겪은 모욕과 농락에 대한 책임을 묻지 않았다. 기업이 져야 하는 책임은 늘 고용만으로 끝난다.

달라진 것이 없었다. 그러면 올라간 게 무슨 소용인가. 나의 질문에 박준호는 오히려 그래서 굴뚝으로 올라간 거라고 대답했다.

"한 사업장만으로 무얼 할 수 있겠습니까?"

박준호와 홍기탁은 75미터 상공까지 들고 가야 할 짐 가방에 '노동 악법 철폐'라고 쓰인 현수막을 챙겨갔다고 했다. 우리 하나하나를 정 치적 발언력을 가진 광장의 '촛불'이라 말하는 사회다. 그런데 그 시민 이 일터로 가면, 노동조합에 속해 행동하면, 자신의 일터에서 벌어지 는 임금과 복지에 관해서만 말하라고 요구받는다(노동조합이 정치적 요 구를 내걸고 하는 파업은 현재도 불법 파업이라 규정당할 가능성이 크다).

또 한편 노동자가 임금과 복지에 대해서만 말하면 돈 이야기만 한 다는 비난을 받는다. 어떻게 해야 하나. 오직 해고되거나 회사가 사라 지거나 사회가 동의하는 '비참'의 경우에만 노동자들의 투쟁이 폭넓 게 지지받는 것이 현실이다.

그 '비참'과 적절하게 들어맞는 폐업 사업장이었으나 파인텍 노동 자들은 굴뚝에 올라가 '절박함'을 말하지 않았다. 오히려 노동 관련 법 이 개악되는 것을 우려하고, 새로 들어선 정부가 펼쳐나가고자 하는 정책에 감시의 눈을 보냈다.

박준호는 굴뚝에 있는 동안 자신이 해야 할 일들을 생각했다고 했 다. 뭐 그리 생각을 많이 했느냐고 하니, "굴뚝 위에서는 시간이 많아 요" 하며 외로웠을 시간을 대수롭지 않게 설명했다.

"우리 투쟁이래봤자 5명밖에 없었고, 미약했지만 알리고 싶었어요. 교섭, 단체협약, 노동조합. 여기서 그치는 것이 아니라, 일하는 사람들 과 같이할 수 있는 그런 이야기를 하고 싶었죠.."

차광호 전 지회장은 굴뚝 농성의 의미를 간단히 말했다. "우리가 하고 싶은 말이 있었고, 그것을 했으니까요." 그러나 적지 않은 언론이 그들이 '하고 싶은 말'을 거르고 삭제했을 것이다.

파인텍 노동자들은 내 고용 하나를 지키는 것으로는 평온이 유지되지 않는다는 것을 몸소 깨달은 사람들이다. 한때는 800여 명의 동료가 있는 직장에서 일했지만, 지금은 5명만이 남았다. 일하는 사람이 당장 직장을 잃을 수 있는 이유는 너무 많은데, 보호막은 너무 얇다.

굴뚝 위 홍기탁은 이리 말했다.

"저는 이 싸움은 질 수도 있다고 생각합니다. (…) 비록 진다고 해도 '이 시국에' '어떻게 지느냐'가 더 중요하다고 생각합니다."*

노동자의 것이 될 수 없는 제도와 목소리에 대해서 말하고 싶었던 사람들. 그래서 질 수도 있는 싸움을 하러 하늘로 오른 사람들이었다. 그러나 농성이 409일이 되자 나는 불편해졌다. 저들을 빨리 내려오게 하고 싶었다. 그래서 저들이 되돌려받아야 할 고용만을 이야기했다. 그들은 내려왔고, 달라진 사실은 저들이 내 눈에 보이지 않게 되었다는 것뿐이었다.

어쩌면 나에게 408일이라는 마지노선은 내 마음의 불편함을 가리킨 숫자일지도 모른다. 연대의 마음으로 글을 썼으나 파인텍 노동자

* 《마음은 굴뚝같지만》 중에서.

들이 고공까지 올라 진정 묻고자 한 일에는 관심 두지 않았다. 그래서 땅에서 이들을 만난 후로 나는 평온을 바라지 않는다. 평온을 바란다면 불편한 말들을 버리게 될 테니까.

할 말 못하는 사이,
사납금만 야무지게
오른다

2019년 1월 16일, 택시 노동자 김재주*가 전주시청 앞 작은 망루에서 고 공 농성을 시작한 지 500일이 되었다. 이 글은 그날 기고한 것이다. 김재 주는 그로부터 열흘 후인 2월 26일, 농성 510일 만에 전주시로부터 사납 금 위반 업체의 단속 등을 확약받고 땅으로 내려온다. 지상으로 내려온 이 후의 상황은 글 말미에 따로 밝혀두었다.

여성 참정권 운동을 그린 영화 〈서프러제트〉**로 글을 시작하려고 한 다. 영화에서 권력과 직위를 가진 나이 든 남자가 참정권 운동을 하는 여자들에게 말한다.

"법을 준수하시오."

그러자 여자들이 대꾸한다.

"법을 준수하라고요? 그럼 정당한 법을 만들어야죠."

---

*   민주노총 전국공공운수노동조합 택시지부 전 지부장.

**   세라 게이브런 감독, 2016년 개봉. 유럽권에서 일어난 여성 참정권 운동을 다뤘다.

(투표할 권리를 박탈당한) 여자들은 법을 지키라는 요구 앞에서 법의 정당성을 묻는다. 전체 구성원의 사회적 약속인 것마냥 꾸며진 법마저 이러하다. 무엇을 지키고 지키지 않을지의 문제뿐 아니라, 무엇을 지키라고 요구할지 또한 힘의 문제다.

그러고 보면 싸움은 무언가를 '지킨다'는 말과 함께한다. 그 '무언가'는 생존권, 정의, 의리로 말해지기도 한다. 모든 싸움은 무언가를 지키기 위한 것이다.

택시 노동자가 지키고자 하는 것

전주에서 만난 택시 노동자들에게도 지켜야 할 것이 있다. 별것 아니다. 월급. 그들은 그저 월급 받아 생활하는 노동자이고 싶다. 이들은 사납금 폐지를 요구한다. 사납금은 택시 기사가 매일 회사에 납입하는 일정 금액을 말한다. 사납금을 제외한 금액이 택시 기사의 수입이 되는데, 그 액수가 터무니없이 적다. 농성장에서 만난 한 택시 기사는 이리 말했다.

"우리는 노동자인 거잖아요."

그는 택시 운전만 30년 했다고 한다.

"이건 말이 노동자지, 도급이나 다를 바 없어요."

옆에서 보기에, 사납금 제도는 도급(일의 결과에 대해 보수를 지급하기로 약정하면서 이뤄지는 계약)은커녕 '빵셔틀'에 가까운 듯하다.

"사납금제 경영 방식은 택시 회사에겐 땅 짚고 헤엄치기예요. 봉건 노예제보다 더 좋은 거예요. 차가 1대 나가면 무조건 13만 5,000원(사납금)이 들어와요. 사업자는 앉아서 1대가리 2대가리 계산만 하면 되는 거죠. 차가 70대면 70대가리. 일을 하든 안 하든 사납금은 무조건 받아요. 손님이 있든 없든 상관없어요. 모든 경영 리스크를 노동자한테 떠넘기는 거죠."

이삼형 택시지부* 정책위원장의 말이다. '1,000원 줄 테니 가서 1,500원짜리 빵 사오고 나머지 돈은 너 가져'라는 셔틀 계약(?). 힘 있는 사람이 맺을 수 있는 계약이다. 고용줄을 쥔 택시 회사는 힘이 있다. 추가 수입을 위해 택시 기사들은 노동시간을 늘린다. 그래야 빵 사고 남는 돈이 생긴다.

그 결과 노동시간이 많게는 하루 16시간에 이르렀다. 일하는 시간을 늘리는 건 한계가 있으니, 택시는 더 빨리 달린다. 돈 되는 손님을 받으려고 한다. 택시는 총알이 되고 난폭운전의 상징이 됐다. 시민 안전을 말할 수밖에 없는 현실에서 제일 먼저 목숨을 위협받는 이는 노동자 자신이다. 교통사고 사망자 10명 중 1명이 택시 운전사라고 한다.

---

* 민주노총 전국공공운수노동조합 택시지부.

약속을 지키라는 요구

2017년 9월 택시 노동자 김재주가 고공에 올랐다. 그곳에서 1년을 넘기고도 100일을 더 보냈다. 그즈음 나는 농성장에 올라가 그를 만날 기회가 있었다. 이발하지 못해 마구 뻗친 그의 머리와 퉁퉁 부은 얼굴이 기억난다. 그래도 나름 세간을 갖췄다며 그는 버너로 물을 끓여 내게 커피를 권했다. 하늘 위 농성은 힘든 일이다.

사람들 말에 따르면 매일 저녁 그가 고등학생 딸과 하는 통화 때문에 아래까지 소리가 쩌렁거린다고 한다. 그는 딸에게 잔소리를 늘어놓을 때가 많다. 마음이 안 놓인다. 보고 싶다. 그런데도 왜 올라갔나. 그의 동료가 농으로 말한다.

"열받아서 올라갔지."

무엇이 그를 화나게 했을까. 2014년부터 매일같이 시청 앞에서 진행된 700여 일의 선전전, 그리고 400여 일의 천막 농성. 2년간 노력한 끝에 전주시청으로부터 약속을 받아냈다. 2017년 1월부터 전액 관리제(완전 월급제)를 이행한다는 노사정 확약. 물론 이 약속은 지켜지지 않았다. 김재주는 전주시에 약속을 지키라고 요구하며 고공에 올랐다.

"2014년부터 천막 농성을 비롯해 햇수로 3년 투쟁을 하면서 노사정 합의를 했죠. 그런데 시가 움직이지 않고 엄한 소리를 하니까, 안 되겠다, 특단의 조치를 해야겠다."

노동자가 자신을 하늘에 매달아놓는 '특단의 조치'에도 불구하고, 전주시청은 택시 업체들의 반발 뒤에 숨어 이행 의지를 보이지 않았다. 택시 회사는 "비가 오나 눈이 오나 앉아서 받던 돈을" 포기하지 않았다. 그러는 사이 농성장은 보완을 거듭해 작은 망루집이 됐다.

택시 노동자가 지키라고 요구하는 것은 2년 전 전주시의 약속만이 아니다. 그들은 '법을 지켜라'라고 요구한다. 노동자들은 사납금제 폐지를 이야기하지만, 재미있게도 사납금제는 1997년 '여객자동차 운수사업법' 개정 때 이미 폐지된 제도이다. 현재 법에 따르면 이렇다.

〈운송사업자는 운수종사자가 이용자에게서 받은 운임이나 요금의 전액을 그 운수종사자에게서 받아야 한다.〉(21조 1항)

그러니까 사납금이 아닌 '요금 전액'을 받아 운송사업자인 택시 회사가 관리해야 한다는 말이다. 택시 기사에게는 월급을 줘야 한다는 소리. 지금 택시 노동자들이 요구하는 전액 관리제이다. 폐지된 제도를 폐지하라고 요구하다니.

법이 존재하나 집행되지 않아 생긴 일이다. 20년 전 법에서 사라진 사납금은 '기준금'이라고 이름만 바뀐 채 여전히 건재하다. 정부의 법 집행 의지 부족에서 원인을 찾을 수 있다. 불이행에 따른 처벌 권한이 있는 지자체장이 움직이지 않는다.

전주시를 보자. 사납금제를 유지하는 택시 업체의 행태에 눈감다가 고공 농성이 300일을 넘긴 후에야 전액 관리제를 불이행하는 사업장에 1차 행정처분을 내렸다. 처벌은 과태료 500만 원.

"500만 원이면, 사납금을 하루 1,000원만 올려도 두 달이면 해결될 금액이에요. 택시가 100대라고 하면 하루에 10만 원이 추가로 들어오고, 한 달이면 250만 원이니 두 달이면 되는 거죠."(이삼형)

2018년 12월에 내려진 2차 행정처분마저 택시 노동자들이 시청을 점거하고 49일을 버텨 얻어낸 결과다. 과태료 1,000만 원. 사납금을 1,000원 올리면 넉 달에 해결될 금액이다. 그래도 2차 처분이 내려지자 관내 20개 택시 회사 중 13곳이 협약 이행을 약속했다. 나머지 회사들에게도 압박을 가하려면 3, 4차 행정처분(감차, 사업 면허 정지)이 필요하다.

이번엔 또 무엇을 해야 하나. 자본력 있는 사업주들은 '빵셔틀'도 계약이라며 당당한데, 노동자들은 사업자들이 존재하는 법 하나 지키게 하기 위해 자꾸 무언가를 해야 한다. 그래서 '지키는' 일은 노동자에게 투쟁이 된다.

줄어든 월급을 지키는 사람들

그리고 특이한 것을 지키는 사람들이 있었다. '줄어든' 임금을 지키는 사람들이었다. 농성장을 방문한 날, 한 무리의 택시 기사와 마주쳤다. 이삼형 정책위원장이 그들을 인터뷰해야 한다고 귀띔한다.

"전국에서 처음으로 '완전 월급제'를 하고 있거든요."

전주시 대림교통에서 일하는 택시 기사들이다. 전주시와 택시지부가 확약을 맺은 후 2018년 11월부터 일부 사업장이 전액 관리제를 시행하고 있지만, 완전 월급제라고 이름 붙일 수 있는 사업장은 대림교통뿐이라고 했다. 전액 관리제를 시행한다지만 다양한 편법이 존재한다. 대림교통이 완전 월급제를 할 수 있었던 건 노동조합이 건재한 덕분이다. 노동조합이 생긴 후 큰 투쟁만 3차례 치렀다. 회사의 편법을 막아낼 힘이 있다는 말이다.

완전 월급제가 시행된 후 어떤 변화가 있는지 그들에게 물으니, 다들 살 것 같다는 표정을 짓는다.

"택시 하루차(전일제 차량) 같은 경우는 14시간, 15시간 일하니까, 먹고 자고 일하고, 먹고 자고 일하고. 이건 노예인 거죠. 밥 먹는 순간에도 아, 일 나가야 하는데 이러고. 주어진 시간에 차를 더 많이 굴려야 나한테 돌아오는 돈이 생기니까. 이제는 내가 어떻게 그렇게 일했냐 그럽니다."

대림교통분회(노조)* 고영기 분회장이 말한다. 택시를 모는 내내 머리는 사납금 계산에 분주했다. 시간은 이들의 것이 아니었다. "회사는 그동안 우리 시간을 착취해온 거잖아요." 이제 그럴 필요가 없어졌다.

---

*　민주노총 전국공공운수노동조합 택시지부 전북지회 대림교통분회.

임금은 어떻게 변했을까? 교섭 당시 그의 회사는 근무시간을 하루 6.4시간으로 정했다. 정확히는 주어야 할 월급을 최저임금 수준으로 고정시킨 것. 살기 팍팍하지 않으냐고 물으니 이 말을 한다.

"손님들이 얼마 버냐고, 이 직업 할 만하냐고 묻는데, 그러면 제가 얼마를 버냐고 물어보지 말고 몇 시간 일해서 얼마를 버냐고 물어야 한다고 말합니다."

사납금이 있을 때는 주 6일 동안 하루 10시간 넘게 근무해 200여만 원을 벌었다고 한다. 지금보다 2배 가까운 시간을 일하는데 벌이는 30~40만 원밖에 차이가 나지 않는다. 이마저 택시 기사치고 적은 벌이가 아니라고 했다. 그 말이 맞다. 물가 높은 서울에서조차 택시 노동자의 평균임금이 200만 원을 넘지 못했다.[*] 일당으로 치면 하루 7~8만 원. 내야 할 하루 사납금이 12만 7,000원이었다. 하루 20만 원어치 운전을 해서 7만 원을 가져간다.

젊은 사람은 이 돈 받고 일 못한다. 그러면 누가 일하나. 택시 업계엔 나이 든 사람이 대부분이다. 내가 인터뷰한 나이 든 노동자들은 택시 회사에 국민연금 내는 사람이 별로 없다고 엄살 섞인 말을 한다. 그만큼 평균연령이 높다. 도로교통공단에 따르면, 택시 기사 10명 중 4

---

[*] 〈서울시 택시기사의 노동실태와 지원방안 연구보고서〉(2016, 서울노동권익센터)에 따르면, 2015년 서울 지역 택시 기사의 하루 평균 근로시간은 11.7시간, 평균 월수입은 196만 8,000원이다. 10명 중 4명의 택시 노동자가 가장 큰 애로 사항으로 장시간 노동을 꼽았다.

명이 60대 이상이라고 한다.*

"이 나이에 담뱃값이나 벌면 괜찮다 하는 사람들, 또는 벌어야 하는 사정이 있는 사람들만 남게 돼요. 그러니 회사가 농간을 부려도 저항을 못하죠."

김재주의 말이 머리를 맴돈다. 남은 노동자들이 할 말 못하는 사이, 사납금만 야무지게 오른다.

노동자라는 이름을 지키는 사람들

빠트린 이야기가 있다. 대림교통 택시 노동자 중 완전 월급제를 적용받는 사람은 13명뿐이다. 50여 명이 다니는 회사에 13명만이 월급제로 임금을 받는다. 다른 이들은 여전히 사납금을 내고 있다. 소속 노동조합이 다르기 때문이다. 완전 월급제를 요구하는 공공운수노조 대림교통분회, 그리고 사납제를 유지하는 기업 노조로 나뉘어 있다.

2018년 카풀 시위**로 인해 언론에 이름이 종종 거론된 전국택시노동조합연맹(전택)과 전국민주택시노동조합(민택), 그리고 고공에 올라간 김재주가 속한 공공운수노조 택시지부까지, 택시 사업장 내 노동

* 　도로교통공단에 따르면, 2015년 말 기준으로 전체 택시 기사의 41.9%인 11만 7,124명이 60대 이상인 것으로 조사됐다.
** 　택시 호출 서비스를 운영하는 카카오가 스타트업 럭시를 인수해 카풀(출퇴근 승차 공유) 시장 진출을 추진하자 택시 업계가 반발한 사건.

조합은 여러 갈래다. 기업 노조는 물론이고, 민택마저 카풀 시위 중재 안으로 제시된 월급제에 뚜렷한 입장을 내지 않고 있었다. 그러니 이들 노조에 속한 노동자들이 회사에 완전 월급제를 요구하긴 힘든 일이다.

그로 인해 월급 156만 원을 받는 노동자와 매일 사납금 12만 7,000원을 내는 노동자가 한 직장에 다닌다. 그리고 여기 월급을 하나도 받지 못하는 노동자도 있다. 경력 30년의 택시 기사 전복철이다.

김재주와 전복철은 기원상운이라는 택시 회사에 다녔다. 김재주는 민주노조를 만들다가 해고되고, 기원상운에는 민주노총(공공운수노조) 조합원이 전복철을 포함해 2명이라고 한다. 다른 조합원들은 생계 때문에 노조를 다 그만두었다. 이야기를 들어보니 그럴 만하다. 한 명은 월급으로 40만 원 받고, 전복철은 월급이 마이너스라 한다. 전액 관리제를 실시하는데 그렇다. 대림분회와는 사정이 다르다.

회사는 기준 금액(택시 기사가 정해진 시간에 벌어야 하는 금액)을 높게 책정하고, 그 금액을 맞추지 못하면 월급에서 삭감한다. 사납금제와 다를 바 없는 편법이다. 이런 전액 관리제가 만연하고, 택시 노동자들은 이를 '가짜 월급제/가짜 전액 관리제'라고 부른다. 오히려 사납금 제도가 있을 때보다도 못한 임금이 나온다. 기준 금액을 낮추면 되는 문제이지만, 이는 임금 및 단체 협약을 체결해야 가능한 일. 그러나 소수 노조의 경우 복수 노조법에 따라 회사와 단체협약을 맺을 권리가 없다.*"민주노조가 다수인 건 택시(업계)에서 있을 수가 없는 거예요." 그렇다. 다수 노조의 자리는 기업 친화적 노조가 차지하기 마련이다.

다수 노조가 단체 협상 대표로 들어가 사납금 액수는 물론 회사가 소수 노조 조합원의 월급제 기준 금액마저 높이는 데 동의해준다. 그 덕에 0원을 버는 전복철은 밤마다 대리운전을 한다. 나이 든 노동자는 피로하다. 그럼에도 사납금제로 돌아가지 않는 이유가 무엇인지 물었다. 왜 굳이 '적은 월급'을 지키나.

"전액 관리제의 맥을 이어가야죠. 우리가 포기하면 그게 사라져버리잖아요."

지금 당장 손해를 보더라도 지켜야 한다고 했다.

"우리는 노동자인 거잖아요."

그에게 전액 관리제는 노동자라는 증표였다.

잊어서는 안 되는

글 앞머리에 소개한 〈서프러제트〉에서 힘과 직위가 있는 나이 든 남

---

* 다수 노조에게 교섭권을 주는 복수 노조법의 교섭 창구 단일화 제도는 노동조합 탄압에 활용되고 있다고 비판받는다. 회사는 교섭 창구 단일화 제도를 이용해 사측에 우호적인 노조를 지원, 조합원을 확보한 뒤 기존 노조의 교섭권을 박탈하는 방식을 사용한다.

자는 참정권 운동을 하는 노동계급 여자를 이렇게 부른다. "힘없고 가능성이 없으나 상황이 나아지기를 바라는 사람." 가진 것 없어 법을 지키라고 요구하며 고공에 올라가야 하는 이들 역시 상황이 바뀌길 바라는 사람이다. 권력은 없지만 무엇을 지켜야 하는지는 안다. 나이든 노동자에게 그 무엇은 '노동자'라는 이름이다. 제 손으로 일해 임금을 버는 이들에게 주어져야 할 이름과 권리.

김재주 전 지부장을 비롯해 택시 노동자들이 반복해 말하는 것이 있다.

"있는 법이라도 제대로 지켰으면 좋겠다."

존재하나 지켜지지 않는 법을 만드는 불평등에 맞서 싸워온 노동자의 500일. 아니 택시 노동자들의 수년간의 목소리가 잊혀서는 안 된다. 이들이 지키고자 한 것을 잊을 때 노동자로 살고 싶은 이의 목소리, 아니 그들이 지키고자 한 노동의 권리도 함께 사라진다.

땅에 선 이후

고공 농성 510일째에 김재주는 땅으로 내려왔다. 망루에 오른 지 햇수로 2년이 지난 2019년 1월 25일의 일이었다. 전주시청은 사납금 위반 업체를 단속하겠다고 확약했다. 그로부터 1년 후 국토교통부가 '택시 운송사업 전액 관리제' 지침을 내렸고, 2020년 1월 1일부터 시행된다고 들었다. 그렇게 월급제를 '쟁취'했구나. 취재한 이로 잠시 뿌듯함을 느껴보려 했는데, 다른 소식이 들려왔다.

택시 노동자들이 시청 로비를 점거했다는 소식이었다. 이번에는 경산시청이었다. 시청 앞에서 농성을 시작한 지 200일이 넘었고, 이번에는 아예 시청 로비에 자리를 잡았다. 찾아가 보기로 했다.

경산역에 내려 시청으로 가는 길. 초행이라 길을 알 리 없는 나는 택시를 탔다. 시청까지 꽤 가까운 거리였나보다. 택시 기사가 내게 직접 화는 내지 못하고, 차를 출발시키며 동료에게 하소연한다. 하지만 내 귀에는 하소연이라기보다 비아냥에 가까웠다. 택시에서 내려 불편한 심정으로 시청 농성장으로 걸어 들어갔다.

1년 전 전주시청 앞에서 본 것과 똑같은 붉은 조끼를 입은 중년 남성들이 이번에는 경산시청 로비에 주저앉아 있었다. 사납금제는 사라지지 않았다고 했다. 수많은 편법이 사납금 자리를 대체하고 있을 뿐이다.

나라에서 택시 회사에 전액 관리제 지침을 내렸다. 그랬더니 택시 회사들은 월급을 줄이기 위해 근로계약서상 근무시간을 축소했다. 하루 4~5시간만 근무하는 것으로 계약한다. 택시 노동자 힘이 약할수록 근로시간은 줄어든다. 경산 택시 회사의 경우, 계약상 근무시간을 하루 1.2시간으로 정해두었다. 기사들은 실제 10시간, 12시간을 운전한다. 초과된 운행 시간은 정식 근무가 아니니 택시 회사는 월급을 지불하지 않는다. 대신 택시 기사가 운행해 얻은 수익 중 일부를 '기준금'이라고 해서 택시 회사로 입금하게 한다.

1년 전 전주에서 듣던 '기준금' 이야기를 여기서 또 듣는다. 나는 다시 물었다.

"기준금이 사납금이랑 뭐가 다르죠?"

"그러니까 꼼수라고 하죠."

이런 꼼수가 전국의 택시 회사에서 이뤄지고 있다. 경산같이 택시 노동자들의 힘이 약한 곳에서는 더 폭력적인 조치가 취해진다. 경산의 3개 택시 업체는 직장 폐쇄*를 했다. 일터로 복귀하는 데 조건이 있었다. 동의서에 서명을 하라고 했다. 계약상 근무시간은 하루 4시간, 일일성과급이라는 이름으로 기준금을 두었다. 여기에 임금 체불 소송까지 금하는 내용이 담긴 동의서였다.

누가 이런 동의서에 사인을 할까 싶지만, 경산 지역 300여 명 택시 노동자 중 반 이상이 사인하고 복귀했다. 당장 입에 풀칠해야 했으니까. "우리 나이에 다른 거 할 게 있나요?" 그러니 말도 안 되는 사납금 요구를 받아주고 일한 것이다. 더한 요구를 못 받아줄 것도 없었다. 하지만 그런 시절을 끝내고 싶어 시청 로비에 주저앉은 사람들의 주름살 접힌 얼굴이 눈에 들어온다.

분위기를 전환할 겸, 시청까지 택시를 타고 오면서 내가 겪은 곤란을 이야기했다. 그러자 갑자기 사람들의 입이 분주해진다. 인터뷰가 부담스러워 방금 전까진 과묵한 듯 굴던 이들이다. 서로 이야기하겠다고 하는 바람에 여러 명의 말이 겹쳤다.

누가 묻는다. "여기까지 오는 데 택시비 얼마 나왔어요?" 그러더니 내 대답을 기다리지도 않고 "1시간 대기해서 손님 태웠는데 3, 4천 원

---

*   파업 등 노동쟁의에서 사용자 또는 관리자 측이 일시적으로 작업장을 폐쇄하여 노동자 측의 직접행동을 방해하는 행위.

나오면…" 하며 자신들이 어떻게 대기하고, 손님을 태우는지 말한다. 대학생이 주 고객인 작은 소도시 경산. 지금은 방학 때라 대학생 손님 도 없다. 아마 나를 태운 기사는 역에서 30분쯤 대기했을 거라고 한다.

"택시는 오전에 일을 그만둬도 그날 저녁에 일을 구할 수 있는 게 유일한 장점이에요."

이직이나 퇴직이 많다는 말. 이는 곧 이직률이 높은 "더러워 다닐 수 없는 직장"이라는 말이다. 택시 회사야 누가 택시를 몰고 나가든, 차 1대 나가면 10만 원가량의 돈이 입금되니 상관없다. 이 일이 막장 이건 진창이건 관심 두지 않는다. "새로운 사람들이 들어오면 달라질 걸요." 하지만 젊은 사람들이 올 리 없다. 나이 든 사람들끼리 고여 있 고, 그래서 사람 대하는 문화도 바뀌지 않는 거라고 했다.

크게 새로운 이야기는 아니다. 그럼에도 오고간 대화가 기억에 남 는 이유는 멈추지 않고 토로하는 이들의 모습 때문이었다. 그만큼 억 울하다. 자신들의 사정을 말하지 못했으니까.

택시 안에서 운전대를 잡은 중년 남성의 스피커는 크게 느껴진다. 말이 많다. 무례도 잦다. 그러나 택시 밖에서 이들의 목소리는 거의 들 리지 않는다. 택시일이 어렵다는 것 말고 우리가 그들의 노동에 대해 알고 있는 게 무엇이 있나. 이들이 목소리를 낼 수 있는 공간은 오직 좁은 택시 안, 그것도 여성이나 연령대가 높거나 낮은 대상을 손님으 로 태울 때뿐이다(물론 이것은 비겁한 일이다. 또한 위계의 문제다).

그런데 여성 승객들을 보자. 그들은 '소비자'라는 찰나의 우위성 말고는 권력을 갖지 못했다. 그런 이들의 스피커가 조금씩 커졌다. 페미니즘 리부트가 도래하고, 여자들이 말하기 시작하면서부터다.

세상은 택시 노동자들의 스피커 볼륨도 조절했다. 불친절 꼰대 기사로만 이미지를 가두고, 어떤 변명도 사정도 말하지 못하게 한다. 어떤 집단의 스피커 볼륨을 낮추는 데는 이유가 있다. 말하는 자에게선 권리를 빼앗기가 어렵기 때문이다.

전주시청 앞 고공 농성 1년 후, 택시 업계에서 달라진 풍경은 〈카풀〉이 가고 〈타다〉*가 왔다는 것뿐. 타다 논란의 한 축은 말하지 않는, 그래서 친절하게 보이는 운전기사다. 그들은 매뉴얼에 따라 대사를 읊는다. 그 외의 말은 하면 안 된다. 차량 밖에서는 물론 안에서도 마이크를 가질 수 없다. 승차 공유 서비스 업체 고용의 전제 조건이다. 복장 규정 등 엄격한 통제를 받는데도 프리랜서, 개인 사업자라고 한다. 알선업체(에이전시)와도 근로계약을 맺지 않는다. 이 '사장님' 노동자들도 질문 하나 던지면 줄서서 이야기할 정도로 하고 싶은 말이 많을 것이다. 지금은 침묵하는 '사장' 노동자들이 '꼰대' 기사들을 위협하는

• 쏘카의 자회사인 〈VCNC〉가 론칭한 승차 공유 서비스. 1,000대의 차량에 4,300명 기사가 운행 중이었으나, 이른바 '타다금지법'(여객자동차 운수사업법 개정안) 입법화를 앞두고 서비스 중단을 선언한다. 그러나 승차 공유 서비스 산업에 대한 신규 투자 유치가 계속되고 있는 상황에서 기존 택시 업계와의 갈등은 계속될 것으로 전망된다.

모습을 하고 있지만.

그리고 이들의 '진짜' 사장님들. 타다와 같은 승차 공유제 기업은 위장 도급·불법 파견 의혹을 받고 있고, 택시 업체 사장님들은 법을 수십 년째 지키지 않고 있다. 신종 플랫폼 자본과 지역 토호인 택시 업체가 사이좋게 자본력을 활용해 법의 사각지대를 노린다. 덕분에 그들은 눈에 보이는 스피커 없이도 가장 웅장한 소리를 낸다.

지금은 그 웅장한 소리를 가진 '사장님'들 간에 갈등의 골이 깊다. 농성장에서 만난 노동자는 이런 말을 했다.

"정부가 전액 관리제를 말하는 것도 꼼수 같아."

있는 사람들의 꼼수에 시달리던 택시 노동자는 국가를 의심한다. 사납금 제도 폐지 요구에 그동안 어떤 응답도 없던 정부가 마침 플랫폼 자본이 택시 시장에 들어온 시점에 전액 관리제를 행정 지침으로 내렸다. 국토부는 '택시제도 개편방안'까지 내놓았다.[*] 기존 택시 산업을 선진화하겠다고 한다. 국토부가 이야기한 선진화란 '플랫폼 택시'의 대중화다.

온라인 플랫폼 기업의 시장 진입을 원활하게 하려면 기존 시장의

•   2019년 7월 17일 국토교통부는 '혁신성장과 상생발전을 위한 택시제도 개편방안'을 발표했다. 제도 개편을 통해 '규제 혁신형 플랫폼 택시 제도화', '택시 산업 경쟁력 강화', '국민들의 요구에 부응하는 서비스 혁신'이라는 3가지 과제를 추진할 계획이라고 했다. 플랫폼 택시 제도화는 플랫폼 사업자가 운송 사업을 할 수 있도록 허가하고, 차량·요금 등 규제를 완화하는 것을 골자로 한다.

재편이 필요하다. 택시 산업 구조 조정을 빌미로 전액 관리제가 도입되는 것이라면, 택시 노동자들을 기다리는 것은 안정적인 월급 생활이 아니다. 선진화와는 거리가 먼 나이 든 노동자들은 운전대를 지키기 위해 어떤 손해를 감수해야 할까. 일하는 사람들의 손해가 새로운 질서 도입의 윤활유로 사용되는 것은 아닐까.

그런 생각을 할 즈음 아산시청 앞에도 택시 노동자들의 농성장이 세워졌다는 소식을 들었다. 주목받진 못해도 그들에겐 지금이 격변의 시기일 것이다. 세상이 하찮게 취급한 누군가의 격변기를 그냥 지나치는 일이 쌓이면, 결국 내 삶에 소리 없는 격변이 일어나기 마련이다. 나 역시도 일하는 사람이니까.

택시에서 고객과 기사로 만나면 그리 반갑지만은 않지만, 애정을 가지고 이들의 싸움을 지켜볼 것이다. 이들이 더는 손해를 감수하지 않기를, 자신의 스피커를 되찾기를 바라며.

노동은 사랑이야. 하나가 되는 아픔이야.

기나긴 투쟁이야. 눈물이야. 혁명이야.

저 어둠 속에 노동이 울면

기나긴 진화의 끝에서 인류도 저물지.

노동은 희망이야. 세상을 사는 시작이야.

— 〈노동은〉, 박준 노래, 김호철 글·곡

2부

밥을 나누고
이부자리를 펴두는 일이
연대냐고
묻는다면

하늘을 혼자 못 가지듯이 밥은 서로 나눠 먹는 것*

나는 착한 사람이 아니기에, 솔직히 말해 어딘가 삐딱하다고도 볼 수 있기에, '밥차'라는 형태로 연대를 하는 사람들을 취재하면서도 의구심이 들었다. 밥을 주는 행동이 연대가 아니라 시혜는 아닌지. 주는 자와 받는 자가 분명히 나뉜 행위이니까. 사그라지지 않는 의심을 품은 채 나는 청와대 앞 농성장으로 걸음을 옮겼다.

경복궁역에서 추적추적 내리는 비에 젖은 길을 따라 올라갔다. 장마철이었다. 청와대 사랑채 앞에 도착하니 널찍한 공간이 사람들로

---

* 〈밥은 하늘입니다〉,《밥》, 김지하 지음, 솔출판사, 1995. "밥은 하늘입니다 / 하늘을 혼자 못 가지듯이 / 밥은 서로 나눠 먹는 것 / 밥은 하늘입니다 / 하늘의 별을 함께 보듯이 / 밥은 여럿이 같이 먹는 것…."

가득했다. 톨게이트 수납 노동자들이었다. 여기서 500여 명이 농성 중이라고 했다. 비가 잦아든 틈을 타 우비를 벗은 이들도 보였다. 우비를 벗자 빨간 몸자보에 적힌 문구가 드러났다. '직접 고용 쟁취', '자회사 중단'.

2019년 6월, 톨게이트 요금 징수 업무를 맡은 노동자들이 해고됐다. 그 수가 무려 1,500여 명이다. 앞서 법원은 한국도로공사가 톨게이트 노동자들을 직접 고용해야 한다고 판단했다. 그간 도로공사는 이들을 불법 파견으로 고용해왔다.* 판결에도 도로공사는 이들을 정규직으로 전환하는 대신 자회사를 세웠다. 그리고 이들에게 자회사 정규직이 되라고 했다. 3년짜리일지 4년짜리일지 알 수 없는 자회사에 톨게이트 노동자들은 가지 않았다. 그렇게 농성은 길어지고 있었다.

수백 명이 뒤엉켜 부산한 농성장이지만 노란색 1톤 탑차는 눈에 쉬이 들어왔다. 내 딴에는 취재 겸 밥차 일을 돕겠다고 간 것인데, 배식이 이미 시작된 참이었다. 메뉴는 열무비빔밥. 간편함이 이유였다. 된장 양념과 열무가 테이블에 놓이고, 우비를 뒤집어쓴 사람들이 배식

---

* 한국도로공사와 도급계약을 맺은 업체 소속으로 일하던 톨게이트 노동자 760여 명이 근로자 지위 확인 소송을 냈고, 대법원은 이들과 도로공사가 "파견 근로 관계가 있다"고 밝혔다. 도급 관계가 아닌 불법 파견에 해당한다는 이야기다. 파견법에 따라 이들 노동자는 일한 기간이 2년을 넘은 때부터 이미 도로공사의 직원이 됐거나 판결 확정 시점에 도로공사가 이들을 고용할 의무가 생겼으나 도로공사는 이를 이행하지 않고 수납 노동자들을 해고했다.

을 위해 테이블에 자리 잡았다. 뒤편으로 '밥통'이라는 글씨가 보였다. 배식을 시작한 터라 사람들은 분주했고 행진을 마치고 온 톨게이트 노동자들은 길게 줄을 이뤘다. 어디에 낄까 망설이며 수저를 만지작 거리는데, 맞은편에 빨간 몸자보를 입은 한 무리의 사람들이 식사도 하지 않은 채 둥글게 모여 있는 게 보였다. 어느 영업소, 어떤 노조 소속인지는 모르겠지만* 이야기 나누는 모양새가 심각하다. 슬쩍 들어 보니, 돈 이야기다.

앞으로 밥값을 따로 걷느냐, 아니면 기존에 거둔 투쟁 기금에서 밥값을 쓰느냐. 점심값을 따로 내자는 의견이 나왔다는 것은 모아둔 기금이 바닥을 보이고 있다는 소리다. 사람들은 예민해져 있었다. 소통의 방식이나 전달 체계에 불만을 제기하고 있지만, 실은 점심값이 부담인 것이다. 자신이 선뜻 몇만 원의 밥값을 내겠다는 소리가 나오지 않는다. 직장인이 다 그렇듯, 그들 역시 한 달 월급으로 한 달 사는 처지였는데 해고됐다.

조장처럼 보이는 중년 여성이 말했다. 여러분 사정 안다고. 나도 아침에 눈 뜨면 돈 들어갈 곳부터 생각나 딱 죽고 싶은 심정이라고. 밥값

---

* 톨게이트 노동자들은 민주노총과 한국노총 산하 5개 노동조합에 속해 있다. 민주노총 소속의 전국민주연합노조 톨게이트지부, 공공연대노조 도로공사영업소지회, 인천일반노조 톨게이트지부, 경남일반노조 톨게이트지회와 한국노총 공공노련 한국도로공사 톨게이트 노조가 공동의 요구를 내세워 함께 싸웠다. 그러나 9월, 한국노총이 한국도로공사와 물밑 교섭을 통해 합의를 하며 공동투쟁을 파기한다.

이 그런 말까지 하게 만든다. 그 말을 나까지 듣고 만다. 들어서는 안 될 말을 엿들은 것 같아 얼굴이 화끈거렸다. 한 끼 밥이 원망스러워 내내 국을 열심히 퍼날랐다.

밥으로 세상과 통하다, 밥통

먹고사는 일이란 참 그렇다. 그래서 먹고사는 일을 해결하기 위해 사람들이 모인다. 톨게이트 농성장에서 밥 연대를 하던 〈밥통〉의 첫 출동 이야기를 하고 가자.

"삼성서비스지회가 염호석 열사˙ 돌아가시기 전에 서초동 삼성 본사 앞에서 상경 투쟁을 20일 정도 했어요. 하지만 결과를 얻지 못하고 농성을 접었는데, 밥값이 없어서 그랬다는 거예요. 1,000명 단위의 사람이 와서 삼시 세끼를 먹는데, 그 돈이 어마어마하잖아요. 다시 상경 투쟁을 하는데 누가 밥만 해결해줘도 두 배 이상은 버틸 수 있을 것

˙ 2013년 7월 15일, 삼성전자서비스 노동자 400여 명이 삼성의 75년 무노조 경영의 벽을 뚫고 노동조합(민주노총 전국금속노동조합 삼성전자서비스지회)을 결성했다. 그로부터 1년여 후인 2014년 5월 17일, 염호석 삼성전자서비스 양산센터 분회장이 스스로 목숨을 끊는 사건이 발생한다. 당시 그의 월급은 41만 원. 노조 탄압의 일환으로 삼성은 조합원들에게 일감을 주지 않았다. 염호석 열사의 장례는 노동조합장으로 치러질 예정이었다. 그러나 경찰은 장례식장에 병력을 투입해 시신을 탈취해갔다. 2019년, 경찰청 인권침해사건진상조사위원회는 경찰이 삼성 측 하수인 역할을 했다는 진상 조사 결과를 발표한다.

같다고 하더라고요. 삼성서비스지회가 다시 상경한 것이 2014년 봄이었어요. 밥통이 막 출범했을 때였는데 당시 매니저였던 분이 언제까지 해야 할진 모르지만 끝까지 해보자 해서, 유미 님 등 밥 연대 하시는 다른 분들과 함께 시작한 거예요. 고대 민주동문회에선 1,000명이 먹을 수 있는 재료를 보내주기도 하고. 결국 삼성서비스지회는 교섭을 하고 승리했죠."

나와 인터뷰할 당시 밥통 매니저를 맡고 있던 손지후[•]의 설명이었다. 삼성서비스지회 밥 연대를 통해 사람들이 밥차의 존재를 알게 되어 후원도 크게 늘었다고 한다. 여기서 밥이란 실은 돈인데, 가진 자원이 있으면 조금 더 버틸 수 있다. '있는 사람'이 더 잘 버티고 잘 이기는 비결이다. 계란으로 바위 치기 같은 말이 그래서 나온다. 계란 껍데기라도 단단하게 하려면 당장 하루 세끼가 해결되어야 한다. 그래야 버티는 기간이 조금이라도 길어진다.

그렇다고 단지 돈 문제를 해결하는 데 도움이 되려고 밥을 '주는' 건 아니다. 밥통은 일주일에 두 번 밥 연대를 간다. 세종호텔 농성장(명동), 삼성 해고자 고공 농성장(강남)[••] 같은 곳은 주기적으로 간다. 소수가 싸우거나 오랜 싸움으로 인해 주목받지 못한 투쟁 현장을 우

[•] 2015년 7월부터 2019년 10월까지 밥통 상근 매니저로 활동했다.

[••] 2019년 6월 10일, 삼성 해고자 김용희가 강남역 CCTV 철탑 위에 올랐다. 삼성의 무노조 경영 방침으로 인해 탄압을 당해온 김용희는 삼성 측에 사과와 복직, 피해 보상을 요구하고 있다.

선 가려고 한다.

"밥은 힘이 있어요. 장기 투쟁 사업장은 해결이 안 돼서 싸움이 길 어지는 곳이잖아요. 밥을 먹어야 하는데 내가 차려먹을 힘조차 없는 경우도 있고. 그런데 누군가가 나의 존재를 알고 같이 밥을 먹자 그래 요. 그럼 알게 되는 거죠. '나를 잊지 않았구나.'"

밥이 힘일 수 있는 이유는 누군가를 챙기고 돌보는 행위를 동반하 기 때문이다.

"상주에 전기선 만드는 사업장이 있는데, 거기 분들이 서울 혜화동 에 있는 본사까지 상경 투쟁을 오신 거예요. 처음 서울에 와서 얼마 나 고단했겠어요. 그분들이 너무 '쫄아' 계신 거예요 뭘 해야 할지 알 수도 없고, 낯설고. 사람들이 쳐다보면 부끄럽고. 그때 밥통에서 상을 어떻게 차렸느냐면, 골목 구석에 등산 테이블을 놨어요. 의자에 앉아 4~5명이 옹기종기 먹을 수 있게. 최대한 한 상 차림으로, 고등어도 굽 고. 대접받고 있다고 느끼게."

후에 밥차가 상주로 찾아갔을 때 그들은 버선발로 뛰어나왔다고 한 다. "사장들은 노동자들을 정말 하찮게 봐요. 그렇다면 우리가 노동자 들 '빽'이 되어주자." 이런 마음으로 대접을 한다. 하지만 오늘 이곳에 서 요리한 사람만이 '빽'이 되는 것이 아니다. 수많은 후원자들의 힘이 모인다.

밥통은 협동조합이다.* 밥알단과 상근 활동을 하는 매니저가 있다.

손지후의 표현대로라면, 매니저인 자신은 "지속 가능성을 담보하기 위해 늘 그 자리에 있는 사람"이다.

"저는 늘 그 자리에 있으니 누구든 편할 때 오세요."

반면 후원자이자 연대 현장에서 식사 준비를 거드는 역할을 하는 '밥알단'은 자신이 할 수 있는 만큼 참여한다. 부담 없이 밥차로 온다.

"아는 사람이 없으면 집회나 문화제에 가기 힘들거든요. 뒤에 서 있기도 뭐하고. 밥통에서 배식 지원 갈 때 오세요 하면, 굳이 밥을 안 해도 숟가락을 놓는다거나 밥을 푼다거나 누구라도 역할을 맡게 되잖아요."

손지후는 연대의 진입 장벽을 낮추는 것도 밥차의 역할이라고 했다. 누구나 와서 누구든 함께한다. 그의 동료이자 밥알단인 풀잎은 누군가와 함께하는 일의 즐거움을 말한다.

"이곳에 있는 게 즐거워요. 같이하면 즐거운 영역이 있잖아요. 같이 밥을 하고 나누는 과정 자체가 즐거움을 만들어내요. 보통은 집회에 앉아 있다가 오는 경우가 대부분인데, 밥을 함께하면 훨씬 더 즐거운 과정으로 결합할 수 있고. 관계도 형성되고, 눈에 보이는 무엇이 만들어지고, 그걸 보는 일이 즐거워요."

- 250여 명의 출자금을 모아 밥통을 출범했다. '밥알단'이라는 이름으로 모인 후원자 150여 명이 함께 밥통을 만들어가고 있다.

노동, 사람, 연대

즐거운 일이 일어나기 위해선 누군가가 자리를 지키고 품을 내야 한다. 풀잎은 밥통 차량인 1톤 탑차를 몰았다. 운전만이 아니다. 주재료 손질, 식기 정리까지 그의 손을 거쳤다.

사람은 밥 없이는 살 수 없다. 그리고 밥이 지어지는 과정은 노동 없인 이뤄질 수 없다. 밥 연대의 필요성은 예전부터 이야기되었지만 지속성을 갖기는 어려웠다고 한다. 여러 곳에서 밥차 연대를 해왔다. 밥통의 전신이기도 한 진보신당 밥차도 그중 하나였다. 그러다 하나 둘씩 사라졌다. 사라진 이유는 같다. 노동을 꾸준히 할 사람이 없었기 때문이다. "누군가는 식재료를 사야 하고, 남은 음식 뒤처리를 해야 하고, 그릇을 닦아야 하고." 밥은 자잘한 노동의 연속이다. 지속 가능성을 위해 밥통은 출자금으로 상근 직원을 두었다. 그리고 재료 구매 등 비용은 후원으로 충당한다. 후원자에게 주어지는 것은 웹진을 통해 전달되는 현장의 소식이다.

처음에는 손지후가 하는 웹진 이야기를 무심히 들었다. 그저 소식지 이야기니까. 그런데 밥통에게 웹진은 다른 의미였다. 그들에게는 현장과 현장을 연결시켜주는 매개였다. 과도한 해석이 아닌가 싶었는데, 그렇게 생각하는 이유가 있었다. 2008년에 있었던 일이다. "노동자들 집회에 레인보우 깃발이 처음 올라갔을 때, 사람들은 꺼지라고 했어요." 레인보우(무지개) 깃발은 성소수자 인권 운동의 상징이다.

"이후 한진중공업 크레인에 김진숙 지도위원이 오르고, 희망버스를 통해 1만 명쯤 모였어요.° 이주 노동자, 성 소수자, 미조직 노동자, 장애인 등 서로가 서로의 '부문'을 확인하는 거대한 연대의 장이 만들어진 거예요. 그 뒤로 서로가 서로를 만날 수 있는 매개가 무엇일까 생각한 거죠."

그때 떠오른 게 밥이라고 했다. "모두가 똑같이 공평하게 일상적으로 하는 행위"가 밥(식사)이었다고. 밥을 같이 먹기 위해 사람이 가야한다. 사람이 오가며 소식을 전한다(밥알단에게는 웹진이 있다). 소식을 접한 사람들은 자신도 그곳에 가서 무엇을 좀 해야겠다는 마음을 가진다. 이때 다시 밥이 매개가 된다. 그렇게 서로 모이고 옮겨간다. 그러니 '밥'은 세상을 '통'하게 한다. 그런데 누구나 자유롭게, 할 수 있는 만큼 참여하는 밥통에도 '원칙'은 있다.

"저는 늘 그 자리에 있으니 누구든 편할 때 오시라고, 대신에 우리가 함께 정한 약속과 기풍을 흩트리는 건 안 된다고 이야기해요."

다양한 사람이 연대를 하기에 생긴 원칙이다.

• 2010년 한진중공업은 경영 악화를 이유로 구조 조정과 동시에 400여 명을 정리 해고한다고 발표한다. 다음 해 1월 김진숙은 85호 크레인에 오른다. 그해 6월, 노동단체, 시민단체는 물론 시민들의 자발적 참여로 이뤄진 '희망버스'가 부산 한진중공업을 찾는다. 희망버스는 5차례 부산을 찾는데, 최대 1만여 명이 참여하는 등 대규모 사회적 연대가 이루어진다.

"우리는 어떤 편견도, 고정관념도 없이 밥 자체로 연대한다."

밥알단은 연대를 하되, 싸우는 방식에 함부로 개입하지 않는다. 이는 투쟁하는 당사자가 중심이 되어 해결해야 할 문제다. 다만 밥통 연대자들은 꾸준히 싸우는 현장을 찾으며 '목격자'가 된다.

"우리는 이러저러한 모습을 흔들림 없이 지켜보는 사람이에요. 다 목격하지만, 평가하지 않고 비난하지 않고 그냥 있어주는 존재."

하지만 이들의 말처럼 '그냥 있어주는 일'이 쉽지만은 않다. 안 그래도 "내가 할 수 있는 역할이 있고 할 수 있는 일이 있으면 하는 게 마땅하다"는 풀잎의 차분한 태도가 잘 납득되지 않던 참이었다. 품을 내고 시간을 내야 하는 것이 연대인데, 이를 꾸준히 이어나가게 하는 동력을 찾기에는 풀잎의 감정이 너무 정적이랄까.

"연대를 간 것만으로 기분이 좋아지는 현장도 있고, 그 자리에 있는 것만으로도 진이 다 빠져 감정이 안 좋은 현장도 있어요. 처음에는 그 감정에 흔들렸는데, 시간이 지나고 보니까 문제가 해결이 안 되더라도 싸웠던 사람들이 자기 자리에서 열심히 살아가는 모습을 보면서 사안 하나하나에 일희일비하지 않아야겠구나. 그런 마음으로 연대할 수 있게 된 것 같아요."

밥차도, 연대자도 잠시 머물다 떠나간 장소를 지키며 이 순간을 자신의 인생으로 안고 가야 하는 투쟁 당사자들. 그 무게를 지닌 이들에 대한 존중을 일희일비하지 않고 조용히 지켜보는 태도로 표현하는 걸까. 나는 그의 설명에 깊게 공감하면서도 그런 태도가 수동적으로 비치진 않을까 우려했다.

밥으로 다른 세상을 꿈꾸다

내가 이런 생각을 한 까닭은 '밥하는 행위'에 대한 불신 때문인지도 모른다. 취재차 밥통을 따라간 첫날, 밥통의 상징이기도 한 빨간 앞치마를 입고 서 있으려니 기분이 묘했다. 다른 사람들은 발언하고 구호를 외치는 집회 현장에서 떨어져 도마 앞에 서니, 정치적 인간으로서의 기능을 잃은 기분이었다. 내 인생에서 앞치마를 제일 오래 입어본 순간이기도 했다.

밥 연대는 많은 의미를 지닌 일이지만 동시에 '밥하는 일'이기도 하다. 밥하는 일은 이 사회에서 '여자가 하는 일'이다. '밥은 하늘'이라는데, 밥을 주로 하는 사람(성별)은 하늘과 거리가 멀다(물론 쌀을 만들어 내는 농민, 농업 노동자 대부분이 하늘과 거리가 먼 취급을 받는다). 안 그래도, 밥 연대 갔다가 '아가씨, 아줌마' 소리를 듣고 오는 또래들의 사연을 들은 참이기도 했다. 그런 시선 때문에 집회장에서 앞치마를 입은 내 자신을 별로 존중하지 못했다.

앞치마를 입은 데다 조용히 지켜보기까지 하면 n분의 1 비중의 연대자 취급도 못 받는 게 아닐까 걱정이 됐다. 하지만 투쟁 사업장에 의견을 제시하는 방식만 정치는 아니라고 했다. 손지후는 '타인의 노동'에 대한 존중을 만들어온 과정도 밥통이 이뤄낸 정치라고 말한다.

존중은 어떤 과정을 거쳐 만들어지는가. 밥통에서는 누구든 존댓말을 쓴다. "어떤 현장에서도 서로에게 반말을 하는 것이 용인되지 않습니다." 손지후는 강한 어조로 이야기했다. 연대자와 투쟁 당사자 사이에서만 존대를 하는 것이 아니다. 밥알단 내부에서도 사적 친분이나 위아래를 드러내는 '반말'을 사용하지 않는다. 언니 동생, 형 아우가 생기는 순간 따라올 위계를 염려해서다. 존대는 존중을 표현하는 기본 태도다. 존중은 서로 애쓰는 일이다. 말 한마디에도.

밥통의 특징 중 하나는 채식 메뉴를 따로 준비한다는 것이다. 손지후와 풀잎은 채식주의자다. 사람들이 으레 고기를 먹을 거라는 생각은 다수자의 착각이다. '보편'이라는 권력을 지닌 사람들의 편리한 사고다.

"현장 갈 때 고기 안 드시는 분 계시냐고 물어보는데, 보통은 안 먹는 사람 없다고 하세요. 그래도 혹시 몰라서 준비를 해가면, 실제로 안 먹는 분이 계세요."

한 번만 먹어보라며 고기를 권하는 사람도, 반면 왜 고기를 안 먹느냐고 묻다가 이유를 듣고 자신도 줄여볼까 하는 사람도 있다고 했다. "그렇게 지평을 넓히는 거죠." 각 영역이 횡적으로 연결되는 공간이 밥통을 통해 만들어진다.

그런데 고기를 안 먹는 사람이 고기 요리를 하다니. 두 사람 다 고기 요리 간을 볼 수 없어 간을 봐주는 사람마저 따로 있다고 했다. 차라리 채식 메뉴만 하면 어떨까. "한국 사회에서는 고기가 가지고 있는 위력이 커요." 손지후에 따르면 고기에는 권력이 있다. 인간이 생물 종을 줄 세우듯 고기°에도 위계가 있다. 밥이 보살핌과 대접을 받는다는 느낌을 환기시켜주는 존재라면, 고기가 들어간 음식이 가진 권력은 그 감정을 더 부각시켜준다.

"현장에 있는 사람들의 정서를 깡그리 무시하고 갈 수는 없어요. 종차별, 동물 복지에 대한 우리 생각이 이러하니 '채식 드세요' 하는 건 현장 사정을 배려하지 않는, 어떻게 보면 또 다른 강요일 수 있겠다는 생각이 들어요."

현장과 나를 맞춰간다. 당신도, 나도 존중받아야 할 사람이다. 배려를 통해 그런 마음을 표현한다. 손지후의 인사말은 그런 배려를 잘 드러내준다. 그는 밥통 매니저로 사람들 앞에 서서 인사할 때 이렇게 말한다.

"드셔주셔서 감사합니다."

° 《고기가 아니라 생명입니다》(황주영·안백린 지음, 들녘, 2018)는 '고기'라는 단어가 은폐하고 강화하는 '육식의 시스템'에 대해 이렇게 말하고 있다. "육식의 시스템 안에서 '고기'와 '동물'은 다르게 인식되도록 만든다. '동물 사체' 또는 '동물의 살' 이라는 말 대신 '고기'라는 말이 통용된다. '닭의 가슴살'이라고 하지 않고 '닭가슴살'이라고 하여 동물의 주체성을 은폐시킨다."

보통 감사는 밥을 준 사람이 아니라 밥을 먹은 사람이 해야 할 인사가 아닌가. 청와대 앞 톨게이트 노동자들의 농성장에서 손지후는 분주히 움직이느라 비가 그친 후에도 우비를 벗지 못한 채 사람들 앞에서서 이렇게 인사했다.

"궂은 날씨에도 드셔주셔서 감사합니다."

그래, 먹이는 일만 일이 아니다. 먹어주는 행위도 일이다. 입맛이 없을 수도, 입에 안 맞을 수도 있다. 길에서 먹는 밥이 꿀맛일 리 없다. 먹는 사람도 먹어주는 것이다. 밥을 해오는 마음을 알기에. 서로가 수고로움을 감수하면서 하는 행위가 뜻하는 마음이 무엇인지 알기에. 어쩌면 당사자들도 연대를 하는 것일지 모른다.

밥통이 현장에 '출동'하는 일이 늘어날수록 평등한 마음의 주고받음은 늘어난다. 현장 상황이 모두 같진 않아, 연대자를 '밥하는 여자'로 취급하는 곳이 없을 순 없다. 그러나 밥 연대를 몇 차례 겪으며 서로가 배려라는 연대 방식을 익힌다. 손지후는 중년 남성만 모인 투쟁 사업장에서 고맙다며 그릇을 굳이 챙겨가 씻어놓는 일을 그 사례로 들었다. 고마움의 표현이자 상대의 노동, 그 수고를 알기에 나온 행동이다.

타인의 노동이 눈에 보이는 순간 우리의 연결 가능성은 더욱 커진다. 그 연결이 나를 배부르고 따뜻하게 만들어주는 사람에 대한 고마움으로 시작된다면, 그건 정말 '따신' 일이겠다. 밥처럼.

밥 연대 하는 사람, 이점진

여기, 밥통과는 묘하게 다른 분위기를 지닌 연대자가 있다. 이 사람도 밥을 지어 싸우는 사람들에게 먹인다. 그런데 방식이 밥통과 사뭇 다르다. 밥통은 협동조합이라는 조직이고, 그는 개인적으로 연대를 한다. 밥통이 서로 간에 반말이나 위계가 드러내는 언어를 사용하지 않는 반면 그는 자신이 연대해온 투쟁 사업장 사람들과 언니, 누나, 동생 관계를 맺는다. 밥통 활동가들이 강조한, 서로를 존중하기 위한 적절한 거리감이 그 앞에서는 무력해진다. 이점진은 싸우는 사람들에게서 자기 자신을 본다고 했다.

그럼에도 밥통과 이점진 모두 서로의 활동을 존중한다. 이점진은 밥통의 조직적인 지속성에 감탄하고, 밥통은 이점진이라는 사람의 끈기에 놀란다.

"연대를 시작하면 당사자가 포기하지 않는 이상 제가 먼저 포기하는 일은 없어요."

주변 사람들은 이점진이 밥 연대를 한 사업장은 다 싸움에서 이긴다고 한다지만, 그게 아니다. 싸움이 이길 때까지 이점진이 함께 버티는 거다. 버티면 언젠가는 이긴다. 그런데 이점진의 의지를 대단하다고 말하는 사람들조차 이런 생각을 할지 모른다. 왜 그렇게까지 하는 걸까?

"제가 해고 노동자예요. 80년대 말에 유성CC라는 골프장에서 캐디

로 일했어요."

400명이 넘는 캐디 직원을 둔 대형 골프장이었지만, 직원 복지는 형편없었다. 샤워기는 늘 고장이었고, 밤 근무를 마치고 오면 제대로 된 밥 한 끼 먹을 곳이 없었다. 굶거나 다 불어터진 짜장면을 먹었다. 참다못해 동료들이 노동조합을 만들었는데, 이점진은 처음에는 가입하기 싫어 도망 다녔다고 했다. 대학 등록금을 모으려고 들어온 일터였다. 한 달만 더 있으면 목표액을 채울 수 있었다. 하지만 다들 그렇듯 동료들에게 미안해서, 꼬임에 넘어가서, 화가 나서 결국은 같이 노조를 하게 됐다.

그 시절, 노동조합 활동을 하면 모욕당하는 것이 일상이었다(지금도 크게 다르진 않다). "행진을 하면 왼쪽에서는 용역이 희롱을 하고, 오른편에서는 경찰이 히죽거리며 웃는" 그런 일들이 반복됐다. 힘든 일이 많았지만 무엇보다 사람이 줄어가는 일을 견딜 수 없었다.

"며칠이면 한 명 또 없어지고. 다 떠나고 8명쯤 남았나봐요. 항상 점심때 라면을 먹었어요. 먹는데 너무 서럽고 목이 메는 거예요. 그래도 동료들 앞이라 막 우겨넣었는데, 결국 밖에 나가 하수구에 다 토했어요. 지금도 라면 안 먹어요. 불어터진 라면은 죽어도 안 먹어요."

그러다 마지막엔 이점진 혼자 남아 법정투쟁을 하게 되고, 그는 특수 고용직 캐디의 노동자성을 인정한 첫 판결의 주인공이 된다. 판례를 찾아보니, 1993년도의 일이다. 3년가량을 홀로 싸운 것이다. 모든 순간이 상처였다. 시절이 그랬다고 치부할 수만은 없는 문제다. 그는 지금도 곳곳에서 자신을 본다. 싸우는 이들, 아니 싸우기에 상처받는 이들. 자꾸만 동료를 잃어가는 이들.

"30년 가까이 된 일인데도 어제 일처럼 생생해요. 누군가 해고된 걸 보면 그 시절 내가 거기 서 있는 거예요. 곳곳에 또 다른 내가 있기 때문에 눈 돌리는 게 안 돼요."

모든 곳에 내가 있어

밥 연대를 시작한 계기는 무엇이었을까. 2009년, 대전 원자력연구원 계약직 연구원이 무더기로 해고당한다. 이점진은 해고 당일 농성장을 차린다는 소식을 듣고 그곳을 찾아갔다.

"가장 어린 사람이 제 아들하고 나이 차가 얼마 안 났어요. 당시에 아들이 고 2였는데. 가니까 정문 앞에서 집회를 하고 있는데, 그 모습을 보다보니 눈물이 줄줄 나는 거예요."

이점진도 그들 나이에 해고를 당했다. 그는 농성하는 사람들에게 앞으로 밥은 어떻게 할 거냐고 물었다. 당장은 컵라면으로 때운다는 답이 돌아왔다.

"집으로 가는 길에 큰 솥을 샀어요. 호박도 같이. 그 당황스러운 표정. 느닷없이 해고당한 그 표정을 보니 마음이 너무 아파서, 밤새 호박

죽을 끓였어요. 아침에 차에 싣고 갔죠."

이후 이점진은 농성장 옆에 화덕을 만들고 저녁을 지었다. 영수증
처리해서 재료비만 받고 일했다. 그의 생업이 따로 있을 때였다. "퇴
근하면 농성장 가서 밥해주고 다독거리고 집에 가면 새벽 1시나 2시."
이들이 다시 복직되기까지 80일 동안 이점진은 거의 매일을 그렇게
보냈다.

라면만 먹던 20대의 이점진을 지우기 위해 그는 매끼마다 최선을
다했다. 한 끼도 같은 반찬을 내놓지 않았다. 완제품은커녕 시중에 나
온 김치도 사본 적이 없다고 했다. "그때 투쟁하던 사람들이 다들 5, 6
킬로는 살이 쪘어요." 소식을 들은 지역 사람들이 후원과 연대 요청을
하기 시작했다.* 그렇게 밥이 연대의 수단이 됐다.

이후 크고 작은 투쟁에 이점진은 밥으로 연대했다. 갑을오토텍의
경우 직장 폐쇄에 맞서 싸운 시간만 11개월이다.** 이점진이 반찬을
지원한 기간도 11개월이다. 조합원만 수백 명. "멸치볶음 하려면 멸치
만 5박스가 들어가요." 요리해본 사람은 알겠지만 부엌은 결코 평화

---

*   민주노총 대전지역본부 박모은 교육부장 등 그때 만난 후원자들이 지금까지도
  '반찬연대팀'을 이루며 이점진의 든든한 '빽'이 되어주고 있다.

**   갑을오토텍은 갑을그룹 산하의 자동차 에어컨 제조업체로, 2016년 경비 업무를
  외주화하려 했고, 이에 반발해 노동조합이 파업에 들어가자 7월 공격적으로 직장
  폐쇄를 단행했다. 회사의 직장 폐쇄는 노조가 파업을 해제한 후에도 8개월간 더
  이어졌다. 노동조합은 이에 맞서 1년 가까이 농성 투쟁을 했다.

로운 공간이 아니다. 칼은 날카롭고 불은 위험하고 물은 무겁다. 들통 들다가 허리가 뒤틀리고 손목이 나갔다. 극한 노동이었다.

여름에는 장아찌를 만드느라 눈이 다 짓물렀다. 주변에서는 그만 하라고 성화였다. 그래도 했다. 나 역시 그 이야기를 들을 때는 왜 굳이 그 고생을 하면서 장아찌 반찬을 고집할까 싶었다. 나중에 생각하니, 여름이다. 거리에 있거나 공장을 점거해 세웠을 농성장에 냉장 시설이 제대로 갖춰졌을 리 만무하다. 저렴한 가격에 많은 양을 해도 상할 위험이 없는 반찬이 장아찌였을 것이다. 이점진은 자기 눈이 짓무르는 것은 개의치 않으면서 요리하는 사람은 건강해야 한다며 밥 연대가 시작되면 술부터 끊는다고 했다. 사람들이 왜 "우린 밥이 아니라 정성을 먹었다"고 하는지 알 만하다.

보상은 없었을까? "룰을 정했어요. 50명이 넘으면 한 끼에 500원. 못 미치면 700원." 식자재값으로도 부족해 보인다. 그렇다면 자신의 노동값은? 그의 성격상 받았을 리 없다. 물질적 보상을 바라고 하는 연대가 아니라지만, 헌신과 무상으로 제공되기에는 품이 큰 노동이다. '좋은 일 한다'는 말로 넘길 문제가 아니다. 그렇지만 노동값을 받으면 자신이 못 견딘다고 했다.

지속 가능성이 의문이다. 매끼마다 정성을 다하고, 매끼마다 몸을 혹사시킨다. 나이도 들어간다. 그런 까닭에 이점진 또한 투쟁 사업장 식사 지원이 개개인의 헌신이 아닌, 조직을 통해 해결되어야 하는 문제라고 생각한다. 밥차 운영이 노동조합이나 조직 차원에서 이뤄지길 바란다. 하지만 일단은 밥 연대를 하는 자신이 좋다.*

"맛있다고 하는 게 너무 좋아요. 투쟁하는 동안 맛있는 음식 먹었다고 하면 그동안 힘들었던 것도 다 잊히는 거예요."

이점진은 밥 연대 경험을 들려주는 사이에 '나 때는'을 넣는다. 라면만 먹던 자신이 이야기 도중 종종 튀어나온다. "밥값 없어서 싸움을 멈춰야 하는 게 너무 서러운 거잖아요." 정작 서러운 것은 라면이 아니라, 라면을 먹는 생활에 치여 하나둘 떠나간 동료들에 대한 기억일 것이다. 겁 없어 보이는 그이지만, 인생에서 자신이 할 수 있는 게 없을 때가 제일 무서웠다고 한다. 세월이 흘렀고 지금은 할 수 있으니까. 떠나가는 동료를 잡지 못했던 그때와 다르니까. 그래서 그는 자신이 할 수 있는 것을 찾아 한다고 했다. 떠나가지 않는 일. '떠나가지 않음'이 어쩌면, 그의 즐거움일 것이다.

그러나 동시에 그는 떠나야 하는 사람이다. "연대자는 떠나야 하는 게 맞잖아요. 투쟁은 끝나야 하니까." 밥을 지을 때 무슨 생각을 하느냐는 질문에 이리 답한다.

"이 밥이 마지막이었으면 좋겠다."

누구든 싸움을 멈추고 일터로 돌아가야 한다.

---

* 현재는 전국공공운수노동조합 대전지역본부로 활동 영역을 옮겼다.

그의 소원대로 마지막 밥을 먹은 이들은 일터로 돌아간다. 처음에는 정이 들어 그것도 이별 같았다고 한다. 힘들었다. 그런데 헤어짐은 아닌 것이, 밥 연대의 기억이 사람들에게 깊숙이 남는다. 일터로 돌아간 갑을오토텍 노동자들은 아사히글라스 비정규직 투쟁의 후원자로 변모했다(5년째 구미에서 싸우는 아사히글라스 해고자들은 cms 후원을 받아 활동비를 마련한다).

"갑을오토텍에 있을 때 한 조합원이 고맙다고 하더라고요. '저한테 고마우세요?' 하니까 너무 고맙다고. 그래서 내가 말했어요. '그러면 투쟁 끝나고 다른 사업장에 고마움을 돌려주시면 된다'고."

고마움의 기억은 그렇게 연대로 남는다. 나는 이런 연대의 이어짐을 보면서 협동조합 밥통에서 본 문구를 떠올렸다. '다른 세상은 밥으로 통한다.' 애초 다른 세상이 아니었다. 다른 것처럼 보이게 하는 작동이 있을 뿐이다. 사업장 담벼락이 노동자를 가르고, 비정규직·정규직 고용 형태가 사람을 나눈다. 가르고 쪼개어 수직으로 줄을 세운다. 밥이 하늘인 이유가 있다. "하늘을 혼자서 못 가지듯이 / 밥은 서로 나눠 먹는 것." 평등하게 서로 나누는 것이 하늘이다.

싸우는 현장 곳곳에서 과거의 자신을 발견하는 일이 이점진에게는 슬픔이자 상처이지만, 그렇게 나뉜 이들은 하나가 된다. 원래 하나여야 할 사람들에게 자신을 나눠 연결시킨다. 밥을 서로 나눠 먹듯이.

마을 카페에서 밥차를 보내다, 봄꽃밥차

여기 또 다른 연결을 고민하는 밥차가 있다. 가끔 내가 가는 마을 카페 앞에 민트색 탑차가 세워져 있었다. 자꾸 눈이 가서, 저게 뭘까 궁금해했다. 밥 연대 취재를 하다보니 그 용도가 보였다. 밥차였다.

'봄꽃밥차'라는 글자가 민트색 바탕에 쓰여 있다. 영등포의 마을 카페 〈봄봄〉에서 함께 운영하는 밥차다. 〈봄꽃밥차〉의 시작을 알기 위해서는 노동자 교육기관인 〈서울노동광장〉의 고 이춘자 대표® 소개를 빠트릴 수 없다. 봄꽃밥차는 이춘자추모사업회가 만든 봄꽃장학회 기금으로 운영된다.

"이춘자 대표가 갑작스럽게 돌아가시고 나서 돌이켜보니 생전에 그분이 진짜 좋아하셨던 일 가운데 하나가 손수 백반 상을 차리는 거였어요. 힘들어하는 장기 투쟁 사업장이나 본인이 아는 노동자들을 초대해서 밥을 나누며 이야기를 듣고, 고민도 대안도 이야기하는 문화가 있었어요. 다들 너무 좋아했어요. 이후에 남은 우리가 무얼 할 수 있을까 했을 때, 대표님이 우리에게 전해준 마음이 남아 있다면 이걸 어떻게 우리 방식으로 꺼내놓을 수 있을까를 고민하게 된 거죠."

● 〈노동자우리역사학교〉 운영을 시작으로 기아자동차 노조, 철도 노조 민주화 투쟁 지원 사업 및 구로 지역에서 노동운동을 했다. 2011년, 갑작스런 뇌출혈로 쓰러진 후 병상에서 투병하다 운명했다.

2013년, 고민 끝에 서울노동광장은 큰 변화를 모색한다. 우선 영등포 사무실 창문마다 한 글자씩 크게 쓰여 있던 '서.울.노.동.광.장' 대신 '봄.봄'이라는 이름을 적어 넣었다. 벽화를 칠하고, 건물 앞 화단을 텃밭으로 만들었다. 교육기관의 사무 공간을 카페로 재단장한 것이다. 영등포 지역 주민들을 만나기 위한 방법이었다.

카페 봄봄을 차리고 마을 사람들을 만났다. 어떻게? 카페에서 무료로 법률 상담도 하고, 장터도 연다. 셋 이상만 모이면 누구나 열 수 있다는 '누구나 강좌' 모임도 있다. 세 사람이 모이면 그림책 읽기도 인권에 관해 이야기를 나누는 모임이 되고, 적지 않은 학원비를 내야 배울 수 있는 요가, 드로잉, 기타 연주 수업도 손쉽게 받을 수 있다. 재봉틀 사용법도, 텃밭 가꾸는 법도 배우고 가르칠 만한 일이 된다. 그리고 한쪽에선 밥상이 차려진다.

"집회에 나가긴 쉬워도 일상에서 공감하면서 무얼 같이하는 일은 힘들어요. 그런데 밥은 일상의 중심에 있으니까. 우리나라 사람들의 정서상 '밥 한번 먹자'가 인사일 정도니까. 쌀 미米자를 써서 88세를 미수라고 하는 이유가 쌀이 우리 손에 오기까지 88번의 노동이 들어간다고 하더라고요. 우리의 노동과 일상에서 쌀이 가장 중심축이기 때문에, 간장에 비벼 먹더라도 서로 밥을 같이 먹는 행위가 사람의 마음을 가장 잘 풀어내지 않을까 생각했어요."

카페 봄봄에서는 이웃을 불러와 '나눔밥상'을 차린다. 봄봄이 마을에서 자리를 지키는 동안 봄꽃밥차는 먹거리를 들고 사람 손길이 필요한 곳을 직접 찾아간다.

가장 일상적인 행위이기에 밥을 같이 먹는 동안 마음의 장벽이 낮아진다고 했다. 봄꽃밥차의 운영진인 서울노동광장 공군자 대표가 해준 설명을 들으면서도 나는 고개를 갸웃했다. 사소한 일상을 함께했다고 마음의 장벽이 금세 낮아질까. 인터뷰 자리에 동석한 탤탤이 자기 이야기를 한다. 그는 취업 후 사회 공부를 할 겸 교육기관인 서울노동광장을 찾았다가 회원이 되었다고 한다.

탤탤이 처음으로 싸우는 사람들과 밥을 같이 먹은 장소는 청소 노동자들이 점거한 대학 본관 로비였다.

"갈 때는 '어떻게 같이 먹지?'라는 생각을 했어요. 마음이 진짜 무거웠거든요. 오래 투쟁하는 분들인데, 얼마나 힘들까? 자기 상황만으로도 힘든 사람하고 밥을 같이 먹어도 되나. 그런데 밥상을 펼치고 앉으니까 자연스럽게 이야기가 시작되는 거예요."

반찬 조리법으로 시작해서 사는 이야기가 슬슬 나오다가, 이들이 싸우는 사정으로 이야기가 옮겨갔다고 한다. 탤탤은 그날 "울림이 있었다"고 기억했다. 무엇을 흔들어 울렸을까.

"여태까지 내가 생각한 연대란 뭐였을까? 겉으로 표현하진 않았지만, 마음속에선 약간 시혜적인? 내가 좀 여유가 있어 나눠준다? 그날 경험으로 내가 그리던 연대가 공상적인 것이었다는 걸 깨닫고, 연대에 대한 생각이 와르르 무너졌던 거 같아요."

노동자라는 존재는 낯설다. 투쟁하는 노동자는 더 낯설다. 우리 곁에 없는 사람마냥 추상적으로 그려진다. 손에 잡히지 않는다. 가만 생각해보면 우리 모두 일하는 사람들인데, 그런 인상을 받다니 이상한 일이다. 그런데 가만히 앉아 생각해보기엔 우리 일상이 너무나 분주하고 벅차다. 미디어에서 보여준 이미지가 머릿속을 잠시 스쳐 지나갈 뿐이다.

타인을 편리한 방식으로 상상하지 않는 것은 의외로 어려운 일이다. 철학자 수전 웬델의 저서 《거부당한 몸》*에 이런 말이 나온다. "다른 사람이 어떤 경험을 하는지, 어떤 영향을 받는지 상상할 수 있으려면 그 사람의 주체성을 인식하고 있어야 한다." 타자에 대한 상상력을 넓히려면 그를 하나의 주체로 올곧게 인식해야 한다. 나와 같은 일상을 누리고 서로 관계 맺는 존재로 인식해야 한다. 그래야 제대로 보인다. 밥을 나누고 일상을 공유하는 행위는 상대를 제대로 상상하겠다는 노력이다.

밥은 따뜻하다

그러나 인생이 신속하게 해피엔딩을 맞을 수는 없다. 상대를 알게 되

---

* 강진영·김은정·황지성 옮김, 그린비, 2013.

는 과정은 더디고 더디다. 서울노동광장이 카페 봄봄으로 변신한 후, 지역운동을 하려고 아예 영등포로 이사 왔다는 봄꽃밥차 김동규 매니저는 이제야 편한 동네가 된 느낌이라고 했다. 그가 이곳으로 이사 온 지 4년째. 동네 사람들하고 이야기하는 게 슬슬 편해졌다고 한다. 그의 표현대로라면, 동네로 와서 "사람이 사람을 경험하는" 일을 겪었다. 별스러운 일을 한 건 아니다. 같이 밥 먹고, 대화하고, 동네 청소하고. 그냥 사람을 겪었다.

"다양한 삶을 보고 겪으며 노동의 영역도 확장시키는 거 같아요. 일하는 수많은 사람들을 실제로 보게 된 거죠. 노동이라는 게 임금을 받는 노동만 있는 게 아니라, 자영업자도 있고, 가사 노동도 있고, 임금 노동에 속하지 않은 폐지 줍는 노동 등등 다양해요. 그리고 이렇게 다양한 일을 하는 사람, 그리고 기득권층이 아닌 사람들만의 묘한 공감대가 있거든요."

노동을 하지 않고 살 수 있는 사람은 극히 적다. 그러나 현실은 지역과 노동을 함께 상상하지 못한다. 지역민과 지역 노동자를 한 사람, 두 사람 머릿수 세는 식으로 분리할 수 없음에도, 마을과 노동자는 공존하는 존재로 인식되지 않는다. 어쩌면 노동에 대한 좁은 틀이 노동자를 자꾸만 타자로 상상하게 하는지도 모르겠다.

"한 사람이 굉장히 다양한 복합성과 역할을 지니고 살 수밖에 없잖아요?"

공군자 대표의 말이다. 카페 봄봄을 열며 그는 임금노동 개념으로 가둘 수 없는 다양한 직군의 노동자를 만났다. 그제야 임금노동자만을 노동하는 자로 사고하는 방식에서 스스로도 벗어날 수 있었다. "노동에 대한 사회 인식을 바꾸는 전환점 중 하나가 '가사 노동'에 있다고 봐요." 함께 나누는 밥상에서 눈으로 확인하고 귀를 열어 얻은 확신일까. 공 대표는 가사 노동이 올곧이 노동으로 인정받을 때, 사람들이 노동에 관해 갖는 인식이 바뀔 것이라고 했다. 그래서 지역 노동 영역에 '가사 노동'이 포함되어 있다는 사실을 망각하지 않으려 한다.

가사 노동은 쉽게 잊힌다. 누군가를 '돌보는' 노동은 숨겨지기 쉽다. 세상에 그토록 중요한 게(엄마 집밥) 없다는 듯 굴면서도 실은 아무나 하는 일 취급이다. 그 노동이 얼마나 복잡다단한 과정을 거쳐야 하는지, 어떤 전문성과 숙련을 담보로 해야 하는지는 망각한다. 쌀이 우리 손에 오기까지 88번의 노동을 거친다면, 그 쌀이 밥이 되어 누군가의 허기를 달래주기까지 다시 수많은 노동이 들어간다.

그런 까닭에 봄꽃밥차는 밥상이 아닌 음료나 다과 등으로 먹거리 물품을 대체할 때도 있다. 일손이 부족해서이다. 음식을 간소화하는 대신 투쟁의 요구를 효율적으로 알릴 수 있는 스티커를 부착하는 등 다양한 기획을 모색한다(예상보다 반응이 좋아, 박근혜 탄핵 촛불집회 때 나눈 '그만두유'가 히트를 치기도 했다)*.

누가 소를 키울 것인가는 어디에서나 난제다. 무수한 노동이 들어가고, 심지어 그 노동을 주로 여자가 하게 되는 '밥 연대'는 필요성에도 불구하고, 나에겐 그다지 끌리지 않는 연대 방식이었다.** 그런데 김동규 매니저가 한 말이 노동에 대한 나의 부담을 다소 누그러뜨렸다.

"노동할 일이 많다는 것은 나눌 것이 많다는 말이기도 하잖아요."

재료비 등 돈이 필요하다는 것은 후원해주는 사람들이 존재한다는 것이고, 쌀을 안치고 짐을 나르고 간을 보고 그릇을 씻는 일이 이뤄진다는 것은 그 일을 하나둘 맡아 하는 사람들이 있다는 이야기다. 밥은 그렇게 만들어진다. 십시일반. 사람들이 싸우는 현장에 전하고 싶은 마음도 이것이다.

그게 어디 연대하는 사람만의 마음일까. 탤탤이 자기 경험을 풀어놓는다. 톨게이트 노동자들의 집회에 밥차가 출동했을 때였다. 음료컵에 밥차 스티커를 붙여 제공하기로 했는데, 현장에 가보니 스티커가 부착되어 있지 않은 컵이 많았다. 그래서 탤탤은 스티커를 가지고 차 뒤편으로 가서 붙이기 시작했지만 마음이 급하니 오히려 일은 진척되지 않았다. 행진을 마친 노동자들은 이쪽으로 몰려오고 스티커 붙이는 일은 더디고 마음만 초조하던 그 순간, 지나가던 톨게이트 노동자들이 "뭐 하는 거예요?" 이러면서 하나둘씩 오더니 스티커를 같이 붙

---

* 　〈영등포 주민들이 만든 "박근혜 그만두유"〉, 김동규 기자, 오마이뉴스, 2016. 11. 12.
** 　밥 연대 단체에는 많은 남성 회원들이 존재한다. 그럼에도 여성 비율이 높은 것 또한 사실이다.

이기 시작했다고 한다. 여러 명이 바닥에 쪼그리고 앉아 붙이니 순식간에 일이 끝났다.

작은 손이라도 하나 거들고 가려는 마음이, 그것도 (당시) 한 달 넘게 거리에서 농성을 하느라 지친 사람들에게서 나왔다. 그 마음은 무엇일까. 단순하게 표현하기에는 부족하지만, 밥의 온도를 가진 마음들이다. 밥은 따뜻한 거니까.

흔하고 소중한, 마치 사람처럼

각자의 방식으로 밥 연대를 하는 사람(단체)들을 만나려고 했다. 그들은 협동조합을 꾸리기도, 후원자를 모으기도, 온전히 개인의 힘으로 밥을 짓기도 한다. 어떤 사람은 연대란 할 수 있는 만큼 하는 거라고 하고, 어떤 이는 당사자가 끝낼 때까지 자신의 연대도 계속된다고 다짐하듯 말하기도 했다. 재미난 기획을 곁들인 음료를 제공하기도 하고, 정성 가득한 한 상 차림을 준비하기도 한다. 서로 다르다. 제각각 다른 그들의 결을 살펴보고 싶었다. 그 결들을 헤집어나가면서 내 안에 지니고 있는 '밥'에 대한 의문을 풀고 싶었다. 일상적이라 너무나 흔한 동시에 너무나 소중한 그것. 마치 '사람'처럼.

그러나 사람이라고 다 소중하게 취급되지 않음을 우리는 익히 안다. 사람은 평등할 때 존귀하다. 밥상을 차려 대접하려는 마음, 차가운

거리에서도 정성껏 먹어주려는 마음, 밥을 짓는 노동을 같이하려는 마음, 밥상 앞에서 서로의 안부를 묻는 마음. 그 마음들의 공평함이 사람을 존귀하게 한다. 마치 밥처럼.

이 글에서 모두 다루지는 못했지만, 이들 외에도 여러 밥차와 밥 연대를 하는 개인, 그리고 이를 후원하는 사람들이 있다. 그들 모두가 애쓰고 있다.

꿀잠,
그곳이 집이
되려면

●

콜텍 노동조합[•] 조합원 김경봉이 〈꿀잠〉으로 출근한다는 이야기를 들었다. 콜텍 노동자들이 명예 복직에 합의를 하고 투쟁을 마무리한 것은 2019년 늦봄이었다. 김경봉은 7월에 첫 출근을 한다고 했다. 그 소식을 듣고 나는 꿀잠을 취재하기로 했다. 투쟁하는 노동자가 어디서 왔는지는 종종 이야기해도, 어디로 가는지는 말하지 않기 때문이다.

합의, 보상, 마무리, 승리(또는 패배). 조인식 사진 몇 장이나 조합원들이 다 같이 주먹 치켜들고 찍은 단체 사진을 끝으로 이들은 사라진다. '우리' 시야에서 사라져 '일상'으로 돌아간다. 콜텍 노조의 투쟁이

• 민주노총 전국금속노동조합 대전충북지부 콜텍지회.

끝났을 때, 사람들은 농성장을 지키던 세 사람에게 "이제는 퇴근할 수 있겠다"고 인사를 건넸다. 문 닫은 공장을 뒤로하고 서울로 상경해 10여 년 동안 집을 떠나온 사람들이었다. 이젠 그들도 퇴근을 하고 일상을 누릴 수 있다는 위로의 말이었다. 하지만 일상이란 무엇인가. 인생이 일상과 투쟁으로 딱 잘라 나뉘는 것인가.

한편 이들이 퇴근하는 삶을 누리려면 전제 조건이 있어야 한다. 출근할 곳이 있어야 한다. 그들이 받을 보상금이라고 해봤자 밀린 월급 수준이라, 일상으로 돌아가기 무섭게 빚부터 갚아야 한다. 원래 다니던 회사로 출근하는 사람은 복받은 거고, 김경봉처럼 회사가 사라져버린 사람은 새로운 길을 찾아야 한다. 나이가 몇이건 다시 일자리를 찾아야 한다. 투쟁하다 나이 들어버린 사람이 이전과 같은 수준의 직장을 찾는 것은 하늘에 별 따기. 자본이 있으면 장사라도 해 치킨집 가맹점 수 하나 더 늘리고, 아니면 그들 표현대로 '노동'일을 해야 한다. 그런데 꿀잠은 좀 다른 곳이다. 자영업도, '노동'일도 아닌 다른 곳으로 출근하는 사람 이야기를 들으니 반가웠다.

김경봉은 꿀잠에서 생활위원장을 맡고 있었다. 생활위원? 생소한 단어였다. 낯설지만 이런 명칭이 붙은 까닭을 알 것 같았다. 꿀잠은 생활하는 곳이다. 비정규직 노동자가 생활하는 곳. 투쟁하는 노동자들은

---

* 김경봉, 이인근, 임재춘 콜텍지회 조합원.

서울로 상경한다. 공장은 '지방'에 있는데 으리으리한 본사 건물은 서울에 몰려 있기 때문이다. 회장님을 만나겠다고 왔지만, 농성장을 차리지 않는 이상 잘 곳도 쉴 곳도 없다. 그럴 때 이용하라고 있는 곳이 비정규직 노동자들의 쉼터 꿀잠이다. 사람이 자고 먹고 쉬는 공간이다. 이는 생활의 문제. 이 생활공간을 관리하는 것이 김경봉의 일이다.

"집하고 똑같이 한다"

취재를 위해 김경봉을 만난 곳은 꿀잠이 아닌 광화문 세종로 거리였다. 그는 오전 근무 중이었다. 근무는 꿀잠이 아닌 밖에서 이뤄지는 경우가 잦다. 그날 문중원 열사*의 헛상여가 광화문 분향소에서 청와대까지 이동하는데, 꿀잠 사람들도 함께할 예정이었다. 김경봉에게 그날 하루 일정을 물었다. 그를 비롯해 꿀잠의 상근자들이 어떤 일을 하는지 옆에서 볼 요량이었다. 그런데 김경봉은 "할 일은 아침에 다 하고 왔는데" 하고 답한다. "무슨 일요?" 하고 물으니, 그는 한참 동안 부러진 의자 고친 이야기만 한다. 그게 무슨 일이고 활동이냐고 반문할지

---

*   2019년 11월 29일 15년차 경마 기수 문중원이 부산경남경마장 내 기숙사 화장실에서 한국마사회의 '갑질'을 유서에 폭로하고 죽음을 선택한다. 2005년 개장 이후, 그를 포함해 7명의 기수와 말 관리사가 스스로 목숨을 끊었다. 고 문중원의 유가족과 동료, 노동조합은 광화문에 분향소를 차리고 진상 규명과 책임자 처벌을 요구하며 100여 일을 싸웠다.

모르겠지만, 그건 꿀잠을 몰라서 하는 소리다.

나 역시 꿀잠을 제대로 모르고 취재를 간 첫날, 정신을 차려보니 청소를 하고 있었다. 꿀잠의 또 다른 상근자 박행란을 만나러 간 날이었다. 그가 4층에 있다고 해서 올라가니 물소리가 요란했다. 4층은 이곳을 방문하는 이들의 숙소로 사용된다. 방 이름도 온잠, 단잠, 굳잠이다. 물소리가 난 곳은 샤워실. 들어가니 물청소를 하는 박행란이 보였다. 기룡전자 노동조합의 투쟁이 한창이던 시절부터 보았던 사람이다.

지금은 가산디지털단지로 이름이 바뀐 가리봉동에 기룡전자라는 회사가 있었다. 회사는 1, 2년짜리 계약직 '아줌마'들을 부렸는데, 이들을 얼마나 만만히 봤는지, 노동자들이 노동조합을 만들자 문자로 해고 통보를 했다. 그후 기룡 노동자들은 내내 싸웠다. 질기고, 대단하게. 그 싸움이 10년이나 지속돼 2015년엔 기룡전자 노동조합 투쟁 10주년 토론회까지 열렸다. 그 자리에서 비정규직 노동자 쉼터가 제안됐다고 한다. 그 제안이 있고 2년 뒤 꿀잠이 만들어졌다. 그 이야기는 나중에 하고, 청소한 이야기부터 해보자.

내가 샤워실 문에 붙어 얼굴을 내밀고 도울 건 없느냐고 물으니 박행란은 괜찮다고 했다. 하지만 내 눈에는 괜찮아 보이지 않았다. 그는 발에 기브스를 하고 있었다. 돌아가지 않고 계속 도울 것을 찾는 나 때문에 결국 그는 걸레를 건네면서 방문을 닦으라고 했다. "네?" 청소할 때 방문도 닦아야 하는지 그때 처음 알았다. 집도 아니고 이렇게까지 깔끔하게 치워야 하나 싶은데 그가 "집하고 똑같이 한다"고 말했다. "왜요?" "여러 사람이 사용하니까요." "그러니까 왜요?"

"여기가 새집이 아니잖아요. 수리한 집이잖아요. 그래서 최대한 치워야 깔끔해요. 누구든 왔을 때 1시간을 있어도 편안하게 왔다가 갔으면 해서요. 우리 집에서 청소하는 거랑 밥하는 거랑 똑같은 마음으로 하는 거죠."

싸우는 노동자들이 꿀잠을 자야 하는 쉼터니까. 거리 한뎃잠은 외로우니까. 박행란도 김경봉도 지붕 없는 곳에서 제법 잠 좀 자본 사람들이다. "여기저기 다니느라 바쁘니까 차에서 잠깐 자고. 그때는 그 잠이 참 맛있었는데." 그 맛있는 잠, 이젠 지붕 있는 곳에서 자라고 쉼터를 만들었다.

꿀잠을 찾는 이들이 얼마나 많은지, 이용 인원이 2년 만에 3,000명을 넘어섰다. 해마다 노동자들의 싸움이 늘어난다는 말이기도 하지만 한편으로 장사(?) 잘되는 곳엔 특징이 있다. 단골이 유지되고 좋다고 입소문이 난다. 청결하고 따뜻한 덕분이다.

앞서 말했듯 청결에는 비결이 있다. 해고되어 투쟁한 시절 빼고는 한평생 노동만 한, 그래서 엉덩이 붙이고 앉는 습관이 없는 박행란은 내내 쓸고 닦는다. 쓸고 닦지 않을 때는 국을 끓이고 반찬을 만든다. "너무 무거운 걸 많이 들고 그러면 힘이 여기로 간대요." 그는 발을 가리킨다. 청소를 거들다가 내가 "여기가 산재 다발 구역"이라고 하니 그가 동의한다는 듯 웃는다. 다들 그에게 힘드니 그렇게까지 하지 말라고 하지만, 한편으론 그가 그렇게까지 하기에 이곳의 '집 같음'이 유지된다는 사실을 안다. 집은 누군가의 노동을 통해 유지된다.

"이걸 어떻게 다 하세요?" 내가 그를 따라다니며 가장 많이 한 말이었다. 그런데 그는 '이걸' 여기서 다 한 다음 집으로 돌아가 같은 노동을 또 한다. 그러면서 "투쟁할 때도 그랬어요"라는 말로 일축한다. "애들 크면서는 반찬은 잘 안 했지"라는 말로 자신의 노동에서 엄살을 떼어낸다. 몇 해 전까지만 해도 나는 그가 경찰들과 싸우고 집회에서 구호를 외치는 모습만 봤다. 그런 그도 집에 가면, 지금 내가 보는 모습으로 돌아가 청소하고 밥을 짓고 살림을 했단다. 여자들은 농성을 하든 오체투지를 하든 집으로 돌아가야 한다.* '퇴근 없는 농성'마저 그들에게는 사치일지 모른다.

신입 직원 김경봉은 옆에서 혀를 내둘렀다. 이곳에서 근무하기 전까지는 옥탑방까지 있는 4층 건물을 유지하기 위해 사람 손이 이렇게 많이 가야 하는지 몰랐다고 했다. 의자 고치는 일을 쉽게 보고 넘겼다가는 사람 앉을 의자가 없어진다. 건물에 물이 샌다. 벽에 그을음이 낀다. 창가에 곰팡이가 슨다. 나 또한 몰랐다. 나는 잠깐 와서 "여기 너무 좋아요", 이런 칭찬 몇 마디로 고마움을 표현하는 사람일 뿐이었다.

•   2009년 홈에버 마트 노동자들의 투쟁을 기록한 다큐멘터리 영화 이름이 〈외박〉(김미례 감독, 2009)이었다. '그녀'들이 생전 처음 해본 외박이 마트 점거 농성이었다.

이제는 웃으며 말할 수 있는

꿀잠에는 3명의 상근 활동가가 근무하고 있다. 전 기륭전자 노동조합 분회*장 김소연이 운영위원장을 맡았다. 김경봉이 오기 전에는 쉼터 관리와 살림을 김소연, 박행란 두 사람이 모두 책임졌다.

박행란에게 직책이 무엇이냐고 물어보니, 노가리라 한다. '노가다'를 잘못 말한 것 같다. 모든 '잡다한' 노동을 한다는 의미로 한 말이었다. 숙소에 머무는 사람들의 잠자리를 봐주고, 식사를 챙긴다. 쉼터에 있는 사람만 챙기나. 투쟁하는 농성장에 '꿀밥 나눔'이라는 먹거리도 챙겨 보낸다. 수십 번 도시락을 싸도 농성은 끝날 줄 모른다. 내가 꿀잠을 취재할 당시에는 삼성 해고자 김용희에게 수요일마다 한 끼 도시락을 올려 보냈다. 그때마다 국도 반찬도 새로 한다. 옆에서 보고 있으면 누구든 "정성이다"라는 말을 내뱉을 정도였다.

그런데도 그는 직접 도시락이라도 들고 농성장에 가는 날은 그나마 마음이 괜찮다고 했다. 보통은 꿀잠을 지키는 날이 많다. 각종 대책위와 연대체 회의에 참석하는 운영위원장이 일을 보러 나가면, 다른 이는 꿀잠을 지켜야 한다. 비울 수 없는 공간이다. 요즘은 다리를 다친 통에 더 움직이지 못한다고 했다. 하지만 성에 차게 움직이지 못한다

* 민주노총 전국금속노동조합 서울남부지역지회 기륭전자분회.

는 소리지, 농성장에 찾아가지 않는다는 이야기가 아니다. 어제는 어디를 가고, 바로 이어 어디로 이동하고. 그의 이야기를 듣다보면 홍길동이 따로 없다. 그런데도 "기릉 때는 진짜 연대도 많이 다녔는데" 하며 아쉬워한다. 그 시절을 떠올리는지 슬쩍 웃는 얼굴이 된다.

"투쟁할 적엔 재미있었지. 내가 모르던 세상이 있었어."

싸움에 첫발을 내딛는 노동자들이 입을 모아 하는 말이다. 세상이 이들에게 무엇을 꽁꽁 숨겨두었길래 그들은 자신의 눈으로 확인한 세상이 놀랍기만 할까. "뉴스에서 한 말이 다 사실인지 알았지." 그런데 직접 발로 찾아다니다 '다른 사실'을 보게 되었다. 신문에 실리지 않는 이야기들이 놀라울 시간은 지났지만, 여전히 그에게는 현장을 찾아가는 일이 중요하다. 싸우는 이들이 잘 지내는지, 연대하는 사람이 부족하진 않은지, 해코지는 당하지 않는지. 자신의 눈으로 봐야 할 다른 것들이 생겼다.

박행란은 자기 눈으로 보지 못하면 답답하다고 했다. 하지만 나는 그가 꼭 투쟁 현장에 가지 않아도 되는 사람이 되어 다행이었다. 몇 년간 노동조합 싸움을 한 박행란은 늘 화가 나 있어 보였다. 동료들을 성추행한 경찰에게, 자신들을 때린 용역에게, 그 뒷전에서 점잔 빼고 있는 공무원들에게. 그는 연대를 가서도 자기 일처럼 화를 냈다. 싸우는 사업장은 수십 개. 연대 가는 사업장도 수십 개. 그곳에 갈 때마다 화나고 슬픈 마음이 되는 것은 얼마나 힘든 일인가.

"그런 걸 보면 참지 못하니까. 그때는 내가 참 바보같이 살았구나 하는 마음에, 내가 바보처럼 참기만 하고 살았던 게 화가 나서 그랬죠."

성내며 싸운 후에는 돌아서서 후회를 하기도 했다. 은근히 마음이 여린 사람이다. "의경 재네들도 시켜서 하는 건데." 그는 자신이 원래 순했다고 했다. 나는 그 말을 믿는다. 기륭노조 조합원 중에 애초부터 '싸움꾼'인 사람은 없었다. 다들 일만 할 줄 아는 사람들이었다. 가정만 챙기던 사람들이었다. 그런 사람들이 기를 쓰고 고공에 올라가고, 뼈만 앙상할 정도로 단식을 하고, 몇 번이나 유치장 신세를 졌다.

기륭전자는 2002년 구로공단에서 처음으로 파견 업체를 통해 인력을 고용한 회사였다. 그 몇 해 전 파견법이 통과되었다.[*] 기업들은 정규직을 자르고 비정규직으로 사람을 뽑았다. 몇 해 지나지 않아 기륭전자의 직원 평균 근속연수는 대부분 1년 이하가 됐다. 누군가는 그 시절을 이렇게 표현했다. "영원한 정규직도, 영원한 비정규직도 없

---

[*] 김소연 전 분회장의 말을 들어보자. "2002년 기륭전자가 휴먼닷컴을 통해 구로공단에서 처음으로 파견 노동자를 고용했어요. (비정규직은) 주말에 쉬고 오면 해고되고, 너무 심했어요. 2005년 노조를 만들었습니다. 그러자 기륭전자가 하청 업체를 다 바꾸는 방식으로 노동자들을 해고했어요. 10여 년 싸우는 동안 파견법은 고용 의제에서 고용 의무로 개악됐을 뿐이에요. 외환 위기는 3년 만에 졸업했지만 외환 위기를 이유로 도입된 파견법은 20년 동안 노동자를 괴롭히고 있습니다. 수많은 노동자를 거리로 내모는 파견법, 이제는 폐지해야 합니다." 양우람 기자, 매일노동뉴스, 2018. 7. 3.

다."[*] 2005년, 기륭 노동자들은 비정규직의 굴레에서 벗어나기 위해 노조를 만들었다. 200여 명이 가입했다. 그리고 한 달 뒤, 그들은 문자로 해고 통보를 받는다. 조합원들은 55일간 공장을 점거함으로써 맞섰다. 쫓겨난 이후에도 공장 앞에서 1,895일간 천막 농성을 이어갔다.

2008년 10월 김소연 분회장이 공장 앞에 10미터 철탑을 세우고 올라갔을 때(세 번째 고공 농성이었다), 용역들은 밑에서 그 철제탑을 잡아 흔들었다. "죽어라, 그래 죽어!" 김소연 분회장은 철봉을 잡고 허공에 매달렸다. 지독한 여자 취급을 당했다. 서로가 악에 받쳤다. 불법 파견이 인정되어 과태료 500만 원 지급 명령을 받은 회사가 새 사옥으로 이사를 가기 위해 기륭 농성 천막을 철거한 직후의 일이었다. 뉴스에 나오지 않은 세상은 이런 일들을 겪고 있었다.

10년도 넘은 이야기다. 기륭 사장은 여지껏 체불임금을 지급하지 않고 그들은 돌아갈 곳조차 없어졌지만, 이제는 세월이 지나 웃으며 말할 수 있는 이야기가 됐다. 꿀잠을 방문한 김수억 기아차 노조 지회장도 농담 조로 말한다. 기륭 노조에서 최장기 단식[**] 기록을 세워서, 자기는 그 기록만 깨지 않으면 죽진 않겠구나 생각했다고. 김소연 분회장은 94일간 곡기를 끊었다. 김수억은 단식 47일째에 호흡곤란으로

---

[*]　〈기륭전자 분회 10주년 투쟁 평가 토론회 자료집〉, 2015. 7.

[**]　김소연, 유흥희(현 기륭 노조 분회장)가 기륭 공장 경비실 옥상에서 단식을 진행한 것이 2008년 여름이었다. 유흥희는 폐에 물이 차기 시작해 목숨이 위태로운 상태가 되어 67일째 되던 날 단식을 중단했다.

응급실로 실려 갔다(김수억 분회장도 단식 후 보식 기간 동안 꿀잠에서 지냈다). 그런데도 새로운 억울함, 새로운 싸움들이 계속 생겨나고 있다.

100일간의 공사, 1,000명의 꿀잠 일꾼

긴 세월을 싸워 기륭 노동자들은 복직 약속을 받아냈다. 5년 만이었다. 1,895일 만이었다. 회사 경영이 순탄해지면 이들을 직접 고용한다는 약속이었다. 하지만 회사는 유예 기간을 거쳐 2년 6개월 만에 복직한 이들에게 일을 주지 않았다. 그러더니 어느 날 회사는 짐을 빼 한밤중에 사라졌다.* 기륭 조합원들은 텅 빈 본사 사무실을 점거했다. 빈 사무실에 연대자들이 찾아왔다. 오고가는 사람들이 하나둘 늘어, 책상도 없이 은박지 장판을 바닥에 간 사무실이 사랑채가 되고 지방에서 올라온 사람들의 숙소가 됐다. 그 기억이 오래 남았다. 10년 평가 토론회 때 '쉼터' 이야기가 나온 연유다.

2015년 7월에 제안된 쉼터 건설이 마침내 2017년 4월 시작되었다.

---

* 2013년 기륭전자 최동렬 회장은 야반도주한 이후 폐업 신고를 한다. 회사는 경영이 어렵다는 이유로 비난과 책임을 피하려 했으나, 최동렬 회장이 기륭전자를 인수한 후 8년간 각종 허위 공시와 배임, 불투명한 경영 등으로 상장폐지에 이르렀다는 의혹이 크다. 최 회장이 인수한 중국 '디에스아이티위너스'의 가치를 부풀려 평가한 뒤, 기륭전자가 이를 인수토록 해 경영 악화가 가속화됐다는 것이 노동조합의 주장이다. 기륭전자는 2005년까지만 해도 1,600억 원 매출과 200억 원의 당기순이익을 내던 건실한 회사였다.

공사 기간 동안 매일 평균 10명씩, 총 인원 1,000여 명이 손을 보탰다. 2,000여 명의 연대자가 모금에 참여해 모금액이 7억 6,000만 원이 넘었다. 물론 건물을 사서 리모델링하기에는 턱없이 부족한 금액. 아끼고 아끼느라 작은 것 하나도 연대자들이 직접 만들었다. 벽도, 창문도, 바닥도, 수납장도 직접 공사했다. 당시 광화문에서 농성 중이던 김경봉도 공사에 참여했다.

"기륭은 오래전부터 투쟁을 했기 때문에 알고 지냈죠. 박근혜 퇴진 운동을 할 때 광화문 캠핑촌(농성)을 하면서 더 가까워졌고요. 꿀잠을 건립한다는 이야기도 듣고. 아무래도 내가 투쟁 당사자이고 해고자라 시간이 있고, 도와주고 와야겠다 싶어서. 건물 지을 때부터 여기 와서 꾸준히 지었죠."

자신이 당사자라는 말에 내가 "비정규직 아니시잖아요" 하고 짚었다. 그냥 하는 소리였다. 해고자에게 정규직, 비정규직 구분이 무슨 소용이 있다고. 꿀잠에 거금의 종잣돈을 내놓은 사람도 해고 경험이 있는 서울 지하철 노동자*였다. 평소 비정규직 싸움에 꾸준히 연대해온 몇몇 정규직 노동조합들이 마음을 보탰다. 물론 십시일반으로 모인 모금액 중 많은 부분을 보탠 것은 역시 비정규직 당사자들과 연대자들이었다.

•　　황철우 꿀잠 집행위원장.

그리고 여기, 한때는 정규직이었던 해고자가 있다.

"내가 콜텍에 있을 때는 정규직이라고 자부하고 있었는데, 서울에 올라와서 세상을 좀 아니까 노동조합 없는 정규직은 비정규직하고 다를 바가 없는 거예요."

김경봉은 주말이면 건설 현장에서 타일 준기공으로 일했다고 한다. 콜텍 악기 월급만으로는 생활이 되지 않았기 때문이다. 가족 건사라는 책임감을 무겁게 이고 오던 사람이 지난 10년간 제대로 된 벌이를 집에 보내지 못했으니 마음이 얼마나 무거웠을까. 그러나 꿀잠 공사 현장에서는 그 무거움을 내려놓고 오랜만에 기술'부심' 좀 부렸다. 사람들이 탐내는 옥탑방 옆 화단 담장이 김경봉의 작품이다.

물론 꿀잠 공사 현장이 평화롭지는 않았다. 오히려 다소 시끄러웠다. 연대자들이 매일 10명 이상 있다는 것은, 배는 하나인데 사공이 여럿이라는 소리와 같다. 다들 자신이 '베테랑'이라고 주장한다. 그래서 사람은 많은데 공사 진행이 더딜 때도 있었다. 이때 배가 산으로 가지 않게, 의견을 하나하나 듣고 서로 맞춰가는 것도 중요한 일이다. 누군가가 이런 일화를 들려주었다.

"한번은 아침에 일찍 왔는데, 아침 7시도 안 된 시간에 공사 반장이 저 (1층) 창문을 깨고 있는 거예요. 전날에 사람들이 창문 깨는 방법으로 왈가왈부하다가 결국 시간이 늦어져 못 깬 거야. 그래서 다음 날 반장이 일찍 나와 몰래 창문을 깬 거지."

나는 박수 치며 웃었는데, 공사에 참여한 사람들은 비슷한 일들을 수없이 겪었는지 고개를 절레절레 흔든다. 투쟁도 그렇다. 사람 때문에 투닥거리고, 사람 때문에 힘내서 간다. 때로는 좋고 때로는 고되고. 그래도 뛰쳐나가는 호랑이 없이 100일을 버텼다. 그리고 2017년 7월 19일, 공사 100일 만에 꿀잠이 완공된다.

주눅 들지 마라, 외로워 마라

김경봉에게 꿀잠에서 같이 일하자는 제안이 온 것은 그로부터 2년 뒤, 콜텍 농성이 마무리될 즈음이었다. 그렇지 않아도 콜텍 투쟁에 연대하는 사람들이 당사자들의 '투쟁 이후'를 고민하던 참이었다. 노사 합의가 되고 투쟁이 끝나면 이들이 일상으로 자연스럽게 돌아갈 수 있을까. 10여 년의 싸움이 어느 날 삶에서 뚝 떨어져나가면 그것이 일상인가. 헤어지는 일도 걱정이었다.

그런 의미에서 김경봉은 해결책을 찾았는지도 모른다. 자신이 연대했던 곳에서 근무한다. 그 역시 제안을 받았을 때 "이제 갚을 수 있겠구나" 싶었다고 한다. 받기만 한 고마움을 연대로 갚을 수 있겠구나. 그는 연대에 대해 말할 때 그랬다. "우리가 준 건 하나도 없는 거 같아요. 그 사람들에게 받기만 한 것 같아요." 그랬을 리가. 그럼에도 그는 갚아야 한다는 생각을 했다.

가족들도 그런 그의 마음을 흔쾌히 인정해줬다. 그의 세 자녀와 아내는 대전에 있다. 그는 주말에만 집에 간다. 사람들이 가족을 자주 못 보는 상황을 염려하면 "원래 나이 먹어 하는 주말 부부는 3대의 은공이 모여 이뤄진 거"라고 대수롭지 않게 대답한다. 말만 저런다. 대전 집에 가면 아내가 요리를 하는 싱크대 주변을 어슬렁거린단다. 부부 사이에 끊임없이 대화가 오가는데, 아내 목소리가 잘 안 들릴까봐 주변을 맴도는 것이다.

그는 숫기 넘치는 성격은 아니지만 사람을 좋아하고 잘 챙긴다. 좋아서만 잘 챙길까, 고마워서 챙긴다. 자신이 거리에서 싸울 때 적어도 한두 번은 마음을 내준 사람들이 꿀잠을 찾는다. 그리고 또 다른 손님. 그 옛날 자신처럼 투쟁을 막 시작하려는 사람들이 온다.

보통 수순이 그러하다. 소위 '지방'이라는 지역에서 노동조합이 싸우면, 관변 언론과 다를 바 없는 일부 지역 언론의 뭇매를 맞기 일쑤다. 공장이 문을 닫으면 할 수 있는 일이 더더욱 없다. 그러면 사람들은 모든 게 다 있다는 서울로 올라온다. 그렇게 타지에 온 이들은 꿀잠이 만들어지기 전에는 찜질방에서 자고, 상급 노조(금속노조 등) 사무실에 스티로폼 깔고 자고, 다른 농성장에 얹혀서도 잤다. 하지만 보통은 거리에서 잤다.

막 싸움을 시작한 노동조합 중 어디에 더 마음이 쓰이냐고 김경봉에게 물으니, 팔은 안으로 굽는다고 일진다이아몬드 노동자*들을 언급한다. 일진다이아몬드는 콜텍악기가 있던 충청도(충북 음성)에 있다. 지역 인연이다. 당시 그들은 서울 마포구에 있는 본사 앞에서 노숙 농성을 했는데, 가끔씩 돌아가며 꿀잠 숙소를 이용했다.

"선배로서 말해주고 싶은 거 있으세요?"

김경봉은 선배라는 말에 손사래 치면서도 입을 연다.

"오래 투쟁을 하면 소통이 없어져요. 오래 같이 지내니까 좋은 건 안 보이고 안 좋은 것만 보이고. 힘들 때는 힘들더라도 소통하면서 가야 하지 않을까. 서로 소통 없이 오랫동안 같이하면 상처가 되고. 그럼 결국 내가 병 걸릴 수밖에 없는 거고. 지금 시작하는 사람들은 동료들끼리 서로 소통을 하고, 끌어안을 수 있는 마음이 되어야 하지 않을까 해요."

이제 그는 당사자였던 자신을 뒤로하고 보태는 일에 집중한다. 싸우는 노동자들은 삼보일배를 참 많이 하는데, 그때마다 입는 흰옷을 누가 관리하는지 얼마 전까지만 해도 몰랐다. 수십 벌의 옷이 꿀잠 세탁기에서 돌아간다. 건조한 옷을 치수별로 분류해 꿀잠 사람들이 하

• 공업용 합성 다이아몬드를 생산하는 일진다이아몬드 노동자들은 2019년 6월 26일 파업에 들어갔다. 그들은 2018년 12월 말에 노조를 건설했다. 설립 총회 후 단 일주일 만에 생산직 노동자 대부분이 노조에 가입했다. 지난 5년간 임금은 동결이었고, 상여금도 400% 축소됐다. 군대식의 현장 통제, 산재가 빈번한 위험한 일터 등 그간 쌓였던 불만은 첫 파업에 92.1%의 찬성률을 이끌어냈다. 회사는 파업 48일째에 직장을 폐쇄했다.

나하나 갠다. 그렇게 보관했다가 바닥에 온몸을 던져 싸워야 하는 사람이 나타나면 내준다. 이제 그의 몫은 당사자가 잘 싸울 수 있도록 지원하는 역할이다.

그럼에도 "내가 당사자"라는 그의 말은 유효하다.

김경봉은 자신이 직접 만든 영상에서 꿀잠을 소개한 적이 있다. 꿀잠에서 영상 제작 교육을 한 적이 있는데* 그때 참여해 만들었단다. 집에서 주말을 보내고 서울로 올라오는 월요일 출근길, 그의 걸음을 따라 카메라가 움직인다. 영등포역에서 걷기 시작해 한글만큼이나 중국어 간판이 자주 등장하는 동네 골목길을 구불구불 따라가다보면, 꿀잠이 나온다. 때맞춰 영상에서 그의 목소리가 흘러나온다.

"내가 가야 할 그곳은 투쟁 속에서 배우고 느끼고 받았던 마음들을, 노동이 존중받는 사회, 비정규직 없는 사회, 정리 해고로 고통받는 이가 없는 세상을 위해 투쟁하는 동지들과 나눌 수 있는 비정규직 노동자의 집 꿀잠."

꿀잠은 단지 잠을 자는 곳이 아니다. 꿀잠 일꾼들이 만든 노래 가사가 있다. "주눅 들지 마라. 외로워 마라. 세상의 모든 차별 부숴버리자."** 꿀잠에서 머무는 노동자들이 당당히 세상에 나와 우리를 옥죄

- 2019년에 진행한 프로그램 가운데 노동 역사 기행(광주, 소록도, 구로공단 등), 노동법 강좌, 치과·한방 무료 진료소 운영 등 의료 지원 활동이 있었다.
- ●● 〈노동자의 길〉(안치환 작사·작곡)을 개사해 〈노동자의 집〉이라고 이름 붙였다.

던 모든 차별을 부숴버리길 바라는 마음과 지원이 꿀잠에서 만들어진다. 세상이 바뀌길 바라는 김경봉은 자신의 투쟁이 끝났음에도 여전히 당사자다. 싸우는 이를 지원할 방안을 모색한다. 더 나은 투쟁을 기획한다. 사람을 모은다. 꿀잠은 다른 세상을 꿈꾸는 이들이 모이는 곳이다.

그리고 정년을 맞은 노동자가 "제2의 삶을 살아갈 소중한 공간이요, 길이다".[*] 그는 다른 세상을 꿈꾼다. 또한 살아간다.

더는 없었으면

공사에 직접 참여한 김경봉과 달리 박행란은 꿀잠이 완공된 후에 합류했다. 2017년 공사가 한창일 때, 그는 그 무섭다는 '생계 투쟁' 중이었다. 말 그대로 투쟁이었다.

"노조 싸움이 끝나고 나니 허전함이 컸지. 일자리 구하러 다니면서 자괴감이라고 해야 하나. 힘들어. 너무 처절하다보니까. 싸움도 치열했지만, 이건 생활이잖아요. 그건 진짜 나와의 싸움이잖아요."

노동조합에서 싸우는 동안 나이 앞자리 수가 달라졌다. 경력은 그대로인데 나이만 늘었다. 노동시장에서 환영받을 요소가 줄었다. "머

•　　김경봉 내레이션.

리에 든 것만 많아졌어." 자본 없는 나이 든 여성이 '생계비'라 부를 만큼의 금액을 버는 일은 결코 쉽지 않다.

"힘들어. 너무 처절하다보니까." 인터뷰를 끝낸 후에도 나는 이 말을 잊을 수 없었다. 그는 독하디독한 투쟁을 참 많이도 했다. 그래서 '독한 여자' 취급을 받았다. 그럼에도 나는 그가 노조 투쟁을 두고 저렇게 센 표현을 쓴 것을 들어본 적이 없다. 투쟁보다 힘들고 험난한 것이 '입의 풀칠'이다. 그는 한동안 급식을 납품하는 식당에서 일했다고 한다. 나이 든 여성에게 따라붙는 직업군이 있다. 청소, 식당, 요양 보호….

함께한 투쟁이 끝나고 난 자리에 '나와의 싸움'이 남는다. 싸움이 끝나고 진짜 싸움이 기다리는 자리에서 이들이 혼자가 되지 않게 하기 위해서는 무엇이 필요할까.

박행란이 몸이 불편하다는 말에 다른 기륭 조합원이 일을 도와주러 온 날이 있었다. 다들 생활하기 바쁘지만, 이 공간이 있으니 기륭 노조 조합원들끼리 보고 지낸다. 둘은 주방에서 소곤소곤 대화를 나눴다. 답답하다던 그의 기분이 풀어진 듯도 했다. 말할 사람이 필요했을까. 사람들이 쉬러 오는 곳이기 때문에 말을 조심하고 있다고 했다. 쉬러 와서 상처 입으면 안 되니까. 하지만 걸걸한 박행란의 입장에서는 인내가 필요한 일이다. 싸우는 당사자일 때와 쉼터 역할을 하는 단체 상근자일 때의 부담은 다르다. 오랜 친구와 속닥거리는 모습을 보니 내가 다 반가웠다.

두어 달 후 내가 다시 꿀잠을 찾았을 때, 그의 다친 다리는 다 나은 상태였다. 일 많고 바쁜 것은 여전했다. 특히 이번 겨울은 그에게 몹시 분주한 계절이었다. 고 문중원 열사 가족들이 꿀잠에 머물렀다. 한국 마사회의 횡포와 갑질로 경마장 기수인 문중원이 목숨을 끊은 후, 유가족과 동료들은 서울로 올라왔다. 광화문에 분향소를 차리고 마사회에 책임을 물었다. 늦은 저녁이 되면 가족들은 이곳 꿀잠으로 온다고 했다. 그는 유족들의 식사를 챙겼다.

종일 서서 청소를 하고 반찬을 만든 그가 7시가 되었는데도 퇴근을 하지 않는다. 8시가 되어도 가지 않는다. 여긴 몇 시 퇴근인가. "안 가세요?" 하고 물으니, 문중원 열사 가족들이 올 때까지 기다리는 거라고 했다. 번번이 늦은 퇴근을 감수하고 기다린다는 건가.

"왔는데 여기 불이 꺼져 있으면 얼마나 마음이 그렇겠어요."

싸워본 사람이라 그런 걸까. 감수하는 노동 끝에는 마음이 있다. 알고는 있었다. 그가 쉬지 않고 몸을 움직이는 건, 단지 몸에 밴 습관 때문이 아니라는 걸. 청결함을 유지하는 노동만 꿀잠을 '집처럼' 만드는 것이 아니다. 저 마음이 전해져 집 같아진다.

고 김용균의 어머니 김미숙*은 "꿀잠은 그냥 집이에요"라고 말한

• 비정규직 노동자들의 죽음의 행렬을 끊어내기 위해 만든 사단법인 〈김용균재단〉 이사장직을 맡고 있다.

다. 2018년 겨울, 그는 아들의 죽음에 대한 진상 규명을 요구하며 수 개월을 거리에서 싸웠다. 그때 꿀잠에서 머물렀다.

"여기 오면 내가 보호받는 느낌, 감싸 안아주는 느낌이 들어요."

부산한 손이 그를 감싸 안아준다. 진심이 들어간 노동이기 때문이다.

일터에서의 죽음은 쉽사리 멈춰지지 않았다. 세상을 떠난 이들에 겐 가족이 있고, 동료가 있다. 싸우는 이들도 자꾸 생겨난다. 김미숙은 그들을 자신이 머물렀던 꿀잠으로 안내한다. 여기를 빨리 소개해주고 싶다고 했다. 당신도 여기 와서 위로받으라고.

늦은 저녁 꿀잠에 켜져 있는 불이 힘든 싸움을 하고 온 이를 안아준 다. 그 불을 켜는 사람이 있다. 나 같은 해고자, 나 같은 비정규직이 더 는 없었으면 하는 마음이 전해져 오늘도 꿀잠은 '집'처럼 유지된다.

우리 앞에 길이 보이지 않는다면
그건 제대로 걸어온 거야
언제나 길의 끝에 섰던 사람들이
우리가 온 길을 만들어온 것처럼
…
먼저 간 사람들의 빛을 따라온 것처럼
이제 우리가 스스로 빛이 될 차례야

— 〈길 그 끝에 서서〉, 지민주 노래·곡, 박현욱 글

3부

정규직,
그거 포기하면
안 되겠느냐고
묻는다면

모래알
요정들의
고군분투기

"요즘 평범함에 대해 생각을 많이 합니다. 평범하게 사는 게 어떤 것일까. 평범한 저녁이 있는 삶이 이렇게 소중한지 몰랐다는 이야기를 들었을 때 마음이 아팠습니다. 평범하게 살기 어렵다는 드라마 대사처럼, 그 평범한 삶을 지키기가 너무 힘든 수많은 노동자들이 있습니다."•

307회 목요 문화제에서 이 발언을 들었다. 특별할 것 없는 말이다. 싸우는 노동자들이 정말 많이 하는 소리가 '일상으로 돌아가고 싶다'이다. 다시 돌아가 평범하게 살고 싶다. 벌써 307번째 문화제다. 6년째

• 　민주노총 전국서비스산업노동조합연맹 세종호텔 노동조합 박춘자 위원장의 발언. 2019. 10.

목요일만 되면 거리로 나왔다는 소리다. 목요일만 나오면 그나마 다행이다. 매일 출퇴근 선전전에 지금은 세종호텔 앞에 천막을 세우고 농성을 한다. 저녁이 있는 삶은 사라졌다.

싸우는 사람들은 평범한 일상에서 멀어져 다른 세계로 들어선 것처럼 보인다. 이들의 싸움을 옮겨 적다보면 모욕에 관해 이야기하지 않을 수 없다. 싸움은 모욕을 동반한다. 세종호텔 노동조합원들이 겪은 모욕 또한 적지 않았다. 왕따, 억울한 징계, 인격모독. 일상은 '평범'에서 멀어지고 모욕으로 점철된다. 그런데 평범하게 사는 일은 무엇일까.

모욕과 평온

살다보면 가끔, 아니 자주 이런 생각이 들 때가 있다. 지금 내가 웃고 넘어가니 좋은 관계이지, 여기서 말 한마디라도 했다가는 다신 못 볼 사이가 될 거라고. 관계 사이에 위계가 있으면 더욱 그렇다.

그런 관계는 일터에서 자주 발견된다. "선생님, 너무 수고하셨다"고 웃으면서 학원 강사를 떠나보내는 원장에게 "퇴직금은 언제 입금하실 거냐"고 묻는 순간, '좋은 날'은 끝난다. 고용노동부에 가서 진정인과 고용주로 만나야 한다. 그래서 망설인다. 여기서 문제 제기를 해? 말아? 대부분은 '따라 웃는다'. 힘의 차이를 아니까.

좋았던 날이란 빼앗김을 수긍한 날들인지도 모른다. 모욕 없는 삶이 아니라 실은 빼앗김을 수긍하는 대가로 모욕을 피해간 일상일지도. 평온은 매순간 말하지 않고 웃어넘기는 행위를 통해 획득된다. 그러니 빼앗기지 않으려고 마음먹는 순간 싸움이 시작된다. 노동조합이 등장하고, 일터가 전쟁터가 되는 것은 당연한 수순일지 모른다. 노동조합은 노동자들이 빼앗기지 않겠다고 결심하는 순간 결성하는 조직이다.

"회사에서, 특히 상급자한테 저항하기가 쉽지 않아. 나도 처음 싸울 때, 과연 싸워도 되나 이거를 생각했는데. 그 불이익이 어마어마해요. 우리는 뭐 하여튼 바닥에 요만큼 떨어져 있어도 경위서, 시말서야. 하도 많이 쓰다보니 내가 작문 실력이 늘었어. 그래서 이제 시말서, 경위서는 눈 감고도 써줄 수 있어. 그래 써주마. 그래 잘해봐라."

박춘자 위원장은 웃음을 섞어 말했지만, 재미있는 이야기가 아니다. 시말서를 쓰는 순간은 모욕적이다. 그러나 모욕의 순간을 직면하는 일이 쌓이면 이런 결과가 만들어진다.

"저희 팀장 같은 경우에는 저한테 '불법 아닌 거죠?' 하고 물어봐요. 업무 지시를 할 때도 항상. 왜냐면 우리가 가만히 있지 않으니까."

그들은 가만있지 않는 존재가 됐다. 그러다가 '모난 돌'이 되어 정 맞는 중이다. 그들이 자신들을 표현한 내용이 재밌어 여기에 옮겨본다.

"우리 노조가 소수지만 어떻게 할 수 없는 모래알 요정인 거야. 신발 속 모래알처럼 콕콕 찌르는 거지. 어떻게 털어버릴 수도 없고."

부당함을 웃어넘기지 않으려는 사람은 회사에서 '모래알 요정'이

된다. 호텔 입장에선 그냥 모래다. 호텔은 한 걸음 걸을 때마다 거슬리는, 그래서 (이윤 창출) 속도를 높이는 데 방해가 되는 노동조합을 모래처럼 털어내려는 듯 운동화를 탁탁 턴다. 마구 털어대니 사람이 아프다. 그걸 버텼다.

버팀과 저항

버팀의 역사를 한번 보자. 때는 2005년, 세종호텔 장기 집권자 2명이 일선에서 물러난다. 한 사람은 주명건 회장. 세종호텔은 세종대학교 법인의 수익 사업체다.** 3, 4대 세습이 기본이라는 국내 사립대학답게*** 주명건 회장 또한 창립자의 아들이라는 지위로 세종대학 이사장은 물론 세종호텔 회장으로 취임했다가 113억 원 횡령 의혹 때문에 세종대학교 이사직을 내려놓았다. 그 여파로 세종호텔에서도 물러난다.

그리고 또 다른 이는 15년차 노조 위원장(한국노총 소속). 선출직을

---

*   세종호텔 노동조합 차현숙 사무국장.

**   세종투자개발(주)는 대양학원의 수익 사업체다. 1978년 학교 법인 대양학원(세종대학교, 세종사이버대학교, 서울세종고등학교, 세종초등학교)은 회사 지분을 100% 출자하여 주식회사 세종호텔을 설립한다. 그리고 1984년 세종투자개발 주식회사로 회사명을 변경한다.

*** 〈대학 물려받는 '금수저'들 아시나요〉, 이종근 기자, 한겨레21 제1121호, 2016. 7. 20. 기사는 144개 대학 중 절반 이상이 세습·족벌 경영 체제이며, 3, 4대 세습 대학 또한 10곳 이상이라고 밝힌다.

15년이나 할 수 있었던 까닭은 회사와 '화목하게' 지내온 덕분일 것이다. 웃음 띤 좋은 관계 뒤에 무엇이 있는지는 앞서 이야기했다. 그가 물러나고 2006년 새로운 위원장이 당선되는데, 지금은 해고된 김상진이다.

당시 '민주적 운영'을 공약으로 내걸고 당선된 김상진은 여러 인터뷰에서 이야기해왔다. 당시만 해도 자신의 정치 성향은 진보적이지 않았고, 오히려 '우파'에 가까웠다고. 그럼에도 젊은 직원의 눈에 비친 회사와 기존 노조는 '비상식적'이었고, 그걸 고쳐보고 싶었다고.

그러나 회사가 돈 버는 수단은 애초 비상식에 있을지도 모른다. 비상식을 관철시키는 힘으로 비용을 아낀다. 이윤을 낸다. 그래도 주명건 이사장이 복귀하기 전까지, 그러니까 임시 이사 체제에서는 개선이 가능했다. 노동조합은 계약직으로 1년 이상 근속한 50여 명을 면접 절차를 거쳐 정규직으로 전환한다는 약속을 호텔로부터 받아냈다.

노동조합이 일하는 사람들의 '상식'을 세우려 애쓰던 2009년, 이명박 정권은 학내 민주화 운동으로 물러난 사학재단 비리 (의혹) 임원들에게 재임명의 길을 열어준다. 그리고 주명건 회장은 그해 세종호텔로 복귀한다.*

* 2013년에는 세종대학교 이사로 복귀한다. 그가 세종호텔에 복귀한 2009년에는 비리 재단 당사자의 복귀 여부에 대한 법적 기준이 없는 상태였다. 2005년 사학법 개정 추진 당시 새누리당 박근혜 대표와 이명박 서울시장이 촛불집회를 열며 반대에 앞장섰다.

귀환과 발령

호텔 사람들은 주명건의 복귀를 '왕의 귀환'이라고 불렀다. 고용줄을 쥔 자는 왕이나 다름 없다. 왕의 귀환 후, 무슨 일이 있었나. 호텔은 해오던 일을 했다. 인사 발령.

프런트 근무자를 호텔 내 커피숍 웨이트리스로 발령 내고, 판촉 팀장을 팀원으로 강등시켰다. 각각 노동조합 회계 감사와 부위원장 직책을 맡고 있는 이들이었다. 노조 탄압인 동시에 늘 있어왔던 일이다. 세종호텔은 지금껏 인사권을 통해 노동자들을 관리해왔다. 인사를 통해 반대파를 척결하고 비효율로 취급되는 나이 많은 노동자를 내몰았다. 게다가 호텔은 목줄을 흔들기에 꽤 유리한 조건을 가진 곳이다. 화려한 호텔 안에는 위계로 나뉜 수많은 노동이 있기 때문이다.

호텔은 대리석 바닥이 번쩍거리는 로비와 연회장으로만 이뤄지지 않는다. 객실 관리(어텐던트/룸메이드*), 린넨실(세탁), 주방 조리, 전화 교환, 시설 관리 등 수많은 직종이 고단한 그림자 노동으로 호텔을 유지시킨다. 하지만 호텔은 그들을 뒤편에 물려놓는다.

"청소 아줌마들은 유령이야. 유령이니까 너네는 로비로 내려가지마. 조용히 후방에서만 일해! 눈에 띄지 않게 움직여야 하는 존재였

---

* '룸메이드' 용어가 갖는 차별적 성격 때문에 '객실 어텐던트'라는 용어 사용을 지향한다.

죠."

필요에 따라서는 뒤안길로 가는 문을 열어 사람을 보낸다. '부서 이동(전환 보직)'이다.

"프런트 여성들은 나이가 들면 퇴사하는 분위기였어요. 옛날엔 그랬어요. 그런데 경제 위기가 오면서 여자들이 안 나가는 거예요."

호텔은 나이 든 여성이 로비에 서는 것을 좋아하지 않았다. 그래서 '처리'했다.

"저쪽(객실 어텐던트)에 보내요. 그러면 알아서 퇴사하고 그랬어요. 회사에서는 박수를 치죠. 근속 높은 직원들이 알아서 나가주니까. 룸으로만 보내면 자동으로 나가주니까."

이런 일은 반복되어 부서 이동은 회사 입맛에 맞지 않는 노동자를 선별하는 수단으로 활용됐다. 회사 입맛에 맞으려면 나이 들지 말아야 한다. 줄을 잘 서야 한다. 그리고 신발 속 모래알이 되어서는 안 된다. 주명건은 회장으로 복귀한 이후, 모래알 같은 노조 조합원들에게 13차례 부서 이동 명령을 내렸다.

악명 높은 사례를 몇 건 전하자면 판촉 팀장을 벨데스크* 업무가 포함된 컨시어지로, 연회 담당 주방에서 일하던 경력 직원을 직원 식당으로 발령 낸 것을 들 수 있다. 18년차 한식 조리사와 25년차 양식

---

* 호텔 로비에서 고객들의 편의를 지원하는 역할. 짐을 나르는 일부터 호텔 전반에 대한 안내를 맡는다.

조리사를 조리 지원 파트로 보냈는데, 한마디로 업무 보조다. 20년차 베테랑이 도시락을 나르고 테이블을 세팅하고 야외 천막을 치는 동안, 7년차가 최고참이 되어 주방을 운영했다.

그리고 위원장 임기를 마친 김상진은 연회장 웨이터로 발령받았다. 원래 그의 부서는 홍보팀이다. 그는 인사이동 명령을 거부했다. 부당했으므로. 회사는 명령 불이행을 이유로 징계위원회를 열어 그를 해고했다.

노동조합은 김상진 해고 건을 가지고 부당노동행위* 여부를 가리는 소송을 진행했다. 호텔의 부서 이동 명령이 노동조합을 탄압하기 위한 방안임을 밝혀달라고 법에 요청한 것이다. 그러나 법원은 전보 발령과 해고가 정당하다는 판결을 내렸다. '경영상 필요한 정당한 인사권 행위'이자 인사 발령은 기존부터 있던 관례라고 했다. 맞다. 세종호텔에서 인사이동은 관례처럼 이뤄져왔다. 그 관례가 의미하는 것은 하나였다. "못 버티겠으면 나가라." 나가지 못하는 노동자는 순응해야 했다. 일하는 사람들의 상식으로는 임기를 마친 노조 위원장과 조합원들을 향한 33차례의 인사이동 명령이 무사공평할 수 없다. 법원 문 안쪽에서 상식에서 벗어나는 일이 벌어지면 사람들은 '결탁'이라는

---

* 정당한 노동조합 활동을 이유로 불이익 취급을 하거나 노동조합 활동에 사용자가 지배·개입하는 등 근로자의 노동3권(단결권, 단체교섭권, 단체행동권)을 침해하는 사용자의 행위를 말한다. '노동조합 및 노동관계조정법' 제81조에 의해 금지되어 있으며, 위반 시 2년 이하의 징역 또는 2,000만 원 이하의 벌금에 처한다.

말을 떠올린다.[*]

복수 노조와 사라진 정규직

진실이 무엇이건 법원 판결은 회사가 모래를 털어내는 강도에 영향을 미친다. 보통 회사는 법원 판결 등 외부 제재와 직원들의 저항 정도(노조의 힘)를 보며 운동화를 터는 강도를 조절한다. 2011년 7월 시행된 복수 노조법은 그 강도에 심각한 변화를 가져왔다. 법이 시행된 첫날 바로 세종호텔에 새로운 노동조합이 생긴 것이다. 연합 노조라고 불렸다.

노조 임기가 끝날 때라 호텔이 사측 후보를 세워 경선을 붙이는 게 아닐까 했는데, 아예 복수 노조가 등장했다. 복수 노조법이 시행되자마자 신규 노조가 설립되는 신속한 행보. 신규 노조는 무섭게 규모를 불렸고 반면 세종호텔 노조는 조합원이 70명까지 줄어들었다. 위기감을 느낀 세종호텔 노조는 한국노총에서 민주노총으로 조직을 변경한 후 다음 해 파업에 들어갔다.

세종호텔 역사상 첫 번째 전면 파업이자 로비 농성이었다. 유신 시

[*] 양승태 대법원장 시절에 벌어진 사법 농단의 중심에는 당시 법원행정처 기획실장인 임종헌이 있다. 임종헌은 주명건과 사돈지간이다. 세종호텔 노동조합은 반노동 판결이 나온 배경 중 하나로 이들의 친인척 관계를 꼽는다.

절 노동조합을 만들기 위해 젊은 직원들이 객실 문을 걸어 잠그고 단식을 했을지언정 로비를 점거하진 못했다. 많은 일에 '첫'이라는 수식어가 붙던 2012년 1월 2일, 이날엔 또 다른 특별함이 있었다.

객실 어텐던트 등 호텔 뒤편에서 노동하던 이들이 처음으로 공식적으로 로비에 나온 것이다. 이들은 호텔에서 가장 반짝거리는 곳으로 나왔다. 나오기만 한 것이 아니라 그곳에 주저앉아 자리를 지켰다. 청소를 하지 않으면 로비 대리석 바닥이 그리 반들거릴 수 없다. 린넨실에서 내내 세탁기를 돌리지 않으면 침구가 그리 새하얄 수 없다. 그러나 '감히' 드러내지 못했다. 파업 농성은 '감히'가 깨진 순간이었다.

그 순간은 극적이었으나, 싸움은 순간에 이뤄지는 일이 아니기에 농성은 38일간이나 이어졌다. 회사는 버텼고 조합원들은 지쳤고, 조합원들은 버텼고 회사는 손을 들었다. 노동조합은 회사와 합의를 이루었다. 회사는 파기했던 고용 안정 협약을 이행하겠다고 약속했다. 비정규직 직원의 정규직 전환도 다시 약속했다.

그러나 그해부터 단체 협상 교섭 권한은 연합 노조에 주어졌다. 현재 복수 노조법에 따르면 다수 노조에 교섭권이 있다. 누가 다수가 되나. 깊이 생각할 것도 없다. 회사가 지지하는 노동조합에 가입해야 직장 생활이 편하다. 2012년 이후 연합 노조와 회사의 교섭 자리에서 더는 계약직 처우 문제가 논해지지 않았다. 대신 양보의 미덕이 넘쳤다. 한쪽만 미덕을 보이는 일이 이상할 뿐. 신규 노조는 웃어주기 위해 존재하는 역할일지도 모른다.

연합 노조는 교섭 자리에서 더 굵고 단단한 목줄을 꼬아 회사에 건 냈다. 한층 굵어진 목줄의 이름은 성과 연봉제*다. 2013년, 과장급 이 상 직책에 성과 연봉제가 처음 도입된다. 2년 뒤에는 계장급으로 확대 된다. 관리자의 인사 평가에 따라 진급뿐 아니라 연봉까지 결정된다. 심지어 대표이사 권한으로 최대 30%까지 임금을 삭감할 수 있었다. 아무리 웃는 역할을 하는 노동조합이라지만 어떻게 이런 합의를 했을 까. '저들'이 있으니까. '저들'이 있으니 우리에게까지 돌이 날아오진 않겠지, 이렇게 생각했을 것이다.

당시 연합 노조가 협상한 결과를 보고 세종호텔 노동조합은 이렇 게 추측했다. "계장급까지 연봉제가 확대되었으니, 이후에는 (전 사원 까지) 100% 연봉제가 될 가능성이 있다."** 그들의 예언은 들어맞았 다. 2017년 전 직원에게 성과 연봉제가 도입된 것이다. 그러나 노조도 이것까지는 예상하지 못했다. 성과 연봉제가 적용되기도 전에 계장급 직원 23명이 호텔을 떠났다. 23명은 '저들'로 여겨진 민주노총 조합원 이 아니었다. 연합 노조 소속 계장들이었다. 최대 30%에 달하는 임금 삭감 압력을 버텨내지 못하고 퇴직한 것이다.

---

* 업무 성과에 따라 보수를 차등 지급하는 제도.
** 〈오늘 우리의 투쟁 - 작고 길게 투쟁을 이어가는 노동자들의 이야기〉 중 세종호텔 편, 전국불안정노동철폐연대, 2015.

인사이동 명령에 이어 회사가 잡고 흔들 수 있는 줄이 하나 더 늘었다. 목줄에 자유로운 이는 없었다. 직원들은 떠나고 쫓겨나, 한때 250명을 웃돌던 수가 130여 명으로 줄었다. 사라진 100여 명의 자리는 단기 알바와 파견 용역이 채웠다.

관광 한국과 호텔리어

일하는 사람이 줄었다. 호텔 규모도 따라 줄었느냐고? 아니다. 파업 이후 호텔은 1층 로비를 리모델링하고, 객실이 부족하다는 이유로 부대시설이 있던 층마저 객실로 사용했다. 2015년엔 별관을 증축해 273개였던 객실이 333개로 증가한다. 청소 요정이 있지 않은 이상 당연히 객실 관리 인원도 충원되어야 한다. 하지만 있는 사람도 내보내는 판에 객실 청소하라고 사람을 충원할 리 없다. 사측은 교환실, 프런트, 연회장 소속 직원을 객실로 보냈다. 나머지 객실은 KHR이라는 파견 인력 업체에 관리를 맡겼다.

외주업체가 늘었다. 알바도 늘었다. 누구보다 연회 출장일에 빠삭한 오래된 '알바'도 있다고 했다. 하지만 수년을 일해도 알바일 뿐이다. 알바는 돈을 못 번다. 벌어봤자 알바비에 불과하다. 파견 인력도 마찬가지, 연봉이 매해 깎이는 정규직도 마찬가지다. 전환 배치된 부서에서 적응하지 못하고 제 발로 나온 이는 실업급여조차 받지 못한다. 그럼 돈은 누가 버나.

호텔은 어렵다는 소리만 한다. 호텔 산업이 불황이라고 한다. 진짜 어려운가. 모른다. 기업이 불특정 다수에게 공개하는 공시 내용 자료

* 외에는 경영 상황을 확인할 수 있는 자료가 없다. 그 자료마저 직원들을 위해 제공하는 것이 아니다. 내용 역시 그대로 믿을 수도 없다.

다만 이 점만 짚고 가자. 세종호텔은 사람을 내보내고 그 자리를 비정규직으로 채우는데, 이때 인력을 공급하는 파견 업체(KHR)는 세종투자개발(세종호텔)이 만든 자회사다. 자회사인 파견 업체가 중간에서 받는 수수료는 도로 세종투자개발의 주머니로 들어간다. 돈이 하나의 주머니에 들어가는데도 호텔은 어렵다고만 한다.

경영상의 어려움을 이유로 적지 않은 수가 인사 발령을 받았다. 정규직 객실 어텐던트 중 많은 수가 다른 부서에서 온 이들이다. 하루아침에 일하는 부서가 바뀌었는데도 그들은 그만두지 않았다. 세종호텔 노조건 연합 노조 소속이건 마찬가지였다. 밥줄이 그래서 질기다.

덕분에 객실 관리(어텐던트) 부서에는 파견 인력보다 정규직 수가 더 많다.** 세종호텔은 이것을 창피해했다.

"회사에서 솔직히 까놓고, 너네들 손을 들어주기엔 '쪽팔려서 못해주

* 기업이 재무 내용을 일반인 또는 이해관계인에게 공개하는 것. 증권거래법 등에서 강제하고 있다.
** 2016년 기준.

겠다'고 얘기하더라고요. 대표이사랑 교섭을 할 때 얘기를 들어보면 '이렇게 월급 많이 주는 데 없어', '정규직 있는 데 없어'."(박춘자 위원장)

이런 발상은 다른 호텔과의 비교에서 나온다. "100프로 거짓말은 아니에요"라고 조합원이 말할 정도다. 대다수 호텔이 객실 관리 업무를 외주화해 정규직 어텐던트를 찾기 어렵다. 외주화된 인력만 넘친다.

"호텔은 10년 전에 구조 조정이 끝나버렸어요."

구조 조정의 결과는 이렇다. 파견·외주·비정규직의 증가. 이 과정이 자연스럽게 끝난 것은 아니다. 구조 조정은 폭력을 동반한다. 2000년에 "특공대 투입해가지고", "임신부도 가리지 않고", "밟아서" 구조 조정을 완성시켰다. 롯데호텔을 비롯한 3대 특급호텔의 파업에서 벌어진 일이다. 국내 호텔들은 외환 위기 시기 환율 차액으로 인해 매출액이 크게 늘어났는데도 사회 분위기를 빌미로 정리 해고와 비정규직 채용을 시도했다. 이에 맞서 롯데호텔 직원들은 로비에서 74일간 농성을 했고, 정부는 특공대를 투입해 농성자들을 해산시켰다.

80~90년대는 호텔 산업의 호황기였다. 대형 호텔들이 앞다퉈 개관하고, 외국계 호텔 체인도 들어왔다. 대학에선 앞다퉈 호텔경영학과를 만들고, 미디어는 호텔리어라는 직업을 부각시켰다. 호텔 산업 매출액이 2조 원 넘게 증가하는 동안 인력 충원을 요구하는 호텔리어들은 '밟혔다'. 정부는 관광 한국으로 가는 미래에 초를 치는 노동조합의 존재를 '강경 진압'했다.

2000년대에 들어 관광객 1,000만 명이 찾는 '관광 한국'의 꿈을 이룬 정부는 인허가 절차를 간소화하는 등 호텔 산업의 규제를 풀어줬다. 각종 지원금 혜택이 뒤따랐다.[*] 이는 과잉 공급, 호텔 난립, 치열한 경쟁으로 이어졌다. 세종호텔이 당당히 경영 위기를 말하는 까닭이 여기 있다.

장관까지 나서서 호텔의 눈물을 닦아주겠다고 했다. 육성하겠다, 지원하겠다는 말을 반복했다. 정부가 온 마음을 다해 호텔 업주의 위기를 걱정해주다보니 자회사를 통한 외주화도, 법의 범주를 벗어난 파견 인력 사용(불법 파견)도, 부당한 전환 배치도 용인해줄 수 있는 일이 되어버렸다. 법원은 인사권 범위를 폭넓게 허용하고, 특급 호텔의 인력 감축과 구조 조정을 경기 회복을 위한 눈물겨운 노력으로 봐주었다. 그 넓은 아량이 호텔리어들에게만 비켜간 지난 20년이다.[**]

---

[*] 정부는 2012년부터 4년간 한시적으로 호텔 등 숙박 시설 건립 시 각종 사업 인허가 절차를 간소화하는 특별법을 시행했다. 2013년엔 중소형 호텔 신축·리모델링에 필요한 자금을 저리로 대출해주는 '관광진흥개발기금'을 조성해 중소형 호텔을 짓도록 유도했다. 문화체육관광부에 따르면 전국 관광 숙박 업소가 보유한 객실 수는 2011년 말 11만 5,668실에서 2016년 20만 509실로 73%나 증가했다.

[**] 2014년 기준으로 지난 10년간 호텔 산업에서 매출액은 2조 원 이상 상승했는데도 불구하고 인건비는 동결 상태이다. 2006년 인건비 1조 2,000억 원에서 2014년 인건비 1조 3,000억 원으로 거의 변화가 없다. 〈세종호텔 50주년 토론회〉, 비정규 없는세상만들기네트워크 등 주최, 2016. 12. 14

설국열차와 파견 용역

노동조합 때문에 구조 조정을 마무리 짓지 못한 세종호텔은 부끄러워했다. 객실 청소에 정규직 쓰는 호텔이 어디 있느냐고 역정을 냈다. 호텔이 부끄러워하는 사실을 일하는 당사자의 시각으로 바꾸면 이렇다.

"다른 용역분이 그러시더라고요. 여긴 정규직이 있어 보기 좋다고."

세종호텔에선 7층 아래는 파견 직원이, 7층부터는 정규직 직원이 청소를 한다. 허지희의 말을 빌리면, "설국열차의 현실 버전"이다. 허지희는 2014년 전화교환팀에서 객실 관리부로 배정받았다. 나가라는 소리로 들렸지만 그는 나가지 않았다. 24살에 입사해 세종호텔에서만 20년을 일했다. 그동안 전화교환일만 했다. 몸 쓰는 일도, 객실 관리도 처음이었다. 그 고됨은 그가 직접 쓴 글로 대신한다.

"육체노동을 해본 적 없던 내게 하루 평균 만보기로 2만 8,000~3만 2,000보를 찍는 룸메이드의 업무는 두 달 만에 체중이 6kg 빠지고 생리가 끊길 정도의 엄청난 노동 강도였다. 숙련된 룸메이드조차 면역력 저하로 대상포진과 갑상선, 터널증후군, 테니스엘보, 디스크 등 근골격계질환을 직업병으로 안고 사는 게 현실이다."•

그래도 월급날이 되면 들어오는 돈, 바로 그 "돈이 위안이 되었다"

• 　〈민주노조와 함께 단련되는 삶, 세종호텔노동조합의 투쟁〉, 허지희, 질라라비, 2017. 12.

고 했다. 직장인은 다 그렇다. 그런데 돈조차 위안이 되지 못하는 사람들이 늘어나고 있다.

"호텔은 방이 비면 안 돼요. 객실이 비어 있으면 그걸로 하루 버리는 거예요. 그 방을 싸게 팔면 하루 몇만 원이라도 떨어지거든요. 어쨌든 채워야 해요. 무조건 채워야 해. 그런데 7층(정직원 청소 담당)부터 채워요."

7층 아래 객실이 채워지지 않으면 용역 직원들은 월급이 줄어든다. 회사는 정규직을 만들지 않으려고 애쓰는 동시에 '있는' 정규직으로 용역 비용을 아끼려고 한다.

기사에 종종 나오지만, 파견 용역 객실 어텐던트는 서럽다. 비번 날도 고정되어 있지 않다. 정해진 방 개수를 넘기지 못하면 성과급도 없다. 매번 최저임금이다. 방 개수에 따라 인센티브를 지급하겠다고 하면, 일하는 속도가 빨라질 수밖에 없다. 호텔이야 좋겠지만 노동자는 지금 내가 닦는 것이 변기인지 세면대인지 모르는 상태가 되기 마련이다. 세종호텔 어텐던트 용역 직원들이 이렇게 청소를 한다는 말이 아니다. 종종 기사를 통해 최고급 호텔의 경악스러운 청소 방법(변기 닦는 수세미로 컵을 닦는 일 등)을 접할 때, 우리가 해야 할 일은 인류애를 잃는 것이 아니다. 사라진 사람과 빈자리를 메운 이의 고용조건을 떠올려야 한다.

청소만 문제인 것이 아니다. 호텔은 경력 쌓인 주방 조리사들을 내쫓고 그 자리를 알바 노동과 조리 식품으로 채운다. 음식의 질은 떨어진다. 위생도 담보할 수 없다. 세종호텔에서 명성 높던 한식당(은하수)은 퓨전 뷔페 식당이 되어버렸다. 반짝이는 외관으로 눈 가리고 아웅하는 사이, 1966년에 세워진 세종호텔의 명성은 온데간데없고 그 안에서 일하는 사람의 자부심 역시 어디론가 사라져버렸다.

자부심과 정규직

반면 노동조합은 노동의 자부심을 만드는 공간으로 성장해왔다. 2012년 파업 때 처음으로 유니폼 입고 로비로 나간 이는 지금 노동조합 위원장이 되어 있다. 박춘자 위원장이다. "다른 부서는 다 정규직 전환이 적용되는데 룸메이드 파트는 늦게 됐어요. 저도 5년 만에 됐어요." 사측에서는 아무래도 룸메이드를 정규직 '시켜주기'가 걸린다고 했다. 회사만 가진 생각이 아니었다. 노동조합 안에서조차 "청소 아줌마들이 왜 정규직 전환 대상으로 교섭에 들어가냐"는 목소리가 나왔다.

"당시 노조의 여성 간부들이 끝까지 포기하지 않고 밀어붙였고, 또 룸메이드들도 '우리 무식하지 않다. 뭐 말만 뻔지르르하게 하면 되는 거냐. 우리는 행동으로 보여준다' 그러면서 싸움을 적극적으로 하니까 우리를 무시하는 시선도 좀 많이 바뀌어졌던 거 같아요."

지금은 위원장을 배출하는 부서가 됐다. 인터뷰 때 그들이 하는 말은 통쾌하기까지 했다.

"매일매일 객실 청소 안 하면, 프런트에 아무리 예쁜 여자가 서 있어도 못 팔아. 훌륭한 사람이 나와 있어도 못 팔아. 내가 하는 일이 어때서. 호텔에서 제일 중요한 일이고, 나는 일한 만큼 임금을 받아야 되겠어. 왜 내가 권리를 주장 못해."

이런 생각을 하게 된 것이 투쟁의 중요한 성과라고 박춘자 위원장은 호쾌하게 말했다. 그래서 더 지키려고 한다. 정규직이라는 고용 형태를. 회사에게 정규직은 비용, 그것도 생돈 나가는 것같이 아까운 비용이겠지만, 일하는 사람들에게는 안정된 직장이란 자부심을 쌓아갈 수 있는 시간과 관계의 전제 조건이다.

전생에 나라 팔아먹은 사람들

박춘자 위원장은 노동조합 투쟁이 자신에게 준 선물 같은 의미를 설명하다가도, 이런 말을 툭 던진다.

"그런데 힘들어. 전생에 나라를 팔아먹은 사람들이라 이러는 거 같애."

그렇지 않고서야 이렇게 버거울 수 없다고 했다. 어떤 조합원이 주명건 회장에게 하고 싶은 말을 쓴 작은 피켓을 보았다.

"나는 너 욕도 안 해. 혹시 오래 살까봐."

그들이 당한 세월이 짐작된다. 2011년에 70명으로 줄어든 노조 조합원은 8년 후엔 11명밖에 남지 않는다. 떠날 수밖에 없었다. 성과 연봉제 때문에 매년 15%가량의 임금을 삭감당하던 과장은 떠났다. 그가 5년 동안 삭감당한 금액만 2,000만 원이다.

그럼에도 남은 이들이 있다. 따돌림당하고, 꼬투리 잡혀 시말서 쓰고, 허드렛일을 시켜도 나가지 않았다. 떠나지도 않고 참지도 않는다.

"호텔에서는 그래요. 다른 데도 다 그렇다고. 그런데 '왜 그래야 하는데?' 이런 질문을 던지고 싸워온 과정이었어요. '다른 데가 다 비정규직이고 외주화된다고 세종호텔도 그래야 해?' 이렇게 시작한 싸움이 10년 간 것 같아요."(박춘자 위원장)

조합원들은 야금야금 싸워왔다. 매일 아침, 점심, 저녁으로 진행되는 1인 시위를 쉬어본 적이 없다. 비번 날에도 나와 농성장을 지킨다.

"점심 선전전에 한 사람도 못 서 있을 때도 있어요. 그러면 피켓이라도 세워놓고 음악을 틀어놓고. 뭐든지 하려고 노력했던 모습이, 막 우리 노조가 소수지만 회사에서 어떻게 할 수 없는, 양말 속 모래알처럼 콕콕 찌르는 거지. 모래알 요정. 어떻게 털어버릴 수도 없고. 그걸 버텼던 거 같아요."

조합원들을 모래알 요정이라고 칭하던 차현숙이 말한다. 그들은 회사가 자신들을 마음대로 털어버릴 수 없게 했다. 질기게 남아서. 법원은 부서 이동의 부당함을 인정하지 않았지만, 인사이동을 당한 조합원들 대부분은 최근 들어 원래의 자리로 돌아왔다(해고자 김상진과 교환실 자체가 사라져버린 허지희는 예외였다). 차현숙도 호텔이 '퍼블릭'이라는 신규 부서까지 만들어 보냈지만, 결국 되돌아왔다.

"우릴 보내놓으면 좀 편해질지 알았나보지. 로비에 가서('퍼블릭'은 로비 관리 부서다) 더 보란 듯이 일하고 사람들하고 잘 지내고 그러니까, 보기 싫었던 거죠."

원래 외주 업체가 맡아하던 업무(퍼블릭)를 담당할 부서를 신설해 조합원만 모아두었다. 로비에서 청소를 시키면 부끄러워 그만둘 줄 알았나보다. 이들은 그만두기는커녕 더 시끌벅적하게 일했다.

"부서 사람들이 그래요. 싸움 잘하는 애들이 돌아왔어. 못 돌아올 줄 알았는데 돌아왔어. 진짜 저렇게 맨날 선전전하고 집회하고 하더니 돌아왔네."

차현숙은 보여주고 싶었다고 했다. '못 돌아올 줄 알았는데'라는 예상을 노동조합이 보기 좋게 깨는 장면을.

"(돌아왔을 때) 저는 뭐라 그럴까, 약간 쾌감? 하하. 그런 것도 있더라고요. 아마 직원들도 그거를 느끼고 있기 때문에 우리한테 이렇게 무언의 지지를 해주고 응원을 보내는 거 아닌가."

민주노조인 세종호텔 노조의 존재는 비조합원(또는 연합 노조 조합원)들에게 여전히 방패막이다. 실제 "싸움 잘하는 사람들"이 옆에 있기에 성과 연봉제에 의해 30% 삭감까지 가능한 월급이 지금은 동결

된 상태다. 다른 노동자들은 방패막이 뒤에서 본다. 이들이 자꾸 예상을 깨고 돌아온 것을. 소수여도 권리를 빼앗기지 않는 모습을.

물론 당장 민주노조 조합원 수가 다시 크게 늘어날 리 없다. 성과 연봉제는 전 직원들에게 적용된 지 오래다. "개별적으로 연봉 협상을 하다보니 개개인이 호텔에 종속되어 뭘 한다는 게 쉽지 않은 거예요." 세종호텔은 가장 먼저 정부의 노동정책을 도입한 사업체다. 성과 연봉제도, 복수 노조도 그랬고, 2019년에는 탄력 근무제*마저 도입하려다가 탄력 근무제 개정안이 국회에서 계류되면서 보류한 상태다. 그래서 작은 사업장이긴 해도 노동조합의 어깨가 무겁다.

"우리의 숙제라고 할 수 있죠. 힘들고 어렵지만, 싸우다가 이도 저도 아니게 스르르 없어질 수 없는 이유이기도 해요."(고진수)**

방패막이 취급을 당한다고 하지만 싸우는 이들은 사실 버팀목이다. 합법적으로 노동조건을 악화시키는 정책에 맞서, 정책이 도입될수록 개별이 되어가는 동료들을 방어하면서, 그렇게 세종호텔이라는 작은 노조는 모두의 노동이 무너지지 않게 버틴다.

-     주 52시간제 개정을 빌미로 탄력 근로제 기간 확대를 골자로 한 개정안이 국회에 상정되었으나, 노동 법률가를 비롯해 노동·사회 단체들의 강한 반발에 부딪쳐 환경노동위원회에 계류 중이다.
-     세종호텔 노동조합 전 위원장.

들어와, 멋지게 서

첫 번째 취재를 마치고 한참 후에야 세종호텔을 다시 방문했다. 그사이 노동조합은 호텔 앞에 농성장을 세웠다. 이 글을 쓸 즈음 천막 농성이 200일을 넘겼다. 봄에 시작한 농성은 겨울이 되도록 끝나지 않았다. 호텔 앞이라 관광객들의 캐리어가 아스팔트에 끌리는 소리가 오토바이 소음을 연상시킬 정도였다. 호텔 앞에서 시동을 켜놓고 손님을 기다리는 관광 버스와 택시 때문에 늘 공기도 매캐했다. 나는 농성장에 가끔 가는 주제에 툭하면 언제 끝날 것 같으냐고 물었다. 이렇게 힘든 일을 왜 계속하나.

'아직' 원직에 복직하지 못한 허지희. 일터였던 전화교환실은 폐쇄됐다.* 가족들은 "빨리 복직해서 이제 아프지 말자"고 말한다고 했다. 그는 노동조합에 남아 싸우는 이유를 이렇게 말한다.

"저는 남을 위해서 싸운다고 생각하지 않아요. 저를 위해서라고 생각해요."

싸움의 이유가 나로 시작한다. "나를 전환 배치시켰으니 노조의 힘을 받아봐라" 한다며 그는 깔깔 웃는다. 복수하고 싶겠지. 그렇지만

---

* 다른 특급 호텔들은 전화교환실을 유지하고 있다. 대표 전화와 부가 시설 간의 연계, 통역 등을 위해 전화교환 업무가 필요하기 때문이다. 세종호텔의 경우, 현재 프런트에서 전화교환 업무를 함께하고 있다.

'나를 위해'라는 일이 단지 복직만을 의미하진 않을 것이다. 자신을 위해서라도 억지로 웃어주지 않고 사는 법을 알았다.

원래 호텔 근무에는 미소를 지어야 하는 일이 잦다. 서비스로 취급당하는 웃음. 그렇다고 그 웃음에 감정노동만 있는 것은 아니다. 진짜로 웃는 날들이 많았다. 이 일이 좋았다고 했다. 전공도 살리고 공부도 되어서 좋았다고. 허지희는 일본어를 전공했다. 조리사들도, 웨이터도 제각각 공들인 기능을 보유한 사람들이다. 청소는? 단순 업무라며 숙련을 인정해주지 않는 사회지만, 어떤 노동이건 자부심과 노하우를 동반하지 않고는 가능하지 않다.

허지희는 웃었다. 자신이 어디 가서 고정된 일자리를 구하겠느냐는 생각만으로도 진심으로 웃었다. 지금의 삶을 잘 유지하기 위해 미소 지었다. 상사에게, 고객에게 보내는 웃음은 실은 자신의 평온한 삶과 노동을 위해 짓는 미소였다.

그런데 그 웃음이 이용당한다. 회사는 권리를 빼앗아놓고도 웃으라고 한다. 빼앗는 일을 합리화하기 위해 미소를 강요한다. 연합 노조가 합의서에 찍은 도장 같은 그런 동의를 요구한다. 행복해지고 싶다는 바람으로 전력을 다해 웃는 사람들을 모욕한다.

싸우는 사람들은 더는 웃어주지 않기로 마음먹은 이들이다. "평범한 저녁을 갖고 싶다"고, "이 회사 오래 다니고 싶다"고 떠난 이들처럼, 이들도 저녁의 일상이 간절하다. 원하는 것은 똑같다. 그러나 더는 웃음과 나의 권리를 맞바꿀 수 없기에 싸운다. 평범한 일상이 어떻게 만들어지는지 알기에 그런다.

원직으로 복직하고야 말겠다는 허지희, 전화교환실은 사라졌으니 복직이 된다면 같은 부서인 프런트로 가는 것이 순리다. 나이 든 여자는 세워두지 않는다는 프런트다.

"들어와, 와서 멋지게 서. 이렇게 말해주는 동료들이 있어요. 스탠바이한다고 하거든요. 와서 딱 스탠바이해. 개인적으로는 새로운 도전이 되겠지만, 좋아요. 잘 싸워 50대 여성도 프런트에 설 수 있다는 것을 보여야죠."

그가 그곳에서 웃었으면 좋겠다.

노동은 위계를 싣고

"서울대는 서울대끼리의 평등이 있고, 연고대는 연고대끼리의 평등, 서울 4년제 대학은 4년제끼리의 평등이 있다."

이 문구를 보고 나서야 요즘 세상의 공정이 이해됐다. 이 말에 경악하는 사람도 많지만, 그렇다고 그들의 세상이 위계 없이 굴러가는 것은 아니다. 다만 차별을 적나라한 언어로 표현하는 청년 세대에 대한 우려 정도인 것이다.

촘촘히 나뉜 위계는 우리 입에 찰싹 달라붙어 있다. 취재를 하면서 흥미로워 유심히 듣는 단어가 있다. 사람들이 일이나 일터를 부르는 명칭이다. 보통 사람들은 자신이 다니는 일터를 '회사'라고 부른다. 그렇다, 회사다. 그런데 누구에게나 '회사에 다닌다'는 이야기가 적용되지는 않는다. 사람들은 제조업에 종사하는 생산직 노동자가 '회사'에 다닌다고 표현하지 않는다. 그들보고는 '공장 다닌다'고 말한다. 육체 노동자의 직장은 '회사'가 될 수 없다. 이들이 하는 일은 '노동'이다.

그런데 '공장에 다니는' 생산직 노동자들은 자신을 공장에서 일하는 사람이라 부르지 않는다. 자신은 회사에 다닌다. 자신이 하는 일도 '노동'이 아니다. 그러면 누가 노동을 하나? 건설 현장 같은 곳에서 하는 일이 '노동'이다.

하지만 건설 현장 사람들도 자신의 일을 '노동'이라고 부르지 않는다. 자신들의 일을 '노가다'라고 비하할지언정, 그것은 '노동'이 아니라 '기술'이다. 이들 역시 '노동'은 건설 현장에서도 날품을 파는, 기술이라고는 가진 것 없다고 여기는 단순 일용직에게 해당하는 용어라고 생각한다.

언제 어디서나 '노동'을 한다는 사람은 따로 있다. '나'는 아니다. '회사'에 다닐 수 있는 사람도 따로 있다. 그건 '나'다.

또 하나 흥미로운 것. 특정 회사에 다닌다고 말할 때도 사무직이나 전문직은 직장을 물으면 회사 이름으로 답한다. 예를 들어 ○○교사에게 어디서 근무하는지 물으면, "○○중학교"라고 답할 것이다. 그런데 ○○중학교 급식실 조리원은 직장이 어디냐고 물으면 "○○중학교"라고만 말하지 못하고, "급식실에서 일해요"를 덧붙인다. 정규직이거나 위계 위쪽을 차지한 직종만이 자신의 일터 이름을 군더더기 없이 댈 수 있다.

이렇듯 작은 명칭 하나에도 내재화된 위계가 담겨 있다. 호텔은 노동의 위계를 확인하기 좋은 장소다. 한 공간에 다양한 노동이 존재하기 때문이다. 병원, 학교, 사실 어느 곳이든 마찬가지다. 직종 간 위계는 노무 관리에도 활용된다. 눈엣가시인 직원을 (사회통념상) 위계 격차가 나는 부서로 발령 낸다.

세종호텔의 부당노동행위 여부를 가리는 판결에서 법원은 조합원들이 받는 월급도 같고 처우도 같으니 부당한 전보 명령이 아니라고 판단했다. 판결을 내린 판사에게 동일한 연봉을 주어 법원 속기사로 발령을 내면, 과연 그는 정당하다며 수긍할까? 비혼 여성을 호텔 어텐던트로 보내면 100명이면 100명 다 그만둔다고 했다. "결혼도 안 했는데, '무슨 일 하니?' 물으면 호텔 청소한다고 답해요? 어떻게 시집을 가겠어요." 객실 청소는 '그런' 일로 여겨진다. 사람들은 인사이동을 통해 '모욕'을 느낀다.* 회사는 그들이 받을 모욕의 정체를 안다.

그런데 나는 발령을 받고 울었다는 이에게 공감하면서도 의문했다. 청소 업무는 '울 일'인가. 눈물 흘린 사람을 지탄하는 게 아니다. 누가 감히. 이 글을 쓰는 나도, 그리고 읽는 사람들도 판촉 팀장을 컨시어지

---

* 직종 간 위계 문제로만 모욕을 느끼는 것은 아니다. 10년 동안 같은 일을 한 사람을 하루아침에 다른 업무로 발령 낸다는 것은 한 사람이 그 시간 동안 해온 업무의 중요성이나 존중을 무시하는 행위이기에 모욕을 느낀다.

부로 발령 냈다는 문장에는 감흥을 느끼지 못하지만 판촉 팀장을 '벨 보이'로 보냈다고 하면 놀라워한다. 이 둘은 같은 말이다. 노동의 위계 는 직위나 고용 형태(비정규직), 직무, 공간 모든 곳에 존재한다. 암묵 적이고 광범위하다.

세종호텔 노동조합도 이를 모르지 않는다. 그래서 합의 없이 인사 발령이 진행된다는 점을 강조해 문제를 알린다. 혹시 특정 업무로 배 치되는 일 자체가 탄압인 것처럼 이야기될까봐 조심한다. 인사 발령 의 부당함을 말하되, 직종 간의 위계를 드러내지 않으려는 이유는 하 나다. 노동조합에는 다양한 직종의 조합원이 존재하기 때문이다.

그러나 노동조합도 현실에 발 딛은 존재. 부정하려고 해도 위계 속 에 몸담고 있는 사람들인지라 그 노력이 쉽지는 않다. 내가 그 노력에 의문을 품을 즈음, 세종호텔 앞에서 낯선 단어를 들었다. '비정규직 후 배들.' 노동조합이 선전전 때 틀어놓은 녹음 멘트에서 나온 말이었다. 2000년대 후반에 노동시장으로 나온 나는 들어본 적이 없는 단어다. 선후배라는 용어는 나이 위계를 담고 있으나 후배는 시간이 지남에 따라 선배가 되는 사람이다. 자연스럽게 내 자리에 올 사람이다.

예전에는 비정규직이 정규직으로 가는 길목에 있었다. 2012년 파업 때 세종호텔 노동조합의 요구 중 하나는 계약직으로 1, 2년 근무한 이 들을 정규직으로 전환시키라는 것이었다. 법에 담긴 내용이기도 하다. 비정규직보호법에 따르면, 계약직으로 2년 연속 근무할 경우 상시적 업무라는 판단 아래 정규직으로 전환해야 한다. 요즘은 2년 근무를 채울 계약직조차 뽑지 않는다. 외주 업체와 계약해 용역·파견 인력을 쓰거나 장기 알바를 채용한다. 그들은 동료도 후배도 아닌, 다른 회사 직원이다.

시절이 달라졌어도 세종호텔 노조는 꿋꿋하게 비정규직을 '후배'라고 부른다. 원래 노동조합은 '그런' 노동을 없애려고 만드는 조직이기도 하다. 돈을 조금 주어도, 일시적으로 고용해도, 수당을 주지 않아도 되는 그런 노동. 요즘은 수십 대 일의 경쟁을 뚫고 시험에 통과하지 않은 사람들 대다수가 '그런' 자리에 놓인다. 경쟁이 심화되고, 경쟁의 성과로 분배되는 위계는 더욱 촘촘해졌다. '그런'이라는 명명이 우리 삶을 옥죈다.

살아가는 일은 자신이 그런 사람이 아니라는 것을 평생에 거쳐 증명하는 일이다. 그런 일을 하지 않는다는 것을, 그런 직위에 있지 않다는 것을. 그런 사람이 아니라는 것을 취업 면접에서 보여주지 못한다면 아주 오랫동안 취업 준비생으로 지내야 한다. 증명은 우리를 버겁게 만든다. '그런'의 범주가 넓어질수록 우리 인생은 애씀과 경쟁으로 가득해진다.

경쟁이 가열될수록 권리를 말하는 일은 줄어든다. 권리를 말할 자격조차 선별적으로 주어지기 때문이다. 내게 허용된 권리가 너무 적어 늘 불만인 나는 비정규직을 '후배'라 부르는 사람들을 응원하려고 한다. 노동의 위계에서 당장 자유로울 수 있는 사람은 없지만, 훗날의 평등을 바란다면 '지금'을 못마땅해하고 권리를 말하는 사람들이 많아져야 한다고 믿으니까.

고유한
존재가 되어버린
사람들

국가가 나에게 살 곳을 50년간 무상 임대한다면? 5년간 내야 할 세금을 면제해준다면? 그렇다면 더는 '나라가 나에게 해준 게 뭐냐!' 같은 말을 하지 않을 것이다. 평생 감사하며 살 생각이다. 그러나 그런 일은 일어나지 않는다. 우리는 한 평짜리 반지하도 공짜로 받아본 적이 없다. 실직하면 가장 먼저 날아오는 우편물이 (직장 보험에서 변경된) 지역 건강보험 납부 고지서다. 지불 없인 생존도 없다.

취업마저 기업에 적합한 인력이 되기 위해 사비를 탈탈 털어 넣어야 하는 일이 되어버렸다. 그런데 기업은 각종 지원금에 세금 혜택을 받고도 제대로 사람을 채용하지 않는다. 그러면서도 어디서나 왕 노릇을 한다. 기업 유치를 공약으로 내건 지자체는 지역 경제를 살리는

'의인'이라며 기업을 떠받든다. 투자가 위축된다며 무엇이든 풀어주려 한다. 규제가 없다. 제재도 없다.

의인은 국적을 가리지 않는 법. 외국계 투자 기업은 더욱 '쌩유'다. 외화 유치라는 성과를 지자체장에게 안겨준다. 지자체장이 내심 다음 선거를 기대하게 만든다. 구미시에는 외국 투자 자본을 위해 신설한 공단(구미국가산업4단지)이 따로 있을 정도다. 2004년, 이곳에 일본 기업 아사히글라스의 한국 계열사인 아사히글라스 화인테크노코리아(이하 아사히글라스)*가 들어온다. 10만 평 부지를 50년간 무상 임대하는 조건이었다. 5년간 세금 전액 면제라는 보너스 또한 받았다. 아사히글라스는 LCD 유리기판을 생산하는데, 연평균 매출이 1조 원에 달했다. 혜택받아 아낀 것이 많으니 수익이 많을 수밖에 없다. 수익이 크니 주주 배당금도 높았다. 2018년 아사히글라스는 주주들에게 1,000억 원대 배당금을 분배했다. 이 배당금의 대부분이 지분 67%를 차지한 일본 아사히글라스에 송금됐다.

그런데 이런 말은 나오지 않는다. 이익이 탄탄하니 고용률이 높다는 말. 요즘 사람들은 이런 말을 기대할 만큼 순진하지 않다. 사람들은 어째서 다 알고야 마는 걸까. 안정된 고용이 얼마나 허튼 기대인지를 저마다 경험했다. 겪어 알게 됐다. 2015년 6월, 안정된 고용을 원하던

●　　　일본 아사히글라스주식회사와 한국전기초자주식회사가 합병해 만들어졌다.

아사히글라스 하청 노동자들도 인생에 각인될 경험을 한다.

사람밖에 없는 회사

아사히글라스는 GTS㈜를 포함한 몇몇 협력 업체를 통해 생산 인력의 대부분을 조달해왔다. 2015년 6월, GTS 소속으로 아사히글라스에서 일하던 178명이 해고 통보를 받는다. 처음에는 전기공사를 한다고 출근하지 말라고 했다. 그리고 그날 문자 한 통이 날아온다.

〈도급계약 해지 통보서를 받았습니다. 금일 오후반 출근조부터 정문 출입을 제재한다는 통보를 받았습니다.〉

문자 내용을 보면, 정확히는 해고도 아니다. 도급계약 해지다. 노동자들이 직접 해지 통보를 받은 것도 아니다. 아사히글라스가 협력 업체 GTS에 통보한 내용이었다. 도급 해지 직후 GTS는 폐업한다. 해고된 이들은 아사히글라스 공장 정문에 농성 천막을 쳤다.

"전기공사 한다고 휴무라더니 문자 한 통으로 해고란다. 어처구니가 없고 무슨 상황인지 몰라서 회사에 가봤더니, 우리가 일했던 사내 하청 업체와 도급계약 해지했다며 들어갈 수 없다고 했다. 어제까지 사용하던 물품이 현장 안 옷장에 고스란히 있는데 출입금지라니…"•

• 《들꽃, 공단에 피다 - 세상을 바꾸는 투쟁, 아사히글라스 비정규직지회 이야기》, 아사히글라스 비정규직지회 기획, 한티재, 2017.

계약 기간이 무려 6개월이나 남아 있었다. 여기에는 다른 사정이 있다. 이들이 해고된 날은 노동조합을 만든 지 한 달째 되는 날이었다.

"어차피 때려치울 거 (노조) 한번 해보자는 마음이 더 컸다. 그런데 노조*에 가입하니 원청, 하청 관리자들의 태도가 눈에 띄게 달라졌다. 잔소리도 안 하고 우리 하고 싶은 대로 할 수 있었다. (…) 그러나 딱 한 달이었다."**

노동법에 '부당노동행위'라고 있다. 회사가 노동조합 활동에 개입하고 방해하는 일을 방지하기 위해 만든 법이다. 한마디로 노동조합에 가입했다고 해고하거나 징계하거나 부당 전보를 하면 안 된다는 것. 법보다는 주먹이라고, 그다지 힘없는 법이지만 없는 것보다는 낫다. 그런데 2000년 이후 도급계약, 파견 등 간접 고용이 크게 늘면서 이 법의 적용 대상이 애매해지기 시작했다. 아사히글라스는 그저 협력 업체와 도급계약만 해지했을 뿐이라는 주장을 되풀이했다.

도급계약은 선명함을 가리는 데 쉽게 활용된다. 그래서 잘린 사람들은 스스로에게 선명함을 부여하기로 했다. 근로자 지위 소송을 한 것이다. 법원에 자신들의 고용이 불법임을 밝혀달라고.

그들의 표현을 빌리면, GTS는 "사람밖에 없는 회사"다. 시설도 자본도 없는, 오직 원청 기업에 '비정규직' 인력을 보내기 위해 존재하는

*   민주노총 전국금속노동조합 구미지부 아사히글라스지회.
**   《들꽃, 공단에 피다》 중에서.

회사. 독립적인 도급 업체라고 우기지만 사실은 인력 파견 업체다.*
제조업에서 일상적인 파견 노동은 불법이다. 도급으로 위장한 파견
인력을 사용했다면 이들은 법에 따라 정규직 지위를 갖게 된다.** 그
렇게 되면 아사히글라스가 그토록 부정하던 관계성이 생겨난다.

그러나 불법 파견 소송에서마저 고용노동부와 검찰은 애매함을 말
했다. 검찰은 기소하기 애매하니 증거를 더 가져오라고 하고, 고용노
동부는 노동위원회 판결만 기다렸다. 그렇게 애매한 상황 속에서 해
고자들은 기다리기만 했다.

기다리는 일은 잘린 사람들에게만 힘든 일이다. 집세도 식비도 공
과금도 어느 것 하나 기다려주지 않는데, 어떻게 자신들만 기다려야
하나. 기다릴 수 없는 사람들이 떠났다. 178명 해고자 중 22명이 남아
불법 파견 소송을 하고 농성장을 지켰다.

비정규직 인생, 뭐가 있어야 한다

구미국가산업단지는 시내에서 꽤 떨어져 있다. 시내를 기준으로 삼을

---

* 제조업 컨베이어 시스템상 아사히글라스 원청이 정한 생산 계획에 따라 작업량
  과 작업 시간 등이 결정된다. 구체적인 작업 지시 또한 원청이 내렸다는 것이 아
  사히글라스 해고자들의 주장이다.
** 파견법 제5조 제1항에 따라, 제조업의 직접 생산 공정 업무는 근로자 파견의 대상
  업무가 될 수 없다.

때 4단지는 구미 끝에 자리 잡고 있다. 차편조차 애매하다. 공단까지 가는 시내버스라고 해봤자 통근버스와 다를 게 없어 출퇴근 시간에만 운행된다. 그래서 아사히글라스지회에서 역까지 차를 몰고 와 농성장 방문자를 태워가는 일이 많다.

나 또한 차를 몰고 온 조합원의 신세를 졌다. 농성장으로 가는 동안, 노조 부지회장인 오수일이 구미산단에 만연한 비정규직 이야기를 들려주었다. 멀리서 찾을 것도 없었다. 그 자신의 이야기였고, 해고된 남편 몫까지 생계를 책임져야 하는 그의 아내가 일하는 곳도 구미산단이었다. 그의 아내는 6개월마다 공장을 옮겨야 한다고 했다. 나는 그에게 6개월짜리 계약을 하는 거냐고 물었다.

"(고용) 기한을 정하는 게 무슨 소용이 있나요?"

그 정도인가.

"한 군데에서 6개월 이상을 일하지 못해요. LG***라는 회사는 4공장까지 있어요. 와이프가 그곳 하청에서 일하는데 1공장부터 4공장까지 다 다녔어요. 6개월 단위로 끊어서. 공정은 다 같은데. 6개월 넘게 일한다 싶으면 1년 안에 무조건 해고를 시켜요. 그런 사정을 아내가 너무 잘 아니까 '여보는 포기하지 말고 싸우라'고 밀어주는 거예요. 그런데 지역에서는 다들 이런 현실을 당연하게 생각해요."

그 당연함에 항의한 대가가 해고였다. 아사히글라스지회는 구미공단에 최초로 만들어진 비정규직 노조다. 이들은 노동조합 활동을 하면 잘릴 수 있다는 사실을 몰랐을까. 조합원 대다수가 40대다. 순진할 수 없는 나이. 지역 전체가 안다. 다들 아니까, 2015년까지 비정규직 노조 하나 만들지 못한 것이다.

그래서 이들이 노동조합을 만든 이유가 궁금했다. 전영주 조합원이 말했다.

"한계를 느꼈다고 해야겠죠. 비정규직이라는 것이 수명이 길지 않아요. 젊은 사람들이 오면 밀려나야 하고, 언제든지 해고되고. 노동조합 있으면 좋다는 말은 들어봤는데 기회가 없었죠. 다 비정규직이라."

다들 이대로 살 수 없다는 것은 알고 있었다. 달리 방법이 없었을 뿐이다. 타지에 나가보고, 사업도 해보고, 죽어라 일도 했다. 요즘 세상에는 기술도 별것 아니었다. 누구나 비정규직이 되어야 하는 구조가 나날이 단단해지는 가운데, 가진 게 노동력밖에 없는 인생은 달라질 수 없었다.

"지금까지 내가 비정규직이고 싶어서 비정규직인 적은 한 번도 없었다."•

아사히글라스 해고자들이 직접 쓴 책에서 이 문장을 보았을 때 공감하기에 앞서 걱정됐다. 비정규직이고 싶어서 된 사람이 어디 있느냐고 사람들이 코웃음 치진 않을까. 이토록 많은 사람이 비정규직으

• 　《들꽃, 공단에 피다》, 〈쉬는 시간 20분 만에 먹던 도시락〉, 최진석 글.

로 일하는데도 못난 사람이 경쟁에서 밀려나 가는 곳이 비정규직 자리라고 여기는 세상이니까. 그렇다면 사람들은 어떤 과정을 거쳐 비정규직이 되는가. 이들이 공부 잘해 판검사를 꿈꾸는 사람은 아니었지만, 아사히글라스로 오게 된 사연은 저마다 다양했다.

"섬유회사에서 10년 정도 근무하던 중 회사 사정이 점점 나빠졌다. 요식업 쪽에 관심이 있던 터라 내 가게를 하고 싶은 마음에 식당에 일하러 들어갔다. (…) 작은 음식점 사장이 되었다. 내 생각처럼 잘되지는 않았다. (…) 가게를 그만두고 직장 생활을 시작하려니 나이가 차서 일자리가 마땅치 않았다."

"중소기업에 입사했다. 4년 동안 주야 2교대 근무를 하면서 몸이 망가졌다. 뒤돌아보면 왜 그렇게 힘들게 일했나 싶을 정도로 쉬지 않고 일했다. 그후 여러 회사를 다녔지만 회사가 부도나거나 아웃소싱 외에 일자리를 구하기 어려웠다."•

비정규직 인생이 된 경로는 다양했지만 공통점이 하나 있었다. 한번 비정규직으로 떨어지면 그 자리에서 벗어나기가 어려웠다. 오수일 또

•　　《들꽃, 공단에 피다》 중에서.

한 예전에는 개인 사업을 했다.

"여기 다니기 전에는 용역 회사를 운영했어요. 회사에 인력을 보내는 일이었는데 갑질을 당했어요. 갑질에 시달리다보니 스스로 헤어날 수 없는 지경까지 갔고요. 결국 망하고, 여기에 비정규직으로 일을 하러 들어왔는데. 사업할 때는 인원 보내고 마진율만 계산하느라 (파견 보낸) 사람들이 이렇게 험하게, 현장에서 인간 대접도 못 받고 일한다는 생각은 못했거든요. 너무 열악한 거예요. 그래서 진짜 뭐가 있어야 한다는 생각을 엄청나게 했어요."

그 '뭐가'가 노동조합으로 나타났다. 오수일의 아내가 보낸 응원은 믿음과 사랑을 넘어 현실 인식에 기인한 것일지도 모른다. 그의 아내도 아는 것이다. 여기서 멈추면 평생 비정규직 인생이라는 것을.

썩은 동아줄

"'여기 나가도 어차피 비정규직이다.' 이 말이 제 마음을 흔들어놓은 거예요. 똑같은 일을 하고 똑같이 쫓겨날 거다. 지금 가면 도망치는 것과 다를 바 없는데, 도망친 곳은 어차피 비정규직이다."

전영주 조합원이 해준 말이다. 이 말에 감동했느냐고? 나 또한 그리 순진하지 않다. 솔직히 나도 조합원들이 노동조합을 어떠한 기회로 여기고 있는 것은 아닐까도 생각했다. 현대·기아차 등에서 불법 파견 문제가 불거진 것은 꽤 오래전이었다. 불법 파견 판정을 받은 이 가운데 상당수는 정규직이 됐다. 구미산단에 수두룩한 비정규직 중 자신의 자리를 의심한 사람은 없었을까? 불법이란 확신은 없어도 부당하다는 생각은 했을 것이다. 그러나 문제를 제기할 순 없었다. 혼자이므로. 그런데 혼자가 아닌 집단(노동조합)이 나타난 것이다.

물론 기회가 주어졌다고 해서 모두 그것을 선택하진 않는다. 현실 장벽이라는 것이 있다. 기회인 줄 알고 잡았는데 썩은 동아줄일 수도 있다. 동아줄을 썩게 만드는 요소는 다양했다. 아사히글라스는 직원들이 어떤 저항도 못하게, 어떤 증거도 모을 수 없게 하루아침에 해고 통보를 했다. 그래도 한 달 치 월급만 주면 기업은 어떤 법에도 저촉되지 않는다. 지자체는 무심하고, 고용노동부는 시간을 끈다. 기소권을 독점한 검찰은 모르쇠로 버텼다. 희망이 차단된 사이, 회사는 위로금을 받고 포기하라며 해고자들을 유혹했다. 조합원이 22명만 남게 된 사연이다.

사람이 좀 살겠다고 잡은 동아줄을 자르는 빌미가 되는 것은 늘 '경제'다. 구미시는 경기를 살린다며 기업 유치에 사활을 걸었다. 구미를 지탱해주던 섬유산업은 2000년대 들어 하향세를 보였고, LG와 삼성을 필두로 한 전자산업은 공정을 해외(주로 동남아시아)로 이전했다. 그럴수록 지자체는 기업 유치에 열을 올렸고, 그렇게 2004년부터 5년간 구미산단에 유치한 기업만 400개에 달했다. 그런데 고용 인원은 오히려 1만 명 가까이 줄었다.* 이 기업들은 신규 인력을 뽑지 않았다. 자회사를 만들고, 협력 업체와 도급계약을 맺었다.

그럼에도 지역 언론은 일자리 창출을 운운하는 지자체와 기업의 홍보 문구를 받아쓰기에 여념없을 뿐, 그 자리가 어떤 노동으로 채워지는가에는 관심 없었다. 지자체가 "규제 풀고 인프라 늘리고 대기업을 모시는"** 사이 창출된 일자리는 파견·도급뿐이다. 아사히글라스 해고자들도 불법 파견 문제를 제기하기 전까진 그렇고 그런 비정규직이었다.

비정규직에서 도망쳐 무얼 좀 해보겠다고 하지만, 결국 도돌이표였다. 그러다 옴짝달싹할 수 없게 사람을 칭칭 감아둔 세상에 동아줄이 하나 내려왔는데, 주변에서는 모두 그게 썩은 동아줄이라고 했다.

신세계를 볼 것이다

22명은 그 동아줄을 잡았고, 여전히 놓지 않고 있다. 어떤 결과가 주어질지 모른다. 그들이 선택한 것은 '우리'였다. 혼자 힘으로는 할 수 없었으므로. '우리'로 모인 지 얼마 되지 않았을 때였다. 그들이 투쟁을 시작한 지 아직 100일도 지나지 않은 2015년 여름이었다. 그때 나

* 《들꽃, 공단에 피다》, 〈구미공단 산업변화와 아사히글라스 비정규직 노조〉, 천용길 뉴스민 기자 글.
** 기사 헤드라인을 가져온 문장이다. 〈규제 풀고, 인프라 늘리고… 대기업 모시는 지자체들〉, 좌동욱 기자, 한국경제, 2018. 5. 2.

는 아사히글라스 노조 사람들을 처음 보았다. 투쟁 초기라 그런지 사람들은 어딘가 붕 떠 있고 나풀거렸다. 이 사람들이 오래 싸울 수 있을까? 잠깐 이 생각도 했던 것 같다.

누군가가 내게 이렇게 말했다. "노조라는 기회를 잡으면 신세계를 볼 것"이라는 말에 노동조합에 가입했다고. 지금은 대의원으로 활동하고 있는 안진석이다. 그는 기억 못하겠지만, 2015년 어떤 자리에서 내게 오랫동안 제조업 파견직을 전전해온 자신의 이야기를 들려주었다. 나는 마르고 까만 남자가 부산에서 구미 아사히글라스까지 오는 과정을 들었다. 그의 인생을 한마디로 표현하자면 '대체 가능'이었다. 당장 내일이라도 다른 사람으로 대체될 수 있는 사람.

안진석은 해고를 당하면서도 뭐가 문제인지 몰랐다고 했다. 고용계약 기간이 남았다는 게 무엇을 의미하는지도 몰랐다고 했다. "언제 잘려도 잘릴 건데." 늘 그렇게 잘리며 살아왔기 때문이다. 근속이나 정년, 고용 기간은 그와 무관한 단어였다. 앞서 오수일이 했던 말이 떠올랐다. '(고용) 기한을 정하는 게 무슨 소용이 있나요?' 법의 손이 닿지 않는, 아니 법의 비호를 받는 공단 안에서 한 장짜리 계약서는 무의미했다.

"여기 오기 전에 부산에서 일을 했는데 명절 오면 (인원이) 정리되는 게 일상이었어요. 회사 잘리고 명절 선물세트 하나 들고 집으로 가는 길에 너-무 억울한 거예요. 이게 막노동꾼하고 다를 게 없는 거예요.

하루벌이로 사는 거. 그런 게 늘 마음에 꼬불쳐져 있었고. 그러다 여기서 (도급계약 기간이) 6개월 남았는데 해고한다고 하니까 쌓였던 억울함이 터진 거예요. 한 번은 꿈틀거려보고 싶은 거예요."

한 번도 꿈틀거리지 못했던 삶이 그렇게 종료됐다.

다들 입을 모아 하는 말. "노조 만들고 한 달은 정말 좋았다." 감시하고 윽박지르던 관리자들이 하루아침에 얌전해졌다. 작은 실수에도 낙인찍듯 빨간 조끼를 입히던 갑질도 사라졌다. 안에서 투쟁 구호를 목청껏 외쳐도 '혼내는' 사람이 없었다. "정말 싸구려다"라는 말이 튀어나오는 도시락을 먹고(최진석), "조별 물량을 뽑기 위한 전쟁터와 같은 공장"(김정태)에서, "네가 얼만큼 견뎌내는가 테스트하는 것"(남기웅)° 같은 노동도 더는 없을 것 같았다.

그들이 겪은 하청 인생을 한마디 말로 정리해보면 "나에게 선택권 따위는 없다"를 자각하는 과정이었다. '대체 가능한' 일회용 사람에게 '선택'을 맡기는 회사는 없다. 회사 입장에서는 당연한 일이다. 그런 이들이 노동조합으로 소속되어 자신들의 요구 사항을 선별해 대표이사에게 전달했다. 그래, 신세계. 새로운 세상이었다.

° 　《들꽃, 공단에 피다》중에서.

늘 대체되어온 삶이 변하다

세상이 어디 만만한가. 꿈틀거리지 못했던 인생이 멈춘 대신 임금 지급도 멈췄다. 회사는 위로금을 받고 떠나라고 했다. 한 달간 신세계를 맛본 이들 중 150여 명이 살길을 찾아 떠나갔다. 이제 남은 사람들의 임금은 회사가 주지 않는다. 대신 이들의 싸움을 지지하는 사람들이 후원금을 모은다. 생계비 또는 활동비라고 부른다. 아무리 십시일반을 해도 21명(1명은 생계 때문에 일을 한다)으로 나누면 최저임금에 훨씬 미치지 못하는 금액에 머문다. 궁핍하나 이 또한 새로운 경험이다.

안진석은 이런 말을 했다.

"노조 하기 전에 강한 믿음이 하나 있었어요. 사람은 이기적이다. 자기만 생각하고 그중 소수가 가족을 챙긴다. 그런데 공장에서 쫓겨났잖아요. 투쟁을 하잖아요. 그 과정에서 계속 제 믿음이 깨지는 거예요."

실업급여 지급이 끝나는 6개월이면 다들 농성장을 떠날 거라고 생각했다. 당장의 손해를 견딜 수 있는 사람은 없다고 여겼다. 그의 예상은 틀렸다.

"내가 알고 있는 상식과 지식으로 측정할 수 없는, 자신의 이해를 뛰어넘어 움직이는 그런 사람들이 있더라고요."

대단한 사람들 이야기를 하는 게 아니다. 남은 조합원들 이야기다. 같이 현장으로 돌아가자고 하는 사람들. 안진석에게 투쟁이란 "예상이 번번이 깨지는 일"이었다. 그는 자신이 변했다고 했다. 아사히글라스 농성장에서 만난 조합원들이 가장 많이 한 말도 "변했다"였다.

그들은 자신들이 변했다고 했다. 그들의 변한 모습이 내 눈에도 보였다. 농성 초기 나를 의아하게 만들었던 나풀거리던 이들의 모습은 없었다. 몇 년 전 아사히글라스 노조 조합원이 다른 회사의 노동조합 사람들을 처음 보고 한 말이 있다.

"약간 무서웠고 투박해 보였으며 슬퍼 보이기도 했다. 또 다른 모습은 즐거워 보였고 인간미가 있으며 알지 못할 오묘한 무언가가 있었다."•

구미에 있는 KEC 노동조합••에 대한 인상평이었다. KEC 노조는 1988년에 설립되어 근 10년간 회사의 노조 파괴 공격을 막아낸 저력 있는 노동조합이다. 그런데 그 구절을 읽고, 나는 지금의 아사히글라스 조합원들을 떠올렸다. 그들은 어느새 자신이 묘사한 사람들과 같은 모습이 되어 있었다. '오묘한 무언가'를 김정태는 "아마 단결이라고 할 수 있을 것 같다"고 표현했다. 나는 지금 이들에게서 무엇을 보았는가. 그것은 아마 대체될 수 없는 고유한 '존재감'일 것이다.

비정규직으로 사는 일은 자신이 필요한 사람이라 여기지 않고 사

•   《들꽃, 공단에 피다》, 〈새로운 세상을 기대하며〉, 김정태 글.
••   정식 명칭은 '민주노총 전국금속노동조합 구미지부 KEC지회'다. KEC에서는 직장 폐쇄는 물론, 여성 노동자 기숙사에 용역 깡패를 난입시키는 등 노동조합을 없애기 위한 행위가 근 10년 동안 이어져왔다.

는 법을 연습하는 것과 같다. 필요하면 가져다 쓰고 필요 없으면 해지하는 '인력'으로 사는 법을. 그런 일을 당연하게 받아들이지 않으면 살수 없다. 늘 대체되는 존재로 산다.[*]

그렇다고 이들이 결코 수동적으로만 대체된 것은 아니었다. 끊임없이 자신으로 서고자 했다. 자영업도 해보고, 공부도 해보고, 이주도 했다. 그러나 돈벌이 앞에서 노력은 순식간에 물거품이 됐다. 누군가는 그 와중에도 희망을 잃지 않았고, 누군가는 가족을 위해 참았고, 누군가는 분노했다. "나는 그동안 저항할 수 없는 현실에 화가 나 있었습니다."[**]

그런 이들에게 노동조합이라는 '기회'가 찾아왔다. 노조를 만들고 1개월 천하도 겪어보았지만, 노동조합 조끼를 입었다고 자연스레 고유의 존재가 되진 않는다. 처음에는 혼자서 할 수 있는 것이 없어 '우리' 속에 들어갔다. 그리고 그곳에서 여러 가지 경험을 했다. KEC 노동조합 같은 '우리'도 보았고, 자꾸 자신들에게 '우리'라고 하는 연대

---

[*]   당연한 일이다. "사람들이 일회용품처럼 취급되는 조직의 구조 조정을 통해서도 무관심은 확대된다. 그러한 관행들은 인간으로서의 중요성, 즉 남에게 필요한 존재라는 의미는 명백하고도 잔혹하게 감소시킨다." 『신자유주의와 인간성의 파괴』, 리처드 세넷 지음, 조용 옮김, 문예출판사, 2002년.

[**]   《들꽃, 공단에 피다》, 〈노동조합에서 함께하는 삶을 배웠습니다〉, 안진석 글. "나는 사람들 잣대(학력, 재산 등)으로 볼 때 내세울 게 없고, 공장 생활 말고는 다른 분야에 재능도 없는데, 도무지 공장 생활에 적응하지 못하는 내가 문제인 것만 같아 분노했습니다. 그런데 노동조합 활동을 하면서, 회사가 근로기준법을 준수했다면 내가 공장에 정착해서 잘살 수 있었으리라는 것을 알게 되었습니다."

자들도 보았다. 그리고 스스로 '우리'를 고려해야 할 순간들도 생겼다. 선택을 해야 했으므로.

투쟁은 매순간 선택 앞에 놓인다. 이 싸움을 계속해야 하나. 노조를 탈퇴해야 하나. 또는 어떤 방식으로 싸울 것인가. 어느 요구를 우선 내세울 것인가. 누굴 믿을 것인가. 어떤 사람들과 손잡고 싸울 것인가. 모든 것이 선택의 문제가 된다. 아사히글라스 노동조합은 선택의 과정을 꼼꼼히 챙겨왔다. 4년째 매주 월요일이면 모두 모여 회의를 하는데, 모든 결정이 이곳에서 이뤄진다. 모여서 듣고 말하고 논의하고 선택한다.

선택에는 고려가 따른다. 무엇을 고려할 것인가를 또다시 선택해야 한다. 노동조합에 남은 22명은 선택 과정에서 '우리'를 고려한 적이 더 많은 사람들이다. "나 하나 나가면 그만이 아니라는 것을 안다."˙ 타인을 고려하며 자신의 선택을 내리는 경험이 쌓이면서 '나'는 고유한 주체가 되어갔다. 누구도 그 자신을 대체할 수 없으니 당연한 일이다.

불과 몇 년 전만 해도 타인은커녕 일터에서 내 자리조차 지킬 명분이 없던 이들이었다. '지킬' 자리를 주지 않던 공장에서 해고되던 날, 이들의 일회용품 인생 또한 종료됐다. 이들은 말한다. "끊임없이 내 권리를 포기하지 않아야 하는 삶으로 인생이 정해진 거"라고.

새로운 세상을 만나고 싶어 동아줄을 잡은 이들은 자신의 인생을

˙　《들꽃, 공단에 피다》, 〈시작했으니 끝을 봐야지〉, 박세정 글.

스스로 바꾸어버렸다.

들꽃, 공단에 피다

"노조는 안 된다고 했던 사람들이 꾸역꾸역 가입을 하고, 검찰청 로비 농성까지 들어가는 노동자로 변해가는 과정이 있었던 거죠. 일터에서 찍소리도 못하고 멀리서 관리자가 손가락질만 해도 이리 움직이고 저리 움직이고 했던 노동자들이 지금은 거침없이 권력 집단하고 싸울 수 있게 된 거예요."

차헌호 지회장은 변하는 사람들이 신기하다는 듯 말했다. 실은 자랑스럽다는 표현일 것이다. 사실 "새로운 세상이 있을 거라고" 사람들에게 이야기한 이는 노동조합 설립의 동을 뜬 차헌호 지회장이었다. 약장수 같은 멘트다 싶었는데 결론적으로 그가 맞았다.

조합원들이 새로워지자 그들의 세상을 보는 눈도 새로워졌다. 그러나 세상은 여전하다. 달라진 조합원들 눈에 지자체와 고용노동부, 검찰의 태도는 의아하기만 하다.

"사람이 돈을 빌려줬으면 갚으라고 할 권리가 있잖아요. 그런데 돈 빌려주고도 돈 달라 소리도 못하고 있구나. 모든 사람이 쟤한테 돈 달라는 소리 하면 절대 안 돼! 이러는 느낌이었어요."(안진석)

'쟤'가 힘이 세서 그렇다. 고용노동부 구미 지청이 불법 파견을 인정하기까지 2년이 걸렸다. 2017년이 되어서야 고용노동부는 아사히글라스에 13억 원의 과태료와 해고자 직접 고용 시정 지시를 내렸다. 물론 아사히글라스는 강제력 없는 시정 지시를 이행하지 않았다.

모든 것이 느리게 움직이는데 노동자가 감당해야 하는 일만 신속하게 진행됐다. 농성장 철거 집행 명령은 강제력이 있었다. 용역 700명이 몰려와 천막을 철거했다. 행정대집행을 비롯해 고소 고발, 가처분 신청이 모두 이뤄졌다. 노동자는 끌려 나가고 연행되고 벌금을 물어야 했다. 아사히글라스는 늘 '법대로 하라'고 했는데, 회사가 말한 법이란 이런 집행을 의미했다.

"단지 불법 파견을 가리는 싸움이 아니라 지자체, 노동부, 검찰, 법으로 이어지는 그 공고한 구조를 깨지 않으면 못 이기는 싸움인 거예요."(차헌호)

그들은 자신들이 달라진 김에 세상도 바꿔보기로 했다. 노동조합은 불법 파견 기소를 미루고 증거 불충분 소리를 하는 검사를 직권남용으로 고소했다. 2018년 12월에는 대구지방검찰청 로비를 점거했다.

"기업은 문자 한 통으로 다 내쫓고 법대로 하겠다며 몇 년을 버티면 되는 거예요. 비정규직 노동자는 그동안 생계나 모든 것을 포기할 수밖에 없는 구조인데. 우리 사회가 그 구조를 인정하고 있는 거죠. 노동부가, 검찰이, 지자체가 기업의 보호막이 되어주고. 노조가 여기서 끝까지 버텨서, 마지막 카드가 뭔지 확인하겠다는 '또라이' 정신으로 싸우지 않으면 아무것도 없는 거죠. 엄청나게 싸우지 않으면 안 되는 거예요."

차헌호 지회장의 말대로 "엄청나게 싸우지 않으면 안 되는" 거다. 그러면 엄청나게 싸우는 모습만 언론이나 시민들 뇌리에 남는다. 이들이 4년여의 세월 동안 만들어온 고유한 자부심은 거친 이미지 뒤에 가려진다. 이 사회는 버틸 수 없는 구조를 만들어놓고 기를 쓰고 버티면 다른 목적이 있거나 뭘 노리는 사람으로 매도한다. '보통' 사람이라면 버틸 수 없다는 걸 아니까. 버틸 수 없는 상황을 인위적으로 만들어놓았으니까. 그것을 우리는 '구조'라고 부른다.

조합원들은 편향된 세상의 구조를 마주했다. 반복된 경험 속에서 "아사히글라스하고만 싸워 이길 수 있는 투쟁"이 아님을 알게 되었다. 그래서 더 기를 쓰고 싸웠다. 물론 싸움의 동력은 대체될 수 없는 존재인 나와 너, 우리다.

"우리 책《들꽃, 공단에 피다》의 부제이기도 한데, '세상을 바꾸는 투쟁', 이게 처음에는 그냥 하는 소리이기도 했거든요. 그런데 투쟁하면서 확신이 드는 거예요. 진짜 세상을 바꾸는 싸움이구나."(차헌호)

2019년 8월, 아사히글라스 노동자들이 회사를 고소한 지 4년 만에 대구지법은 직접 고용 판결을 내린다. 법정 투쟁의 첫 관문에서 판결문 한 장 받아내는 데 수년이 걸렸다. 지난하다면 지난한 시간이다. 그러나 인생을 바꾼 시간이다.

기업은 망하지 않겠다

돈은 무엇인가. '웬수'고, 힘이다. 없으면 '먹고 죽을래도' 없고, 있으면 사람 변하게 한다는 돈. 콜텍 해고 노동자로 12년간 복직 투쟁을 해온 임재춘은 자신의 농성 일기에 회사가 '억지로' 문을 닫은 건 돈 때문이라고 적었다.

"7년 전 회사는 아무 소식 없이 문을 닫았다. 돈 때문이었다. 그후 저축한 돈 다 쓰고, 보험도 해약하고, 중류층에서 빈곤층으로 나의 삶은 그렇게 변해갔다. (…) 해고는 살인이다. 특히나 해고 노동자에게는 더욱 모진 살인이다. 딸들은 학자금 대출 받아가며 학교를 졸업했다. (…) 모두 돈이 한 일이다."•

그래서 지긋지긋한데 또 없으면 동창회 한번 당당하게 못 나가게 하는 것이 돈이다. 지긋지긋한 이야기를 또 해서 무얼 하나 싶지만, 아사히글라스 노동자들이 받은 판결 때문에 굳이 또다시 돈 이야기를 꺼낸다.

2019년 부당 해고 판결을 받아낸 아사히글라스 노동자들에게는 해고된 기간 동안의 임금을 요구할 권리가 생겼다. 그러나 요구한다고 바로 '밀린' 임금이 들어오는 것은 아니다. 판결문에 '임금 상당액'이라고 적힌 금액이 얼마인지, 지급을 해도 되는지 등을 또다시 법정에서 따져야 한다. 이것은 민사소송 영역이다(아사히글라스는 채무자가 되고, 해고자들은 손해배상을 청구하는 방식이다).

해고되면 밥줄은 자동으로 끊기는데, 부당 해고가 밝혀져도 임금은 소송을 거쳐 받아야 한다. 투쟁이란, 한 달 벌이로 살아가는 사람들이 알 수 없는 방식으로 세상이 굴러간다는 것을 깨닫게 되는 일이다.

2019년 12월, 노동자들이 아사히글라스를 상대로 해고 기간 중 발생한 손해에 대해 배상하라며 제기한 소송의 판결이 나왔다. 노동조합이 아사히글라스에 요구한 금액은 최저임금을 기준으로 산정한 월 174만 원이었는데, 법원은 노조의 요구를 기각했다. 소송을 제기한 22명 가운데 6명에게 각각 55만 원, 40만 원, 25만 원 지급을 명령했고, 나머지 16명에게는 지급하지 않아도 된다는 판결이 내려진 것이다.

• 《우리에겐 내일이 있다》, 임재춘·최문선 외 지음, 네잎클로바, 2016.

"재판(2심)이 진행 중이라 파견 관계에 있어 다툼의 여지가 있으며, 최저임금이 반드시 해당 근로자들의 인간다운 생활을 유지하기 위해 필요한 금액이라고 볼 수 없다"*는 것이 법원의 입장이었다. 또한 나머지 생계수단을 고려했다는데, 여기에는 가족들의 월급, 일용직 아르바이트 급여는 물론 시민들의 후원금까지 포함되어 있었다. 아사히글라스 노동조합은 지난 3년간 후원 모금(cms)을 통해 생계비 일부를 지원받았다.

금액을 선정한 기준도 모르고 높으신 법은 더 모르지만, 다들 사람이 50만 원 받고 한 달을 살 수 없다는 것은 안다. 몇 년을 실업 상태로 지내온 이에게는 빚만 있는 것이 아니다. 그 빚에 연체료, 수수료, 이자가 붙는다. 모든 것에 연체료가 붙는 세상에서 임금 지급을 미뤄온(또는 임금 체불의 원인을 제공한) 기업에게는 어떤 연체료도, 이자도 요구되지 않는다.

콜텍 임재춘은 그 잘난 돈을 던져버리고 싶다고 했다.

"모든 걸 살 수 있고 할 수 있게 해준다는 그 돈이 나에게 왕창 생긴다면 몇 달 동안 술 마시고 자유를 누리고 싶다. 나라를 사고, 세계에서 가장 평등한 차별 없는 나라를 만들고 싶다. 그리고 돈을 던지고 싶다. 돈이 웬수다."**

*   〈해고자 통장에 찍힌 '월 40만 원'… 아사히글라스 '최저임금 판결' 논란〉, 김영화 기자, 평화뉴스, 2019. 12. 4.

그러나 돈, 못 던진다. 예전에 내가 취재했던 이는 그랬다.

"이럴 줄 알았다면, 딱 1년만 다니는 건데."

'이럴 줄'이란, 반도체 작업장에서 들이마신 유해물질 때문에 뇌종양이 생겨, 목숨 걸고 수술을 받아 종양과 함께 뇌신경 몇 개도 같이 사라진 일을 말하는 것이었다.

"아예 가질 말아야지, 무슨 소리를 해요." 말은 이렇게 했지만, 나는 백혈병에 걸리고도 치료를 받으면서 회사를 1년 더 다닌 사람을, 암에 걸려 누운 병상에서도 노트북을 켜놓고 회사 업무를 한 엔지니어를 알고 있다.

자기 마음대로 몸을 움직일 수 없게 된 상황에서도 이 사람은 과거로 돌아간다면 1년은 일할 것이라고 했다. 20살이 되기도 전에 입사한 회사. 20대 초반 여자가 일하기에 그만한 곳이 없었다. 다른 곳이 다 그만하지 않았으니까. 그가 다닌 회사는 월급이 상대적으로 높았다. 그는 매달 그 돈을 어머니에게 가져다주었다. 뿌듯했던 그때 기억을 몸이 아픈 후에도 포기하지 못했다. 2교대 노동을 하면서도, 기숙 생활을 하면서도, 납 흄/연기를 들이마시면서도, 그의 고되고 피로한 날들이 반짝일 수 있던 것은 돈 때문이었다. 그 돈이 가족에게 간다는 사실 때문이었다.

•• 《우리에겐 내일이 있다》중에서.

이재용 삼성그룹 부회장이 최순실 국정 농단 사태 때 청문회에 나와 반도체 직업병 문제 해결을 곁가지로 묻는 의원에게 꺼낸 첫마디가 "우리 종업원들"이었다.* 그 평범한 단어가 왜 그리 모욕적으로 들렸을까.

이재용의 종업원이었던 그는 아픈 머리로 계산했다. 자기 딴에는 몸에 무해한 시간이 1년이었다. 근거는 없다. 근거도 없이 추측하는 이유는 하나다. 후회가 깃든 상상에서조차 돈을 벌지 않는 자신을 떠올리지 못하는 것이다. 1년이라도 일해서 돈을 벌어야 한다. 기업은 쉽게 망하지 않겠다. 우리 종업원들과 그 가족들한테는 돈이 필요하니.

그런 돈을 포기하고 벌이 없이 몇 년을 싸우는 일이 고단하다는 것을 떠나 스스로에게 얼마나 잔인한 결심인지 세상은 알아주지 않는다. 싸움에 뛰어든 사람은 가족에게 등 돌린 사람이 된다. 이기적이라는 비난을 받는다. 비난은 잔인하지 않다. 죄책감이 잔인하다. 그 결심의 무거움을 알거나 알고자 하는 사람들이 십시일반 모아 아사히글라스 해고자들에게 후원을 했다. 그리고 법원은 그 후원 금액을 기업이 책임져야 하는 보상 금액에서 뺐다.

이 엉뚱한 계산법이 높은 곳에서 이뤄졌다. 기업은 망하지 않겠다.

• 이재용 부회장은 삼성 반도체 직업병 문제에 관해 "자식 둘을 가진 사람으로 가슴이 아프다"고 답했다. 그가 청문회에 출석한 2016년 12월 6일, 일부 일간지는 삼성전자의 주가가 사상 최고가를 경신했음을 알렸다. 〈이재용 청문회 출석에도 삼성전자 주가는 175만 3,000원 최고가 경신〉, 양지혜 기자, 조선일보, 2016. 12. 6.

옛날의
내가
아니야

"처음에는 '투쟁'이라는 말이 얼마나 어색했는지."*

217일 동안 농성 투쟁을 한 여자들이 말한다.

"'동지'라는 말이 제일 웃겼어요. 노조 가입하고 해고되기 전에, 누가 '유 동지 왔네' 하는데 너무 웃긴 거예요. 언니, 언니 하던 사이에. '왜 그래, 닭살이야' 그랬는데."

"지금은 '동지'라고 하면 마음가짐이 달라져. 다들 힘든 입장이니까. 건드리기만 하면 눈물이 나지."

그들은 동지라는 말에 눈물이 나는 사람으로 변해버렸다. 계절이

---

* 톨게이트 안성/청북/송탄 영업소 수납 노동자들 인터뷰.

세 번 바뀌는 동안. 마음 어딘가를 콕 건드리면 눈물을 왈칵 쏟는다. 그럼에도 그 마음속을 들여다보면 우는 날보다 웃는 기억이 더 많다.

"괜히 신나더라고."•

농성 투쟁을 하던 톨게이트 노동자들이 설 명절을 보내고 다시 서울로 상경한 날이었다.

"도명화 지부장이 '나를 생각해 많이 안 먹었겠죠?' 그러는 거예요. 그래서 안 먹었다고 했죠. 그러니까 '거짓말들 마요. 얼굴 보니까 번지르르하니 잘 먹었는데'."

이 말을 전하는 조합원의 얼굴에 웃음기가 가득하다. "우리는 단식하는 사람들도 씩씩해요." 도명화, 유창근 노조 대표••는 한국도로공사(이하 도로공사)에 조건 없는 직접 고용을 요구하며 보름 넘게 단식을 했다.

나는 이 사람들이 왜 이리 씩씩한지 궁금했다. 해고자들이었다. 전국 각지 톨게이트에서 수납원으로 일해온 이들은 2019년 6월 해고된다. 그 수가 무려 1,500여 명이다. 마지막 근무일인 6월 30일, 1,000여 명이 서울 톨게이트 영업소 앞에 섰다. 이중 41명이 캐노피 고공에 올라 그곳에서 98일간 버틴다. 동시에 청와대 앞에서도 농성을 하더니,

---

• 　남인천 영업소 수납 노동자들 인터뷰.
•• 　2019년 1월 17일, 도명화 민주일반연맹 톨게이트지부 지부장과 유창근 공공연대 노조 한국도로공사영업소지회장이 톨게이트 요금 수납원들의 직접 고용을 촉구하며 단식에 들어갔다. 단식은 16일 후인 1월 31일에 종결됐다.

김천까지 내려가 도로공사 본사를 점거한다. 톨게이트 영업소에서 일한 10여 년 동안 한 번도 밟아본 적이 없는 본사 대리석 바닥을 밟다 못해 그곳에 주저앉아 100일을 넘게 버텼다. 험한 일이 많아 울다 웃다 했다. 그런데도 이리 말한다.

"어떻게 생각하면 서글프고 힘든데. 그런 생각이 하나도 안 들고. 7개월 지난 거 같지도 않아."

"이상하게 힘이 나. 뭔 힘이지?"

마음 어딘가를 건드리기만 해도 눈물이 툭 터진다고 말하지만 함부로 건드렸다가는 큰일 나는 사람들이다.

"그런 거 있죠. 건드리기만 해봐라."*

"겁이 없어진 거지."

"우린 어디 가도 다 표가 난다네요. 톨게이트다."

"롱패딩에 배낭 하나."

패션의 완성은 '조끼'이다. "조끼를 입고 셋이서 광화문 태극기 부대 가운데로 지나간 거야. 주머니에 손 딱 넣고. 아무도 못 건드려. 너무 씩씩하게 가서." 그때가 생각나는지 말하다 말고 깔깔댄다. 어떤 이는 남편과 통화하다가 이렇게 외쳤단다. "옛날의 내가 아니야!"** 싸운 경력이 얼만데. 할 말 못하고 살지 않는다. 옆에서 한 이가 거든다.

"잘했어. 도공(도로공사)한테 하듯이 쏘아붙여!"

말은 이렇게 해도 이들은 '드세다'는 소리 앞에서 멈칫한다. 조심스러운 표정을 짓는다. "원래 안 그랬는데…." 투쟁을 하면서 음성이 탁해지고 말투가 거세졌다고 한다.

"남들이 보면 악질이야."

"아는 사람들은 알지만 다른 사람들은 모르잖아."

자신들이 싸우는 이유는 가려지고 악 쓰는 모습만 비칠까봐 걱정한다. 세상이 '아줌마'의 '막무가내'를 조롱하니까. 그러고 보면 '아줌마'가 어떻게 이 세상에서 씩씩할 수 있을까 싶다. 중년 여성에 대한 매도와 무시가 이렇게 공공연한데. 무시에서 벗어나려면 '돈'이 있거나 '돈'으로 형성한 젊음(안티에이징)이 있어야 한다. 하지만 이들에게는 그런 자원이 없다. 3교대 근무와 고속도로 매연 속에서 그들의 젊음은 사라졌다.

그들 스스로도 수시로 마음이 바뀐다. "아줌마들이 용감하잖아"라고 하다가 "아줌마들 말도 못하고, 바보야"라고 지난날을 되짚는다. 모순된 말을 들으니 묻고 싶어진다. 당신들은 언제부터 이토록 씩씩했느냐고.

"3년 안에 돈을 못 벌면 바보"

어디서부터 '씩씩함'을 찾아야 할까. 이들이 그러려니 넘긴 '별것 아닌 일'부터 보자.

"별것 아닌 일에 직원 하나가 못 견뎌서 스스로 나가는데, 너무 맘이 그렇더라고."•

미납금을 못 내겠다고 버티던 고객이 수납원 태도를 트집 잡으며 "영업소 사무장을 부르고 난리를 쳤다". 죄송할 이유가 없었는데도 수납원은 사과했다.

"그 애는 자존심이 너무 상했나봐. 일방적으로 잘못했다고 하라니까. 그래서 젊은 애들은 못 붙어 있어."

책임질 '가정', 그러니까 버틸 이유가 없는 사람은 있을 수 없는 환경이라고 했다. "우리는 그걸 견디는 거야. 속으로 '18'을 찾고는 죄송해요~ 하는 거야." 버틸 이유가 있는 사람들은 '씩씩하게' 일했다. 하루 수만 대가 톨게이트를 지난다. 그들은 1분에 1대꼴로, 저마다 다른 고객을 만난다. 그러니 진상 고객을 만날 확률도 높다. 이것은 반만 맞는 이야기다. 진상 고객은 '발 뺄을 자리'를 본다. 문제가 발생하면 앞뒤 가리지 않고 직원에게 책임을 묻고, 과도한 사과를 통해 사건을 빼

• 안성/청북/송탄 영업소 수납 노동자들 인터뷰.

르게 무마하고 싶어하는 곳. 이런 곳은 발 뻗기에 안성맞춤이다.

톨게이트 영업소는 그런 조건에 딱 들어맞는다. 민원(고객 평가)과 실적을 연관시키는 회사. 여기에 공기업 위탁(용역) 업체라는 영업소만의 특색이 덧붙는다. 톨게이트 노동자들은 자신들이 도로공사 퇴직자들의 노후 대책이라고 말했다.

"우리는 사장들 퇴직 보험이었죠."[*]

2009년 도로공사는 톨게이트 수납 업무의 외주화를 완료한다. 각 영업소마다 사장이 있는데, 거의 대다수가 도로공사 퇴직자였다.[**] 해마다 약 1조 원이 수의계약금이라는 이름으로 퇴직자 사장들에게 흘러갔다.[***]

"그런 말이 있어요. 여기서 2, 3년 안에 돈 못 벌면 바보라고."

영업소 하나 맡으면 1년에 몇억 원을 앉아서 번다. 심지어 최초 계약 기간이 5년인데, 계약 연장도 가능했다. 수납률 등 성과 점수가 높은 영업소는 연 단위로 연장해 도로공사와 계약을 맺을 수 있었다

"(기한) 연장을 하려고 직원들을 쪼는 거야. 눈에 보이는 성과가 있잖아요. 첫째가 모니터링(고객 평가), 그리고 미납금 수납률."

미납금이 없어야 한다. 고객 평가도 좋아야 한다. 그래서 수납 노동

---

[*]   남인천 영업소 수납 노동자들 인터뷰.
[**]   2014년 기준, 334개 영업소 중 무려 291개의 사장이 도로공사 출신이다.
[***] 〈2013~2018년까지 354개 고속도로 영업소의 이윤 반영률 전수조사 결과〉, 더불어민주당 황희 의원실, 2018. 10. 23.

자가 미납금을 내지 않으려고 진상 부리는 고객에게 당해도 눈을 감는다. 오히려 이들을 욕받이로 내세워 돈을 받아낸다. 그렇게 회수한 미납금을 토대로 도로공사는 영업소별, 개인별로 등수를 매겨 공표했다. 1등에겐 상품을 줬다고 한다. 좋은 일이라고? 1등이 있으면 꼴등도 있다. "끝에서 10등까지는 혼나야 되기 때문에…" 인터뷰를 하면서 곧잘 들었던 말이다. 이상하게 여성들은 일터에서 '혼이 난다'. 혼내는 사람과 혼나는 사람 간에는 권력 관계가 있다. '갑질'보다 더 적나라한 단어가 명치에 걸린다.

혼나지도 않고 점수도 좋은데, 이들에게 주어져야 할 상품이 사라질 때가 있다. "지사 사람(도로공사 직원)이 와서 '잘 받았어요?' 하는데 '그게 뭐지?'" 누가 '꿀꺽'했는지는 알 만하다. 사장 마음대로 상품권이 연차 1일 사용권으로 바뀌기도 했다. 톨게이트 수납일은 3교대라 노동자들은 연차를 사용할 때 눈치를 봤다. 연차 한번 마음 편히 써보려고 차량을 쫓았다. 정말 차 뒤를 쫓아간다.

"(하이패스) 정상 처리가 안 되면 빨간 불이 들어오거든요. 그럼 저희가 가서 잡아요. 엄청 위험해요. 빨간 봉을 가지고 뛰어가서, 이쪽으로 오라 그래서 차를 세우죠."•

수납 노동자 한두 명을 꼭 아스팔트 도로 위에서 대기시켰다. 하이

•　　충주 영업소 수납 노동자들 인터뷰.

181

패스 미작동, 미납, 과적 등 문제가 있는 차량을 잡는 것이 이들에게 주어진 업무 중 하나였다. 미납 차량 잡으려고 아스팔트 도로 위를 뛰어다녔다. 여름이면 "기미 다 생기고 얼굴 다 타고", 겨울이면 추위에 "발 동동 굴러가며" 잡았다.

차 세워 돈 내라고 하는데 기분 좋아할 고객은 없다. 말투가 기분이 나쁘다, 인사가 성의 없다 등등 보복성 민원이 따른다. "드센 아저씨들이 있어요. 막 소리 지르는. 어떻게 그 사람들을 상대해." 그러나 대처법이 있다.•

"뺑도 무지하게 치면서 잡았어."

"나 같은 경우는 앞에 카메라에 있어 다 찍힌다, 나중에 돈 다 물어야 한다, 그렇게 거짓말을 했어."

"난 '저희는 해드리고 싶지만요~ 카메라가 다 보고 있거든요' 이러지."

위기에 대처하고 모면하면서 일이 '되겠끔' 한다. 현장 경험을 토대로 숙련되었기에 가능한 일이다. 사회는 누군가의 노동을 단순 업무로 취급하지만, 세상에 '진실로' 단순한 업무는 얼마나 될까.

"댓글 같은 데 보면 뭐 돈만 받는 일은 누구나 할 수 있는 일이니 저거들 자르고 새 사람 뽑으라 하는데, 절대 못 해. 긴급(차량)이 어쩌고

•　　　안성/청북/송탄 영업소 수납 노동자들 인터뷰.

면제(차량)가 어쩌고. 우리도 교육받는 데 3~5일 걸려요. 교육받고도 한 달은 자기 돈 써가면서 일해야 하고. 돈도 깨지고 사람도 깨지니까 그만두는 사람 많아. 다들 자신과의 싸움을 해가면서 버티며 한 고개를 넘어온 거야."

하루 수만 대의 차량이 톨게이트를 지나고, 하루 1,000대 이상의 미납 차량이 발생한다. 하이패스가 정보를 읽지 못한 수백 대의 차량은 하나하나 사람 손을 거쳐야 한다. '누구나 하는 일'이라고 부르지만 대부분 '누군가'가 '일정 시간 훈련'과 '적응 기간'을 거쳐야 할 수 있는 일이다. 지속하기 위해서는 스스로 개척하든 전수받든, 노하우를 쌓고 숙련해야 한다. 그러니 '세상에서 내 일이 제일 어렵다'는 말이 나온다.

그러나 '단순 반복 업무'라는 용어는 세상에 그런 일이 다수 존재한다는 환상을 만든다. 대체 가능한 사람이라는 개념을 만들어낸다. 누군가는 대체 가능성, 유연성, 탄력성이라 부르는 것이 당사자에게는 네 글자로 읽힌다. 고용 불안.

그들은 해마다 신입사원이 됐다. 1년짜리 재계약을 했기 때문이다. 신입이나 10년차 경력자나 연봉도 대우도 같다. 그마저 최저임금이다. 그러면서도 도로공사는 실적을 중시했다. 미납금 회수율로 점수를 매겼다. 실적은 승진과 연봉을 위해 존재하는 것이 아니었다. '잘라야 하는' 사람을 결정하기 위해 필요했다. 연말이면 꼭 한두 명씩 잘렸다.*

"연말이면 영업소가 분위기가 고요해, 다들. 그런 것들이 싫었어."**

"지사 정규직들은 성과급 받는 달이라고 신이 나 있는데."

"12월만 되면 집에다 '나 이번에는 잘릴지도 모른다'고 이야기했었어. 처음 몇 번은 걱정하더니 하도 반복되니까 나중에는 집에서도 무덤덤해하더라고. 맨날 하는 이야기. 안에서는 정말 그런데, 밖에서는 괜히 하는 이야기가 되고. 잊어버리고 있었는데 그 생각 하니까 되게 억울하다."

불과 몇 개월 전 이야기다. "그만둔다는 사람이 생기면 너무 고마워서 눈물이 났다." 때로는 "도저히 그만둘 사람이 없으면 우리가 월급을 쪼개서 일자리를 나눴다". 인간애 넘치는 일이지만, 고용 불안이 넘치는 현장에서 이런 임시방편은 사장과 관리자의 힘만 키웠다.

그러다보니 어느새 업무가 영업소 인근 잡초 제거, 화장실 청소, 사무장 주말 식사 챙기기, 사장 대리 기사 노릇이 되어버리기도 했다. 도로공사에서 복지비, 회식비 등 수당이 일괄적으로 내려온다는 것을 알면서도 어디에 쓰는지 묻지 못했다. 사장이 중간에서 얼마나 착복해가느냐에 따라 영업소별로 월급이 달랐다. 괜히 밉보여 잘릴까봐 노동자들이 할 말 못하는 사이, 사장들 사이에서는 "3년 안에 돈을 못 벌면 바보"라는 소리가 돌았다.

- "2009년 7,477명이던 수납원 과업 인원 정원은 2018년 6,774명으로 703명이 줄었다. 지난 9년간 매해 평균 수납원 78명이 사라졌다." 〈톨게이트 수납원은 없어질 직업일까〉, 전혜원 기자, 시사IN 633호, 2019. 11. 6.
- •• 안성/청북/송탄 영업소 수납 노동자들 인터뷰.

"우리를 바보 취급한 거지. 저 바보들한테 못 빼먹으면 사장 니가 바보야. 저 아줌마들 말도 못하고, 하라면 해. 그런 식이었죠."•

씩씩하게 버텼다. 그랬더니 자꾸 무언가를 빼앗겼다.

"수납원이 무슨 정규직이 돼요?"

"나이가 적건 많건 간에 '야', '○○아, 너 그러면 되겠어?' 이러면서 늘 하대했어. 그런데 사람들이 먹고살아야 하니까 꾹꾹 눌렀던 거지. 자회사만 세우지 않았어도 계속 참았을 거야. 우리도 다 안다고. '스마트 톨링'••이 생겨서 감원이 생기는 것도 알고. 우리도 다 각오를 하고 있었는데. 자회사가 생기는 바람에 우리 속에서 그런 게 불끈 치솟아올랐던 거지."•••

뭐든 참던 사람들에게 도무지 참을 수 없는 것이 생겼다. 2018년 수납 노동자들은 선택의 기로에 섰다. 도로공사는 이들에게 '직접 고용'과 '자회사' 중 하나를 고르라고 했다. 도로공사 정직원이 될 것인지, 도로공사가 설립한 회사에 고용될 것인지. 너무 쉬운 선택 아닌가. 그런데 예상 외로 수납원 6,500명 중 5,000여 명이 '자회사'를 선택했다.

•　　남인천 영업소 수납 노동자들 인터뷰.
••　　Smart Tolling. 각종 카메라와 장비로 차량 번호를 인식해, 톨게이트에서 차량이 정차하지 않아도 통행료가 자동으로 부과되는 시스템.
•••　　박광미(민주연합노조 톨게이트지부 충주지회).

그 선택에는 이유가 있었다. 어느 날부턴가 도로공사 직원들이 뻔질나게 영업소에 드나들었다. 2015년 불법 파견 논란이 일고 나서부터는 영업소에 상주하던 도로공사 직원들이 모습을 감추고("관리자만 영업소에서 콩나물 뽑듯이 뽑아냈다") 이틀에 한 번꼴로 와서 얼굴만 내밀고 결제 서명만 받아갔었다.* 그러던 이들이 갑자기 하루에도 몇 번씩 찾아와 자회사에 대해 설명을 늘어놓았다. 자회사로 가면 임금이 오르고, 정년도 연장된다고 했다. 반면 도로공사 정직원이 되면 수납 일이 아닌 청소 업무를 하게 될 것이라고 했다. 원거리 발령도 감수하라고 했다.**

노골적으로 반감을 내비치는 관리자들도 있었다.

"아이고, 직접 고용이 될 거 같아요? 수납원이 무-슨 정규직이 돼-요?"***

이런 말을 들었다는 수납 노동자들이 제법 있다. 어떤 이는 '지사'에서 왔다는 사람 목소리까지 흉내 낸다. 도로공사 정규직은 참 높고도

- 불법 파견 판정의 주요 조건인 '원청의 지휘·명령' 부분을 은폐하기 위해 2015년부터 도로공사는 톨게이트에 상근하던 자사 직원(소장, 과장 등)을 영업소에 배치하지 않는다. 이후 본사 관리직이 영업소를 돌며 결제를 받아가는 방식으로 전환했다.
- •• 2019년 9월 도로공사는 대법원의 판결에 따라 정규직으로 복귀한 톨게이트 노동자들에게 원거리 발령과 청소 업무(현장 보조직)를 지시했다. 보복이라도 하듯 평택에 사는 사람을 강릉 지사로, 안산 영업소에서 일하던 사람을 광주 지사 등으로 발령 냈다.
- ••• 남인천 영업소 수납 노동자들 인터뷰.

특별한 지위였다. 그런데 도로공사는 왜 형식적으로나마 수납 노동자에게 자회사 – 직접 고용 선택권을 준 걸까. 바로 그 '지위' 때문이다. 수납 노동자들이 근로자 지위 소송을 냈던 것이다.

2013년, 노동조합에 소속된 수납 노동자들은 자신들의 고용 지위를 다시 판단해달라고 법에 요구했다. 수납 노동자들의 주장은 이랬다. 영업소는 위탁(도급)이 아닌 인력 파견 업체에 지나지 않는다. 모든 업무 지시와 관리는 도로공사가 해왔다. 고로 자신들은 불법 파견된 것이며, 직접 고용되었어야 한다. 법원은 1심, 2심 모두 불법 파견을 인정했다.

2심 판결이 난 2017년, 소송을 제기한 745명을 시작으로 수납원 6,000여 명을 직접 고용해야 하는 위기(?)에 빠진 도로공사에 한 줄기 빛이 비춘다. 문재인 정부가 '공공 부문 비정규직 정규직 전환 가이드라인'을 발표한 것이다. 당시 공공 부문 비정규직은 41만 6,000명. 공공 부문 전체 인원의 1/5을 차지했다.* 이중 상시·지속 업무를 정규직 일자리로 전환하라는 지침이 내려졌는데, 단서가 달려 있었다. 자회사로의 채용도 정규직 전환으로 인정한다는 것이었다.

이로써 도로공사에는 '자회사'라는 선택지가 생겼다. 도로공사는 자회사 전환을 위해 '노·사·전문가 협의회'를 꾸렸고, 협의회에서 전

---

*　〈공공 부문 비정규직 특별실태조사 결과〉, 고용노동부, 2017. 7.

문가 위원들이 자회사 설립을 반대하자 결국은 '문 걸어 닫고'* 자회사 사안을 통과시킨다.

수납 노동자들은 "자회사 안 간다 하면 죄인"이 되던 당시 분위기를 전했다. 그런데도 자회사를 선택하지 않은 사람이 적지 않았다. "1년마다 잘리는 짓 하기 싫다." 당하고 살아, 모르고 살아 '바보'라고 불렸지만 그럴 리가. 누군가가 한 말이 맞다.

"알고도 속고 모르고도 속으며 살아왔다."

안다고 티 내면 잘리니까. 알아봤자 말할 수 없으니까. 그래서 꾹꾹 눌렀는데 도로공사 직원들이 하루에도 몇 번씩 내려와 속을 긁었다. 단순한 빈정거림이 아니었다. 2000년대 초반만 해도 수납 노동자는 도로공사 소속이었다. 그러나 정부는 경영, 혁신, 효율을 앞세워 톨게이트 수납 업무를 분리해 외주화했다. 하루아침에 정규직에서 용역 업체 소속의 1년짜리 계약직이 되었지만, 당사자들은 아무 말 하지 못했다. 그것 말고는 길이 없다고 했기 때문이다. 도로공사는 그때처럼 자회사 말고는 답이 없다는 이야기를 하고 싶었던 것이다. 하지만 그때와는 달랐다. 많은 사람이 노동조합**에 속해 있었고 근로자 지위 소송을

• 2018년 9월 5일, 이견을 좁히지 못한 노사전협의회가 중단된다. 전문가 위원들은 합의 결렬을 선언하고 보이콧을 한다. 그러나 노사 협의는 강행되고, 도로공사는 조합원 총회를 통해 탄핵당한 한국노총 위원장(톨게이트노조)을 노동자 대표로 세워 자회사 합의 서명을 받아낸다. 이에 항의해 민주노총 민주연합노조 박순향 부지부장은 9월 19일 민주당사 점거 농성에 들어가 단식투쟁을 한다.

이미 제기한 상태였다. 1,500여 명의 조합원은 직접 고용을 선택한다.

"집단 해고는 본인들이 선택한 것"

2019년 7월 한국도로공사는 자회사 '한국도로공사서비스'를 출범시
킨다. 이제 영업소 수납일은 자회사(로 간) 직원들이 한다. 자회사를
선택하지 않은 1,500여 명은 해고됐다. 그러나 해고는 끝이 아니었다.
오히려 시작이었다. 한여름 연일 청와대 앞에서 싸우는 여성들의 모
습이 인터넷에 자주 올라왔다. 경찰들과 대치하다 갈비뼈가 부러진
사람도 알고, 빗물 반 국물 반이었던 식사도 알고 있는데, 그때를 물으
면 그들은 어딘가 달뜬 모습으로 말했다. "우리가 진 적이 없어." 자신
들이 정말 잘 싸웠단다.

서울로 올라오기 서너 달 전만 해도 제대로 말도 못했다는 이들인
데 그 간극이 너무 커 물었다.

"어떻게 갑자기 할 말 다하게 됐어요?"

"이상해. 자꾸 거기서 힘을 줬어."

거기란 민주노총을 가리킨다. 시위꾼이 몰려 있는 사회 불만 세력
이라는 민주노총. 더 간명하게는 "빨갱이". 민주노총 하면 거부감이

●● 　톨게이트 노동자들은 5개 노동조합에 속해 있다.

들었다고, 좋은 이야기를 들어본 적이 없다고 했다.

"처음엔 서산 영업소 사람들이 노조에 가입하라고 왔었어요.* 조끼 입은 사람들이 오는데, 딱 거부반응이 드는 거예요. 우리는 안 합니다."**

이들이 조끼 입은 사람을 다시 찾은 것은 자신을 지킬 필요가 생겼을 때였다. 새 사장이 와서 신규 채용 공고를 붙이고 간 날, 기존 노조(기업 노조)에서 자회사로 가지 않을 사람을 내쫓은 날, 그런 날 사람들은 노동조합을 찾았다. 그리고 충격을 받는다.

"우리가 노동조합 가입을 했다니까 관리자들 태도가 틀려지는 거야. '어디 들었어요?', '민주노총이요', '아, 그래요?' 그러고는 사무장부터도 건드리지 않는 거야."***

그들은 놀라서 서로 속닥거렸다. "조끼가 힘이 있어." 그런데 그 조끼를 입진 못했다. "못 입겠더라고요. 나 하루도 못 입었어." 노조 가입하고 해고되기 한 달 동안, 끝내 못 입었단다. 그냥 이상해서, 쑥스러워서, 나만 다른 게 싫어서 못 입었다. 요즘은? 벗질 않는다. 조끼가

---

* 　　2015년 톨게이트 서산 영업소에 노동조합(당시 한국노총)이 세워졌다. 지금의 민주노총 민주연합노조 톨게이트지부 도명화 지부장과 박순향 부지부장이 서산 영업소에서 근무했다. 노동조합 탄압의 일환으로 해고된 도명화는 4년 만인 2019년 4월에 복직되나, 그해 6월에 자회사 문제로 다시 해고된다.
** 　　안성/청북/송탄 영업소 수납 노동자들 인터뷰.
*** 　　남인천 영업소 수납 노동자들 인터뷰.

여기, 우리, 함께

190

힘이 있다는 생각은 하지 않는다. 조끼란 살짝 나온 배를 가리고, 주머니가 많은 편리함으로 행동반경을 넓혀주고, 소속감을 주어 '우리'를 확인시키는 수단일 뿐이다. 힘은 다른 데 있다.

"알려주더라고. 단체권 이런 걸."

알게 된 내용은 정작 별것 아니다. 노동3권. 법에 담겨 있으나 도무지 세상은 알려주지 않는 권리. 단결권, 단체행동권, 단체교섭권. 설명만 들어 알게 된 것은 아니다. 그들은 권리가 무엇인지 눈으로 보았다.

노조 조합원 수가 늘자 영업소들은 과적 차량 잡으라고 땡볕에 사람 세우는 일을 중단했다. 잡초 뽑기, 화장실 청소 등의 업무도 중단했다. 수납 노동자들에게 시킬 수 없는 일이라는 것은 시키는 사람이 더 잘 알고 있었다. 아닌 것은 아니라고 말할 수 있는 사람들이 생기자 멈췄다.

노동자들은 월급 받는 처지에 감수할 수밖에 없다고 생각한 일이 실은 위법이고 불법이었음을 확인했다. 부당함에 대한 감각이 깨어났다. 더 많은 사람들이 부당한 일에 대해 말하기 시작했다. "진짜 토론을 많이 했어요." 처음에는 불만 토로에 불과했으나 점점 자신들이 할 수 있는 일에 대해 말하게 됐다. 말을 시작하자, 할 말 못하고 산 인생이 달라지기 시작했다.

인터뷰 중에 한 이가 노로공사는 도대체 왜 우리를 안 받아주는 거냐고 한탄하자, 옆 동료가 되받아 말했다.*

"언니, 우리가 이제 말을 안 듣잖아."

그들은 더이상 "예예" 하며 굽신거리지 않는다. "옛날의 내가 아니야." 다시는 예전으로 돌아갈 수 없었다. 한 청와대 비서관이 톨게이트 노동자와의 면담에서 "해고는 본인들이 선택한 것"이라고 했다는데, 틀렸다. 해고는 당신들이 시켰고, 이들이 선택한 것은 '미래'였다. 그 미래가 누군가의 손에 의해 잘렸고, 이들은 자신의 내일을 이어붙이기 위해 싸웠다.

"유례없는 침탈"

이어붙이는 과정은 아주 '스펙터클'했다. 고공 농성, 점거 농성, 거리 농성 등 다채로운 농성을 두루 보았다고 생각하던 나도 추석을 앞두고 도로공사 본사 건물에 수납 노동자들이 단체로 들어가 연좌 중이라는 소식을 들었을 때 꽤 놀랐다.

그 며칠 전인 8월 29일, 근로자 지위 소송에 관한 대법원의 판결이 있었다. 소송을 시작한 지 6년 만의 일이었다. 이번에도 법은 '직접 고용하라'고 했다. 톨게이트 노동자들은 잠시 기뻐했다. 그로부터 열흘 후 도로공사 이강래 사장의 입장 표명이 있기 전까지는. 도로공사는

•   충주 영업소 수납 노동자들 인터뷰.

대법 승소자(중 희망자 304명)를 고용하겠다고 밝혔다. 그러나 1, 2심 계류자는 대법원 판결까지 받아오라고 했다. 자회사 문은 언제나 열려 있으니 자회사로 들어오라고 했다.

그날 톨게이트 노동자들은 도로공사 본사가 있는 김천으로 향했다. 민주노총 조합원들이 본사 안으로 들어가고, 한국노총 조합원은 건물 밖에서 엄호했다. 경찰은 진압 태세를 갖췄다.

"그때는 진짜 두려웠어요. 아래층에 노란색 에어백 깔 때 섬뜩하더라. 여기서 떨어지면 죽는 건가보다."

"그전까지 경찰과 싸우면서 무섭다는 생각은 안 해봤거든요. 처음으로 무섭다는 생각이 들었어요. 폐쇄된 공간에 경찰들이 어마어마하게 밀려들어와서."

청와대 앞에서도 매일 밀고 당기는 싸움을 벌였지만, 언론도 통제된 공간에서 공권력이 가하는 폭력은 새로운 경험이었다. 이들을 대하는 도로공사 직원들의 태도 역시 또 하나의 충격이었다.*

"그 사람(본사 직원)들이 우리를 이상한 사람들 취급하고 소리 지르고 집어던지고. 그런 게 제일 기억에 남아요. 사람이 끌려 나가는데, 우리는 안 끌려 나가려고 다 같이 팔 걸고 있었는데 그걸 하나하나 뜯어내고 그런다는 게. 사람이 사람한테 그렇게 할 수 있나. 진짜 전쟁

*   도로공사 직원들이 톨게이트 노동자들을 진압하리 온 경찰과 함께 팔짱을 끼고 농성 진압 훈련을 하는 사진이 한동안 온라인 공간을 돌아다녔다.

같았어."

끌려 나가지 않기 위해 이들은 모든 것을 했다. 끈질기게 싸웠다. 몇 시간을 자리에서 미동조차 없이 대치하기도 했다. 상의 탈의 시위*도 그중 하나였다. 당시 장면을 촬영한 사진이 퍼졌다. 일부 언론사는 모자이크도 없이 사진을 유포했다. 이미지는 강력했다. '왜'가 말해지기도 전에 먼저 '보여'졌고, 나이 든 여성들의 몸은 인터넷 공간에서 조롱당했다.

"그게 내용이랑 영상이 같이 돌아다니면 상관이 없는데, 세월이 흐르면 내용은 없고 영상만 돌아다닐 수 있으니까. 그것만, 이미지만. 그럴까봐. 그런 게 좀 많이 우려돼요."**

악 쓰는 모습, 울부짖는 영상이라는 경험을 통해 이미 이들은 맥락이 지워진 채 카메라에 담기는 위험이 어떤 것인지 알고 있다. 그런 시선을 받으며 싸우는 일은 많은 것을 감내하게 했고, 그렇게 버텨내어 승리한 경험은 하루를 더 싸우게 한다. 농성이 한창일 때 만난 톨게이트 노동자가 "우린 진 적이 없어"라고 말할 수 있던 이유는 김천에서, 그날도, 지지 않았기 때문이다.

---

*   '알몸' 시위·'나체' 시위가 아니다. '상의 탈의' 시위로 불러야 한다. 우리는 왜 여성 노동자가 폭력에 저항하기 위해 상의를 탈의한 일을 두고 선정성이나 처참함을 부각시키는 단어를 선택하나. 남성이 행위의 주체일 경우 흔히 사용되는 '웃통을 벗다(까다)' 같은 용어가 왜 여성에게는 적용되지 못하나.

**   박영순(민주연합노조 톨게이트지부 제천지회).

여성 조합원 대부분이 40~50대였다. 밀폐된 공간에 있으면서 면역력이 떨어져 각종 질환(호흡기 질환, 피부염, 디스크, 고혈압 등)에 시달렸다. 수십 일 동안 바깥 공기 한 번 마시지 못했다. "40일 만에 처음 나오니까 머리가 어지러워서, 해를 보니까 멀미가 나오는 거야." 그럼에도 의연했다. 자신들은 3교대로 근무하고, 가족 건사까지 한 몸이라고. "오히려 그 안에서는 남이 해주는 밥 먹고, 제때 잠드니까 편하더라고."

사람들은 본 적이 없는 광경이라고 했다. 도로공사 정규직이 낸 성명서에도 자주 등장하는 표현이다. '역사에 없는' 침탈. '보지도 듣지도 못한' 상의 탈의 시위.* 사람들은 물었다. 어떻게 '여자들이' 이토록 잘 싸울 수 있느냐고. 놀랍다는 듯, 의아하다는 듯, 대단하다는 듯, 대견하다는 듯 물었다. 그 표현이 '씩씩하다'로 나타나기도 했다.

사람들은 자주 그런 물음을 던졌다. 송전탑이 세워지는 밀양에서는 '어떻게 할머니들이 앞장설 수 있느냐'고 묻고, KTX 복직 싸움을 보며 '젊은 여성들이 어떻게 오래 싸울 수 있느냐'고 물었다. 묻기에 당사자들은 답을 찾으려고 애썼다. 여자라서 잘 싸우는 이유를 찾다보면, 자신의 주 역할이 돌봄 노동임을 상기하고("애들이 다 커서 손이 갈 필요가 없어서"), 자신이 가정에서 부차적 벌이를 담당하고 있음을 강

---

* 〈경영진은 사태 해결, 정부는 법치 확립〉, 도공성명 22호, 한국도로공사 노동조합, 2019. 9. 14.

조하게 된다("벌이를 혼자 책임질 필요가 없어서"). 여성에게 가해지는 사회적 폭력과 차별을 드러내려 해도 여성이 '잘' 싸우는 일이 '예외'임을 전제해야 한다. 밀양에서건, KTX에서건, 김천에서건 싸우는 이들이 물어주기 원하는 것은 '왜'일 텐데, 세상은 자꾸 '어떻게'를 묻는다.

나는 "어떻게 이리 씩씩할 수 있냐?"는 질문을 접고, 그들에게 '왜'를 묻기로 했다. 왜 싸우는가? 도로공사 말대로 대법원 판결까지 얌전히 기다려 정규직이 될 수도 있었다. 자회사로 갈 수도 있었다. 그런데 그들은 그런 선택을 하지 않았다. 그들은 "싫은 것은 싫다고, 아닌 것은 아니라고 말하고 살려고" 이 길을 선택했다. 해고된 상태에서 손에 법원 판결문 하나 쥐고 싸웠다. 전혀 유리한 싸움이 아니었다. 하지만 자신의 권리를 도로공사의 아량이나 법의 판결에만 맡겨두지 않았다.

"없어지는 직업이라는 것은 눈에 보이지 않느냐"

"우리를 지켜주는 사람은 없는데, 왜 다들 도로공사를 지키느냐고요. 문지기도 아니면서."

세상은 그들의 권리를 인정해주지 않았다. 정부와 국토교통부, 고용노동부, 여당, 각종 언론. 인터넷 기사 댓글마저 그들에게 화를 냈다. '없어질 직업'에 떼를 쓰는 사람들이라고 했다. 도로공사 이강래 사장은 없어질 일자리를 정규직으로 만들 순 없다고 했다. 그것이 직접 고용이 아닌 자회사 설립을 선택한 명분이었다. 도로공사는 2022년부터 '스마트톨링'을 도입할 예정이라고 발표했다.* 기계가 번호판을 읽어 통행료 결제가 자동으로 이뤄지면 수납원은 필요 없어진다고 했다. 이강래 사장은 스마트톨링 도입 계획을 밝힐 당시 '사람 중심의 스마트한 고속도로'를 만들 것이라고 했는데,** '사람'에 일하는 노동자는 포함되지 않았던 모양이다. 정부 입장도 크게 다르지 않아 보였다. 청와대 경제수석의 말이다.

"톨게이트 수납원이 없어지는 직업이라는 것은 눈에 보이지 않느냐."

과연 없어질 직업인지를 논한 내용은 언론 기사***로 나왔으므로 여기서는 따로 다루지 않겠다. 이 발언을 언급하며 물으니 톨게이트 노동자는 발끈한다.

"아니 없어질 직업인데, 자회사로 데려가면 없어질 직업이 해결이 되고 직접 고용으로 가면 해결이 안 된대요? 자회사 보내서 없애버리려고, 그 이야기잖아요. 그게 뻔해서 우리는 자회사 못 가겠다고요."****

---

* 스마트톨링 도입은 복잡한 사안이다. 개인 정보 관련 법률 개정이 필요하기 때문이다. 기술적으로도 완전 무인화는 아직 어려운 상황이다. 이에 따라 2020년으로 예정되었던 스마트톨링 도입 계획은 2022년 이후로 연기된 상태다.

** 〈이강래 한국도로공사 사장, "사람 중심의 스마트 고속도로 만들 것"〉, 김서온 기자, 이코노믹리뷰, 2018. 1. 2.

*** 〈톨게이트 수납원은 없어질 직업일까〉, 전혜원 기자, 시사IN, 633호.

**** 남인천 영업소 수납 노동자들 인터뷰.

"우리보고 희생하라는 거잖아요."

이 말을 듣고 내가 박수를 쳤던가. 할 말 못하고 살았다는 사람들이 말할 수 있게 되자 그것은 폭로의 기능을 하기 시작했다. 수천 명 일자리를 없앨 자동화 기술을 도입하면서 기자들을 모아놓고 '사람 중심', '일자리 창출'을 운운한 도로공사의 가식도 거기까지였다. 어차피 "없어지는 직업"이라는 솔직한 심정이 바로 드러났다.

정규직 전환 문제 또한 마찬가지다. 문재인 정부는 출범 후 공공 부문 비정규직 제로 시대를 열겠다고 했다. 2019년 초, 한국도로공사는 정규직 전환 목표를 600%나 훌쩍 넘긴 공기업이었다. 청와대로부터 극찬받았다. 1,500여 명 대량 해고가 발생하기 3개월 전의 일이었다. 정규직 전환자 대부분이 자회사로 채용된다는 사실은 정부도 알고 있었다. 비정규직 제로 선언 이후 2년간 공공기관에 자회사만 57개가 설립됐다. 생긴 이유는 빤하다. 공공기관 정규직 전환자 2명 중 1명이 자회사 소속이다.[*] 이번에도 싸우고 말하는 이들이 없었다면 '해피엔딩'이었을 것이다.[**]

---

[*] "고용노동부에 따르면 공기업 등 공공기관은 지난해 말까지 비정규직 8만 5,786명 중 47.1%(4만 397명)를 자회사 정규직으로 전환했다. 나머지 52.2%는 본사가 직접 채용했고 0.7%는 사회적 기업·협동조합 등 제3섹터로 이동했다." 〈정규직 전환한 공기업 비정규직, 절반이 자회사로 갔다〉, 김도년 기자, 중앙일보, 2020. 2. 3.

[**] 톨게이트 수납 노동자들은 앞서 세워진 도로공사 자회사들(하이플러스카드, db정보통신)의 운명을 알고 있었다. 두 회사 모두 매각 신세를 면하지 못했다. 2011년 설립되어 하이패스 단말기와 카드 판매와 관리 업무를 위임받았던 하이플러스카드

폭로가 문제를 해결해주진 않는다. 오히려 시작일 뿐. 희생당하지 않겠다는 노동자들의 외침은 벽에 부딪힌다. 세상이 특정 집단의 희생을 당연시하기 때문이다. 이들은 비정규직이니까. 잘리고 불안한 것은 이들의 숙명이니까. 대체되지 않을 능력을 키우지 못한 사람(단순 업무 종사자)에게는 희생이 당연히 요구된다고 했다.* 대체될 수 있는 사람은 쉽게 사라질 수 있다.

우리는 특정 노동에 부여되는 편견을 거둘 생각이 없다. 하찮은 일. 그 일을 하는 하찮은 사람. 요즘은 여기에 '자격'이라는 이름을 붙인다. 그리고 자격 없는 사람들의 외침을 '떼쓰기'로 매도한다. 과연 어떤 자격을 말하는 건가. 어떤 자격을 갖춰야 잘리지 않고 기계에 대체되지 않는 걸까. "수십 년에 걸친 수납원들의 노동이 없었으면 지금의 도로공사가 무엇을 할 수 있었"을까.** 기계(시스템)가 완성되기까지 지식과 정보, 그리고 자본이 정책 결정자와 프로그래머 손에서만 나왔을 리 없다. 수납 부스에서 3교대로 일하는 이들이 없었다면 무엇으

는 6년 뒤 매각되었다. 고속도로 정보통신 시설 관리 업무를 위임받은 대보전자통신(이후 db정보통신)은 2001년 민영화되었다.

* 자신은 자격을 획득했다고 믿는 이들을 비웃는 이야기는 이미 존재한다. 〈인간은 필요 없다〉는 무시무시한 제목의 영상을 만든 그레이C.G.P. Grey는 화이트칼라를 향해 이렇게 말한다. "회사 입장에서 사무직이 더 비싼 비용이 들고 인원도 많다는 것을 고려한다면, 이들의 업무를 자동화하는 것은 블루칼라 직종을 자동화하는 것보다 의미가 더 큽니다."

** 〈스마트톨링과 고용문제-누가 정의와 인간성을 대변하는가?〉, 이용덕, 노동해방투쟁연대(준), 2019. 7. 23.

로 본을 떠 자동화 프로그램을 만들 수 있었겠는가.

대량 해고를 두고 정부 관계자나 펜을 가진 사람들은 4차 혁명 등을 들먹이며 이것이 첨단의 문제임을 말하려고 하지만, 이는 노동에 대한 편견과 비하라는 오래되고 낡은 패러다임의 반복일 뿐이다.

지키려고 했던 네 글자

세상은 싸우는 여자들보고 자꾸 떼를 쓴다고 했다. 점잖게 싸움을 접지 않으면 모두가 패자가 된다고 펜을 가진 사람들은 어르고 달랬다.[*] 모두가 변화된 세상에서 손해를 조금씩 감수해야 한다고 했다. 하이패스가 도입된 후 해고는 어쩔 수 없는 일이라고 했다. 하지만 영업소 사장이 한 사람을 자르면 도로공사가 그 대가로 영업소 운영 기간을 1개월씩 늘려줘온 것을 노동자들은 안다. 사람 머릿수에 따라 도로공사와 영업소 사장 사이에 돈이 오가는데, 감원은 사장에게 갈 돈이 줄어든다는 의미였다. 그것을 운영 기간으로 대신 보충해주는 것이었다.

사장들은 손해 보는 일 없이 돈을 벌었다. 1,500여 명의 해고자를 만든 이강래 도로공사 사장은 투쟁이 한창이던 12월 퇴임식을 거창하게 치른 후, 민주당 공천을 받아 국회의원으로 출마했다. 모두가 패자

---

[*] "타협을 모르고 현실을 외면하는 극한 투쟁은 모두를 패자로 만들고 만다." 〈[데스크에서] 결국은 부메랑 될 극한투쟁〉, 이위재 산업1부 차장, 조선일보, 2019. 7. 19.

가 되는 일은 없다. 손해를 볼 특정 집단이 정해져 있는 세상이다.

그 손해를 거부하니 '틀렸다'고 했다. 힘 가진 사람들이 모두 그들에게 틀렸다고 하는데, 톨게이트 노동자들이 외친 주된 구호는 '우리가 옳다'였다. 나는 그 사실을 의심해본 적이 없느냐고 물었다.

"떳떳하지 않으면 이 긴 시간 동안 무엇으로 가족들을 설득시켰겠어요."*

자신들이 옳기에 싸워도 즐겁다고 한다. 그러고 보면 나는 싸우는 노동자들이 즐겁다고 한 말을 고스란히 믿진 않았던 것 같다. 그런데 즐거움이란 뭘까. 우리는 행복과 불행으로 인생을 나누는 법을 배워왔다. 다른 가치로 나의 인생을 돌아보는 것은 배우지 못했다. 행복하지 않으면 '시발 비용'이건 무엇이건 돈을 주고 행복을 구매해야 한다고 생각했다. 모두가 그렇게 사니까. 도로공사 정규직의 1인당 평균 보수가 8,100만 원(평균 근속연수 16년)이라는 기사를 봤다. 많이 받아 나쁘다고 말하는 것도, 부럽다는 것도 아니다. 이들의 행복을 거리를 두고 볼 뿐이다.

떳떳함은 왜 행복만큼 인생을 좌우하는 중요한 가치가 되지 못할까. "행복하세요?" 그래도 나는 미련이 남아 톨게이트 노동자들에게 물었다.

---

* 　안성/청북/송탄 영업소 수납 노동자들 인터뷰.

"행복하다고 생각은 안 했는데, 적어도 나는 어디에 서 있거나 자신에게 떳떳은 하자."

"우리가 끝까지 가는 것도 나중에 떳떳하려고 하는 거거든."

씩씩하게 시작해서 떳떳함을 쟁취한 여자들을 본다. 그들은 끝까지 간다고 했다.

그들에게 끝이 어디냐고 물었다. "원래 우리가 있어야 할 자리로 돌아가는 거죠." 그러나 이들은 톨게이트 영업소로 돌아갈 수 없었다. 투쟁이 200일이 되어가던 무렵, 도로공사는 해고된 톨게이트 노동자들을 직접 고용하겠다고 발표했다. 법원 판결에 따라 톨게이트 노동자들을 정규직으로 고용하겠다고 했다. 대법원 판결까지 다 받고 오라던 도로공사였기에, 꽤나 양보를 한 것처럼 보였지만 실은 그저 법을 따른 것뿐이었다.

하지만 수납일을 줄 수는 없다고 했다. 이미 자회사에서 새로운 직원을 채용해 수납 업무를 하고 있었다. 이들을 기다리는 것은 현장 보조직이라는 이름의 고속도로 청소 업무였다. 도로공사는 2015년 이후 입사자에겐 정규직 신분으로 출근하되 추후에 나올 법원 판결에 따라 고용 여부를 결정하겠다는 태도를 고집했다.*

복귀를 눈앞에 둔 사람들은 마음을 다잡았다. "우리는 출근해서도

---

* 　도로공사는 2015년을 기점으로 불법 파견으로 판정될 상황(직접 업무 지시 등)이 없어 다른 판결이 나올 수 있다며 2015년 이전과 이후 입사자를 다르게 취급했다.

싸워야 해." 낯선 타지에서 소수의 사람이 하나부터 열까지 스스로 해결해나가야 하는 상황이었다. 임금, 복지도 무엇도 정해진 것이 없었다. 도로공사는 민주노총과 어떤 협의도 하지 않겠다고 했다. 노동조합은 도로공사의 이런 태도를 깨지 못했다. 갈 길이 멀어졌다. 일터로 돌아가 과연 수납 업무를 되찾을 수 있을까. 2015년 이후 입사자들은 직접 고용을 유지할 수 있을까.

이들의 걱정을 받아 적던 나는 이 말에서 멈췄다.

"불안하진 않아. 그래도 사람인지라 내가 어떻게 복귀해 싸워야 할지 걱정은 하지. 누가 가르쳐주는 게 아니기 때문에. 하지만 우리가 싸우던 힘이 어디서 나왔겠느냐고. 내 속에서 나온 거잖아요. 싸움의 원천은 내 속에서 나오는 거거든."●

여태 당신들의 힘이 어디서 나왔느냐고 묻고 다녔는데, 이제야 답을 얻는다.

"내 속에서 나온 거잖아요."

자신의 떳떳함을 되묻던 시간이 퇴적해 힘이 되었다. 그리고 또 다른 나인, 나와 같은 처지의 사람이 있다.

"경찰이랑 대치하고 있을 때, 옆을 이렇게 보면 옆 사람과 서로 얼굴 쳐다보게 되고. 동료 얼굴 보고 웃어요. 그러면 그 동료도 나를 보

●　　이민자(민주연합노조 톨게이트지부 충주지회).

고 웃어요. 아, 우리가 같이 성취해 손잡고 들어갈 수 있겠다고 느낄 때 힘든 게 싹 녹는 거 같아요."●

농성 해산을 하는 날, 마지막 결의 대회에서 이들은 옆 사람을 부둥켜 안았다. 내 옆 사람 혼자 두고 가지 않겠다는 생각이 여기까지 오게 했다. 농성을 해단하며 톨게이트 노동자들이 낸 성명서는 이렇게 말한다.

"우리가 지키려고 했던 것은 단지 '직접 고용' 네 글자가 아니라 '모두 함께' 네 글자였다."

서로 손을 잡았고, 이제 그 손을 놓치지 않을 일이 남았다.

●　　최양예(민주연합노조 톨게이트지부 서안산지회).

태초에 비정규직이 있어

'공부 안 하면 더울 땐 더운 데서, 추울 땐 추운 데서 일해야 해'라던 코미디언의 말이 한때 유행했다. 옛날 일이다. 요즘은 추위와 더위만으로 노동의 높고 낮음을 가르지 않는다. 1년마다 신입사원이 되는 일 또한 낮은 위계의 노동이 감당해야 할 일이다.

낮은 곳에서 높은 곳으로 올라가는 것이 능력을 증명하는 길이라고 했다. 가장 손쉬운 길은 '시험(합격)'이라고 했다. 그래서 톨게이트 수납 노동자들이 '법으로 정한' 정규직이 되려고 했을 때 도로공사 정규직 직원들은 이렇게 맞받아쳤다. '시험 쳐서 와라.'

톨게이트 투쟁 기사에도 같은 댓글이 달렸다.

'정규직이 되고 싶으면 떼쓰지 말고 시험 쳐서 당당하게 들어가라.'

댓글을 마주한 톨게이트 노동자들의 첫 반응은 '부정'이었다. 납득할 수 없었기 때문이다. 뭔가 오해가 있을 거라고 여겼다. "우리가 공무원 되려고 그러는지 아나봐." 눈 감고도 하는 수납일을 하기 위해 어떤 시험을 본다는 것인가. 변별력 있는 시험을 봐야 한다면, 그 어려운 시험까지 봐서 3교대 근무하는 최저임금 수납일을 하려는 사람이 누가 있기는 할까.

이해를 할 수 없으니 요즘 젊은 사람들은 비정규직을 모르나보다, 아직 비정규직의 차별과 설움을 모르나보다 하며 스스로를 납득시킨다.

"우리 아들 친구 중에 고등학교 졸업하고 바로 취업해서 비정규직으로 2년 일하다가 또 다른 데 가서 2년 일한 애가 있어. 그러면 되는 거지, 이렇게 생각한다고."

그들은 자신들이 모르고 당했듯 청년들도 그럴 것이니, 자신들의 싸움으로 비정규직 문제를 알려야 한다고 결론 내렸다. 그런 전개를 접할 때면 나는 당혹스럽기만 하다. 청년들이 비정규직을 모를 리 없다. 외환 위기 이후 비정규직은 사회적 화두였다. 젊은 세대에겐 "태초에 비정규직이 있었다". 정규직은 정언명령과도 같다. 그러니 '감히'가 붙는다. 감히 정규직이 되겠다고? 시험이라는 사다리를 타지 않고?

나는 '감히'를 말하는 사람들에게 묻는 대신 중년 여성 노동자들에게 질문을 돌렸다. 왜 모르는 거냐고. 이렇게 시대가 변하고, 20년간 비정규직 문제가 회자됐는데도, 아직도 왜 "우리가 비정규직인지 몰랐어요"라는 소리를 하는 것인가.

한 이가 무슨 이야기를 하려는지 알겠다는 듯 대답했다. 외모로 보아 40대 중반쯤 되었을까.

"가정을 일구고 아이들 키우다, 아이가 좀 커서 학원비라도 벌어야지 하고 나온 거고. 그 시간 동안 어떻게 사회가 변했는지 몰랐어요. 외환 위기 터지고 비정규직이 마구 생겼을 때는 나는 이미 결혼한 시기였고. 임신을 하면 임신한 엄마들만 보게 되고, 유모차를 끌고 나가면 유모차 끄는 엄마만 보게 되고. 세상에 나왔을 때는 내가 모르는 세상인 거지. 나는 분리되어 네모난 한 평짜리 세상에 만족하고 산 거지."*

그래도 그 네모난 한 평짜리 세상, 톨게이트 수납 부스에서 즐거웠다고 했다. "부스 안에서 모든 책임은 내가 갖는 거야. 그 작은 세상에서 내가 주인이 되는 거고." 다른 이도 그랬다. "부스 안에서 마시는 커피가 제일 맛있어요." 오롯이 내 공간이라서 그런 것이었다.

다른 이들에게도 이 직업의 매력을 꼽아보라고 했다.

"잔업이 없다는 거", "3교대라는 장점이 있어요. 집안일을 볼 수 있으니까", "집에 가면 회사일을 그냥 잊어버릴 수 있으니까". 왜 회사일을 잊어야 하나. 밀린 '집안일'을 해야 하니까. 회사일도 잊는데 세상일이 들어올 자리가 없다.

•   장효주(민주연합노조 톨게이트지부 송탄지회).

사실 매력을 묻기도 애매했다. 그들에게는 다른 자리가 없었으니까. "나도 원래 정규직이었어요."* 외주화되기 전의 톨게이트 일자리를 말하나 했는데, 육아로 경력이 단절되기 전의 이야기였다.

"우리 애들 자랄 때는 정부에서 어떤 지원도 없었어요. 육아는 온전히 내 책임이고. 만삭 몸으로 출산 직전까지 다녔어요. 아이를 어린이집 종일반에 보내고 급여의 절반 이상을 아이 맡기는 비용으로 쓰면서도 버텨왔는데, 아이가 둘이 되니까 도무지 안 되더라고요. 어쩔 수 없이 명예퇴직을 했어요. 애들 좀 키워놓고 다시 나오려고 하니까 이미 내가 다니던 정규직 자리는 없는 거예요."

아무리 비정규직이 판을 치는 사회라도, 동시에 1,500명 해고가 가능한 조건에는 성별이 있다. 소위 '가장'이라고 불리는 남성을 한번에 1,000명 이상 해고시키기 위해선 회사가 '망했다' 정도의 명분이 있어야 한다(외환 위기 때는 나라가 망한다는 명분이 있었다). 우리 사회는 손쉽게 가정과 여자를 한데 묶어놓고, 여성의 벌이를 보조적 위치에 둔다. 그래서 이들은 해고된 후에야 집과 거리를 둘 수 있었다.

이들은 해고된 후 싸우러 전국 곳곳을 다녔고, 그로 인해 세상 보는 눈이 넓어졌다고 했다. 가족에 연연하지 않게 됐다고도 했다. 그럼에도 인터뷰를 할 때마다 이들이 가족에게서 연락을 받는 모습을 보곤

---

* 이정미(민주연합노조 톨게이트지부 원주지회).

했다.

"내 자식들에게도 싸우는 이유가 전달이 다 안 돼요."[•]

전달해봤으니 전달이 어렵다는 것을 안다. 자녀들에게 많은 이야기를 한다고 했다. 자신이 왜 투쟁하는지. 아니 정확히는 왜 투쟁하러 '가야' 하는지. 이들에겐 자신의 싸움을 자녀에게 납득시키는 일이 매우 중요하다. 이유는 간단하다. 이들이 여자이기 때문이다. 여자가 집을 나설 때는 이유가 필요하다. 집안의 주요 돌봄 노동력이 사라지기 때문이다. 여성의 이중 노동을 보여주는 장면이지만, 나는 이편이 더 마음에 든다. 말도 없이 집을 나와 자식에게 비정규직 없는 세상을 만들어주겠다고 호언하는 것보다는(많은 '아버지 노동자'들이 이 서사를 버리지 못한다).

집과 네모난 부스를 벗어나 세상에 나왔던 이들은 경험을 이고 다시 집으로 돌아간다. 돌아가서 누군가라도 달라지길 꿈꾼다. 자신이 변화한 만큼.

"내가 싸웠다는 걸 다른 사람들은 몰라. 사실상 내 자식밖에 모르는 거야. 내 이웃이 알겠어? 서울 사람이 알겠어? 톨게이트 수납원들이 싸웠다는 건 다 알지만, 내가 제일 가까이에서 보여줄 수 있는 사람은 우선 내 자식이에요. 이게 바로 노동이라는 거다. 싸워서 쟁취하는 것

•   이민자.

이 노동(의 권리)인 것이다. 그나마 내 자식은 알게 해주는 거. 나는 그 거 하나 바라는 거야, 진짜."

그래서 집으로 가 자신의 싸움을 설명한다. 어떤 이는 자녀에게 했다는 설명을 길게 옮기다 말고 말했다. "자식이니까 이렇게 들어주지. 보통은 아니잖아요." 세상이 인내심을 가지고 이들의 말에 귀 기울여 줄 리 없다. 모두가 사는 게 팍팍한 가운데 세상은 바삐 돌아간다. 그런 세상에서 자기 이야기를 해야 하는 이들은 '요즘의' 세상과 부닥친다. 그때 나오는 반응이 내 귀를 잡아끌었다. 튕겨 나오는 문장을 주워 담았다.

"시험 쳐서 직접 고용으로 들어오라고요? (…) 왜 시험이 유일한 방법이어야 합니까? 수납일은 우리가 프로예요. 시험 못지않게 어려운 일이라고요."•

열심히 살아온 누구에게나 삶의 안정을 꿈꿀 자격이 존재한다고 말해주지 않는 세상이다. 열심히 사느라 세상 변한 줄 몰랐다던 이들은 묻는다

"비정규직, 정규직을 나누는 시스템 전체를 바꾸면 비정규직, 정규직을 나눌 수 없지 않을까?"

태초에 비정규직과 정규직이 있다고 믿는 시대를 역행하는 소리다.

• 《우리가 옳다》, 이용덕 지음, 숨쉬는 책공장, 2020.

톨게이트 노동자들은 정규직이 신분이 되어서는 안 된다는, 비정규직이 자격 미달과 같은 의미가 되어서는 안 된다는 목소리에서 그치지 않는다. 애초 정규직·비정규직을 나눌 수 없게 세상을 '구조'화하면 안 되느냐는 물음을 던진다.

누군가에게는 세상 물정 모르는 소리로 들릴 물음을 안고, 이들은 자신의 삶터로 돌아간다. 돌아가 관계 속에서 묻고 말할 것이다. 사람의 말이 무엇을 변화시킬 힘을 가지고 있다면, 이들의 말도 그럴 것이다.

당신을 위한 노래를 부르려 했지
날은 맑고 바람도 좋았어
그러나 당신은 울고 있구나
한마디 말도 하기 힘드네
뼈가 닳도록 여기 싸우다보면
우리의 피눈물이 멎을까

— 〈뼈가 닳도록〉, 경하와 세민 노래, 황경하 글·곡

4부

왜 싸우는 곳에서
춤추고 노래하고
그림을 그리느냐고
묻는다면

이웃집
예술가들

●

노동조합을 만들어 이제 막 싸움을 시작한 사람이 오래 싸운 사람들을 보면 참으로 궁금해하는 것이 있다. 몇 년을 싸워온 걸까? "3년? 5년?" 막상 대답을 들으면 표정이 굳기 마련이다. 저렇게 오래 싸워야 한다고? 5년이면 양호한 편이다. 콜텍에서 기타를 만들던 사람들의 "12년이요"에 비하면. 그는 상상이 가지 않는 숫자 앞에서 깜짝 놀라며 묻는다.

"그동안 그것만 하신 거예요?"

그렇다. 그들은 그것만 했다. 농성하는 일, 거리에 서는 일, 집회에서 발언하는 일. 해고되어 싸우는 일. 그것만 하지 않아도 됐을 때 이들은 일을 했다. 기타를 만들었다. 그런데 2007년 회사가 정리 해고를 통보했다. 37년간 한 번도 흑자가 아닌 적이 없던 기업이었다. 회장은 국내 재계 120위 안에 드는 부자였다. 콜트·콜텍은 세계적인 기타 브랜드였다. 그러나 문을 닫았다. 2007년 대전 공장(콜텍)을, 다음 해 인천 공장(콜트)을 폐업했다. 콜텍 해고자들은 인천으로 올라와 콜트 공장에 짐을 풀었다. 그렇게 이들의 첫 농성이 시작되었다.

점거한 공장에서 많은 일이 벌어졌다. 평생 기타만 만들어온 노동자들이 기타를 배워 연주했다. 사람들이 그 연주를 보러 왔다. 노동자들은 그곳에서 밥을 지어 먹고 빨래를 했고, 어느 날은 체육대회를 하고 어떤 날은 장터를 열었다. 다양한 사람들이 모여 다양한 거리를 생산해냈다.

미술가들은 그곳에 작업실을 열었다. 그들은 공장 접견실과 생산 부서를 청소하고 단장해 작업실로 사용했다. 미술가들의 작업실은 제법 유명해졌다. 점거 농성 중인 공장에 예술 작품을 만드는 공간이 있다니. 사람들의 관심이 몰리기 좋은 소재였다. 미술가들은 언론 인터뷰도 많이 했다. 그래서 나까지 굳이 콜트·콜텍 작업실 이야기를 다룰 필요가 있을까 생각했다. 그렇지만 자꾸 눈이 가서 결국 인터뷰를 요청했다. 이 문장 때문이었다.

"나는 공생을 위해 이곳에 왔어요."

작업실 한쪽 벽에 이런 글귀가 적혀 있었다. '공생'이라는 추상적인 말을 당당히 적어놓다니. 예술가들은 순수하구나. 당연한 듯 적어놓은 문장이 너무 당당해 눈이 갔다. 공생하기 위해 '이곳'까지 와야 할 필요가 있었을까. 연대와 지지를 이야기한다고 해서, 싸우는 이들과 같은 공간을 쓸 필요는 없다. 나에게 같은 장소를 공유하는 행위는 같은 '시선'에 놓이는 일이었다. 때로 시선은 상처가 된다.

싸우는 사람들을 힘들게 만드는 것은 거리 농성장에서 올라오는 냉기가 아니다. 추위를 피하려고 목도리 칭칭 감고 눈만 내놓고 가는 사람들의 그 눈길이다. 무심하면서도 불편한 시선. "내가 왜 영문도 모르는 사람들에게 귀찮은 존재가 됐는지"[*]를 생각하는 순간 마음은 지옥이 된다. 그런데 같은 공간을 점유하며 같은 시선을 공유하려 하다니. 공장 작업실을 사용한 미술가들은 '그런 시선'을 받았다. 점거가 못마땅했던 공장 건물주와 대리인은 작업실로 쳐들어와 미술가들에게 '당신이 뭔데'라는 시선을 던졌다.

"'그러지 않아도 열이 뻗치는데 어디서 굴러 들어온 예술 나부랭이가 진상을 떠나'는 취급을 받았다. 또는 '이 귀찮은 것을 빨리 치워버려야 하는데' 그런 취급도 받았다."[**]

공장 접견실을 작업실로 쓰던 전진경 작가는 험상궂은 대리인이 한바탕하고 간 날을 회상했다.

"밤에 자려고 누웠는데 잠이 안 오는 거예요. 이불을 발로 차게 되

[*]   〈내가 왜〉.
[**]   〈스쾃이 이렇게 힘든 거였나요?〉, 전진경, 프레시안, 2012. 8. 12.

더라고요. 화가 났던 건지. 그때 처음으로 그런 감정을 느꼈어요. 사람이 되게 모욕을 당하면 그 순간에는 모면하려고 좋은 표정을 지을지는 몰라도 이게 새겨지는 게 있구나."

대개의 사람들은 그런 시선을 피하고 싶어, 굳이 싸움에 나서지 않는다. 내 문제가 아니라고 치부한다. 문제에서 한 발 비껴간다. 그런데 굳이 검거 현장에 가서 둥지를 틀고 같은 시선을 받는다. 왜 사서 고생, 아니 시선을 받는가. 그것이 '공생'이라는 말로 설명될 수 있나.

존경한다는 이야기는 듣지만

"빈 공장이 있다는 소문을 듣고 찾아왔다. 공장은 내 몸을 통째로 삼킬 것같이 크고 어두웠다.
용기를 내어 안으로 들어갔다. 순간, 뚜렷한 기분이 들었다.
여기서 예술을 하면 멋진 게 나올 거야, 분명! 팔에 소름이 돋았다."
　―《빈 공장의 기타 소리》* 중에서

콜트 공장에 작업실을 차린 이 가운데 3명을 만났다. 성효숙, 전진경, 정윤희. 이들을 선택한 이유는 특별할 것 없다. 누군가를 만나 어떤 이

●　　전진경 지음, 창비, 2017.

야기를 듣는지는 우연에 맡기는 편이라 인연이 닿으면 만났다. 이들을 만나서 제일 먼저 던진 질문은 당연하고 빤하게도 작업실을 왜 공장 안에 마련했느냐는 것이었다. 3명이 한 인터뷰 기사를 읽어 알고 있긴 했지만, 이렇게 입을 모아 이야기할 줄이야.

"넓은 작업실을 가져보고 싶어서요."

"걱정되진 않았나요?"

2008년에 폐업하여 이들이 입주한 2012년까지 4년 동안 비어 있던 공장이다. 휑하다. 동시에 투쟁 현장이기에 사람들의 발길이 잦은 공간이다. 언제 철거당할지 모르는 공간이기도 했다(그들이 입주할 당시 이미 다른 건물주에게 팔린 상태였다). 나만 이런 우려를 했을 리 없다. 농성장에 거주하던 노동자들 역시 공장을 작업실로 사용하고 싶다는 미술가들을 흔쾌해하지 않았다. 걱정했기 때문이다.

"저를 철모르고 겁 없는 사람으로 오해하실까봐 저의 경력을 읊었죠. 용산도 가고, 대추리도 갔다. 많이 돌아다녔고, 제 몸은 제가 간수할 줄 아니 걱정하지 마시라고."

전진경을 비롯한 예술가들은 용산 참사 현장에도 있었고, 대추리마을 지킴이°도 했다고 한다. 작가들은 싸우는 현장으로 달려가 벽화를

°　2006년, 평택 미군기지 확장 이전 공사 과정에서 삶터를 잃게 된 평택시 팽성읍 대추리 주민들은 행정대집행에 반대하며 이를 저지하기 위해 투쟁했다. 이후 이전에 반대하며 대추리를 지키는 주민들과 시민 사회 단체 활동가, 시민들이 대추리 평화마을을 구성하는데, 이때 마을을 지키는 이들을 대추리 지킴이라고 불렀다.

그리고 조형물을 만들면서 투쟁을 알리고 노동자들의 기운을 북돋았다. 90년대 초까지 노동조합 활동을 한 성효숙 작가에게 이런 작업은 익숙했고, 그보다 젊은 세대인 정윤희, 전진경은 자신들이 하는 일을 '파견 미술'이라고 불렀다. 투쟁 현장에 가서 작업하는 일을 두고 작업실에서 현장으로 파견 나간다는 표현을 쓴 것이다.

파견은 갔다가 돌아오는 일이다. 스스로를 파견 작가라고 호칭했으나, 현장에 잠시 머물다 오는 방식이 왠지 소모적이라 느껴졌다고 했다. 현장의 주체들을 "피상적으로 만나거나", "도움이 됐으면 됐다 정도로 끝나는" 일회성 작업이 이어졌기 때문이다. 그래서 젊은 작가들은 "내가 하는 게 정말 좋은 작업인지"에 의문을 갖게 됐다.

"현장에서 작업하면 주변에서 '존경합니다', 이런 식으로 가치를 만들어주긴 하는데 이게 내 활동의 가치이지 내 예술에 대한 가치는 아닌 거예요."

전진경의 말이다. 현장 노동자들과 같이 그린 깃발, 농성장에 세운 조각품, 망루에 걸린 걸개 등 작품의 가치를 부정하는 말이 아니다. 작품이 생산된 맥락이 현장에 공유되고 전체 싸움 속에서 자리매김해야 작가에게도 투쟁하는 노동자들에게도 서로 의미 있는 작업이 될 텐데, 2000년대 이후 노동운동은 축소되어가는 가운데 싸우는 당사자는 물론 연대하는 이들 또한 당장의 싸움을 이겨내는 데 집중하고 분투하느라 놓치는 부분이 생겨났다.

세 작가는 각자의 고민을 안고 현장을 찾았다. 그리고 각자 다른 이유로 집회가 끝난 후에도 콜트 공장 농성장을 방문했다. 그곳에서 텅 빈 공간을 보았다.

"공장이 비어 있는데 정말 욕심이 나는 거예요."

그래도 누군가는 싸우며 지키는 곳인데 여기를 작업실로 보다니. 의문을 가질 사람이 있을 수 있어 물었다. 사실 나도 궁금했다. 전진경이 대답했다.

"연대로만은 그 정도의 시간과 에너지 투자가 안 나오는 것 같아요. 그 이상의 충족감이 있어야 내가 강하게 더 움직여지지. 나한테도 이곳에서 신나는 일이 있을 거라는 기대감이 강렬해야죠."

텅 빈 공장은 기대감을 주었다. 나에게도 이곳이 필요해야 오게 된다. 그렇다, 연대가 '일'이 되어버리면 안 된다. 전진경이 작업실로 쫓아와 언성부터 높이는 대리인에게 자신이 왜 여기 있는지를 설명하기 위해 벽에 적어놓았다는 글을 보면 '필요'라는 말이 반복된다.

콜트·콜텍 해고자들에게는 지지가 필요하고, 공장은 먼지와 곰팡이를 닦아줄 사람이 필요하다. 그리고 나에게는 멋진 작업실이 필요하다. 여기에 하나 더 있는데, 자본의 탐욕에 제동을 걸어줄 브레이크가 필요하다. 그러니까 우리는 '서로'가 필요하다. 이런 내용이다. 물론 대리인은 그 글을 보지 않았다. 탐욕의 소용돌이에서 같이 돌고 있는 땅 주인과 대리인은 볼 리 없다. 어쩌면 전진경 스스로가 보기 위해 적어둔 글인지도 모른다. 자신이 무겁지도 가볍지도 않게, 그러나 이 곳에 있어야 할 이유를 되새기기 위해.

이웃이 되다

콜트·콜텍 공장에 창문이 없다는 것은 제법 많이 알려진 사실이다. 창문이 없는 이유는 간단하다. 근대 초기 공장에서 작업자들에게서 시계를 뺏던 것과 같은 이유에서다. 시간 가는 줄을 몰라야 작업에 열중하니까. 그렇게 일만 한 공장. 이곳에서 누군가는 손가락을 잃었고, 누군가는 폐병을 얻었다. 그러다가 문을 닫는다는 통보를 받고 자기 물건도 제대로 못 챙기고 쫓겨나다시피 나왔다. 그로 인해 비어버린 공간이 누군가에게는 "거칠고 널찍하게 작업할 수 있는 공간"으로 보였다. 입장에 따라 시각이 달라진다.

콜트·콜텍 노동자와 예술가들의 입장은 같지 않았다. 부정해보아도 어쩔 수 없는 사실이다. 아무리 연대를 한다지만, 각기 다양한 정체성을 가지고 각자 다른 위치에서 살아가는 이들이다. 자리한 위치가 다르면 보는 것 역시 달라진다. 그런데 이러한 시각 차이가 서로를 만나게 했다. 한 공간에서 다른 쓸모를 보고 다른 지점에 집중한다. 그리고 그로부터 관계가 시작됐다.

미술가들은 공장 한 켠을 차지하고 작업했다. 1층의 볕 잘 드는 접견실은 전진경 작가가, 1공장의 2층은 성효숙 작가가, 음쇄반이 있던 2공장의 2층은 정윤희 작가가 썼다. 그 외에도 사장실, 전무실, 회의실, 네크 도장실, 사상반, 어디든 전시장이 됐다. 자리 잡은 장소가 다르듯, 작가들의 작업 방식도 각기 달랐다. 연구자이자 문화 활동가의 정체성이 강한 정윤희는 콜트 공장에서 '수집'을 했다. 그 공간 자체가 작업실이자 기록해야 할 현장이 된 것이다.

"면 마스크가 다 버려져 있는 거예요. 그게 증거가 되는 거죠. 나무 깎아 하는 작업이라 분진이 많이 날리는데, 분진 마스크는 보이지 않고 면 마스크만 돌아다니는. 평소에 분진 마스크를 지급하지 않았구나."*

정윤희는 마스크를 줍고 목장갑과 작업복을 주웠다. 그가 모은 달력은 2008년 8월에 멈춰 있었다. 콜트 공장이 폐업한 달이다. 후에 그는 노조 결성과 재판 과정의 기록을 모아 아카이브 전시를 연다.**

반면 전진경은 "작업실에 가서는 콜트·콜텍 투쟁 관련 작업을 하지 말자"고 생각했단다. "내가 할 수 있는 최고의 연대는 그곳에서 좋은

---

* 2007년 노동부와 검찰의 합동 사업장 조사에서 콜트악기는 27건의 산업안전보건법 위반 사항이 적발되었다.
** 2012년 〈노동: 인권: 콜트·콜텍 Archive展〉이라는 이름으로 전시회를 열었다. 공장이 문을 닫은 순간부터 남아 있던 물건과 현수막, 포스터 등으로 표현되는 착취의 상징과 기호들, 노동자들과의 심층 인터뷰, 자료 확인 분석, 협업의 과정을 거쳐 재현된 설치미술이 전시됐다.

에너지를 가지고 즐거운 시간을 보내는 것"이라고. 누군가는 '놀러왔냐?'고 물을지 모르지만, 그는 '좋은 이웃'이 되고 싶었다.

"대추리 지킴이를 하면서 이웃에 대한 경험을 했어요. 마을로 들어가 지내다보니까 이웃에 대한 개념이 잡히더라고요. 집 안에 있으면 오롯이 혼자인 기분인데, 문 밖을 나서면 지나가는 동네 어르신들이 이래저래 말도 걸어주시고 웃어주는 것이 다른 세계를 들락날락하는 거 같았어요. 다른 집에 놀러갈 수도 있고, 마음이 넓어진 기분이었어요. 좋은 이웃이 주변에 있을 때 생활이 풍요로워지는구나."

그래서 이번에는 자신이 콜트·콜텍 노동자들의 좋은 이웃이 되어보기로 했다. 좋은 이웃이 되는 전제 조건은 '측은지심'을 갖지 않는 것. 관계는 평등해야 발전하는데 측은하게 여기는 마음은 위아래를 만들기 때문이다. '저 사람들 어쩐데'라는 시선은 '저렇게까지 해야해'라는 시선을 거쳐 '이제 그만하지'로 연결된다.

반면에 상대적으로 나이가 적은 여성이라는 점에서 그의 권력이 더 적을 가능성도 존재했다. 아무리 이웃이어도 위계가 없는 진공 상태를 가정할 수는 없었다. 그래서 그는 마음을 먹었다. 쉽사리 친해지진 않기로. 관계가 평등해야 친구가 될 수 있다고 믿기에, 서로가 서로를 알아가고 인정하고 평등해지는 시간을 기다렸다. 굳이 과하게 친절하려고 하지 않았고 섣불리 친해지려고 하지 않았다.

성효숙의 경우, 콜트악기 공장이 자리한 부평 4공단은 자신이 동료들과 80년대 설립한 노동조합이 있던 곳이다. 그 시절에 만들어져 지금까지 인천 부평공단에 남은 노동조합은 콜트악기*밖에 없다. 성효숙은 이렇게 말했다.

"제가 활동했던 당시는 노동운동과 예술 활동을 하나로 봤던 시절이에요. 노동 현장에서 직접 많은 것들을 해야 한다고 생각하던 시기였죠. 90년대 들어서면서 내가 할 몫을 찾아야 한다는 생각에 노동조합을 나왔어요."

그는 청춘을 보냈던 공간에서 이제는 오로지 작가라는 이름을 가지고 작업한다. 어떤 이유와 방식으로 작업실에 머물든 이들은 기타 노동자들의 이웃이 되었다.

"거기서 서로 행복했던 것 같아요. 물론 위험했지만. 한밤중에 밤새워 그림 그리고 다 정리해놓고 경비실 눈을 피해 새벽에 나갔어요. 생활이 불규칙하고, 춥기도 많이 추웠죠. 난로 작은 거 하나 가져다놓고. 그래도 함께할 수 있어 좋았어요."

성효숙은 그때의 추위로 인해 지금도 고생을 한다고 했다. 폐공장 작업실이다. 추위와 먼지, 탁한 공기. 그런데도 되돌아보면 좋은 기억이 남는 것은 그곳에 사람이 있었기 때문이다.

농성장 사람들을 '중독(?)'으로 빠트린 보드게임 루미큐브 이야기는

---

* 민주노총 전국금속노동조합 인천지부 콜트지회.

유명하다. 루미큐브는 사실 단순한 숫자조합 게임일 뿐이다. 사람들이 보드게임 앞을 떠나지 못한 이유는 게임의 특성 때문이 아니다. 누구와 함께하는 시간인가. 투쟁에는 투쟁만 있는 것이 아니다. 콜트·콜텍의 싸움에는 음악 밴드도, 영화 상영도, 스쾃*도, 게임도 있다. 아니, 이를 같이하는 사람들이 있다. 인권운동 활동가 랑희가 한 말이 기억난다. 그는 빈 콜트 공장을 보며 채워야겠다고 생각했다고 한다.

"공간에서 뭘 해야겠다고 생각했어요. 뮤지션들이 와서 공연을 해 공연장이 되게 하고, 영화를 상영해 극장이 되게 하고, 예배당도 되고, 전시장도 되게 하자. 사람들이 계속 와서 기타 노동자들과 새로운 공간을 만들면 좋겠다고 생각했어요."**

왜였을까? "많은 사람들이 와서 기타 노동자들이 쉴 틈 없이 바빴으면 좋겠어서요." 그래서 "외롭지 않았으면 좋겠어서."

미술가들의 작업실이 있어 해고자들은 덜 외로웠던 것 같다. 올빼미 같은 작가들이라 농성하는 이가 출근할 때까지 작업을 한다. 어두운 공장 입구를 통과해야 하는 해고자들의 마음이 좋을 리 없다. 그런

---

* squatt. 타인 소유의 비어 있는 건축물을 점거해 그곳을 주거 공간 혹은 모임 장소로 이용하는 행위이다. 주거권 등에 대한 문제 제기를 하는 사회운동의 한 측면으로 이뤄지기도 한다. 콜트 공장에 작업실을 차린 행위도 스쾃이라고 볼 수 있다.
** 투쟁이 마무리된 후 콜트 노동자들과 연대자들이 모여 가진 '콜텍 삼총사와 떠나는 과거와 미래여행[성산동 점집]' 행사에서 랑희 활동가가 한 발언이다(성미산 마을극장, 2019. 8. 25).

데 공장에 불이 켜져 있는 것이다. 환한 작업실은 반갑다. 그래서 노동자들은 환한 작업실을 자주 찾았다. 미술가들은 방해하지 말라고, 해고자들은 놀지 말고 작업하라고 서로 장난삼아 퉁을 놓으며 같이 시간을 보냈다.

"내 작업실에 불이 켜져 있는 것만으로도 위안이 되고 좋은 기분이 되는 것. 이것이다. 내가 생각해왔던 연대는, 현장미술이라 함은."•

나를 덜 외롭게 하는 이가 친구이고 이웃인 것이다. 10개월을 그리 살았다. 그러다가 '마을'이 사라졌다. 2013년 2월, 행정대집행으로 공장이 철거당했다. 예술가들을 포함해 연대자와 콜텍 해고자들은 다시 공장에 들어가 5일을 더 지켰다. 그리고 전원 연행됐다.

"연행되었다가 풀려나온 밤, 한겨울이라 눈이 차를 다 덮고 있어서 눈 녹인다고 시동을 틀어놓고 한 시간 정도 가만있는데, 그때 진짜 펑펑 울었거든요. 그런 생각을 했어요. 지금까지와는 관계가 달라지겠구나. 공장이 없어졌으니까. 그런데 이분들은 달라질 거라고 예상 못하실 거야. 나만 알고 있는 거 같은데 미안해서 어떻게 하지. 그 생각을 하니까 펑펑 눈물이 나는 거예요."

전진경이 한겨울 차 안에서 눈물 흘렸던 그날 이후, 그들은 예전처럼 늘 함께할 수 없었다. 공장은 사라지고 작업실도 사라졌다. 미술작

• 〈내가 멋진 걸 보여줄게 내게 공간을 달라!〉, 전진경 작가 전시회(2012. 7. 15.~ 2012. 7. 25) 소개글 중에서.

가들은 '그런' 시선에서 벗어났다. 작업실을 빼라고 대리인이 화낼 일
도 없고, 용역이나 경찰들은 귀찮다는 시선을 보내지도 않는다. 그러
나 미술가들은 광화문으로 옮겨간 농성장을 찾아와 굳이 그 시선을
다시 받았다. 공장 철거 이후로는 농성장을 오가는 연대자가 됐다. 농
성장이 광화문에서 서초동 법원 앞으로, 콜텍 본사 앞으로 옮겨다니
는 동안 이들도 함께 오고갔다.

자꾸 엮이고 싶다

전진경은 콜텍 농성장에서 '드로잉-데이'라는 날을 만들었다. 날을 잡
고 농성장에 와 그림을 그린다. 이유는 하나다. 그림이라도 그려야 천
막에 오래 머물 수 있기 때문이다. '아저씨'들의 "왜 벌써 가?"라는 말
때문에 만들어진 시간이다. 3년이 흘렀고, 그림이 쌓여 2019년에는 전
시회도 열었다.[•]

　전시회의 제목은 〈변하지 않아〉. "노동의 가치와 노동자의 명예를
존중하지 않는 세상은 가만히 있으면 바뀌지 않는다."[••] 전진경은 가만
있지 않기 위해 애쓰는, 그래서 싸우는 이들의 면면을 화폭에 담았다.
"올 수 있을 때까지 오겠다"던 그의 마음은 아직도 변함없다. 투쟁이

[•]　　콜트·콜텍 천막 농성 3년 6개월의 기록을 그린 전진경 작가 개인전 〈변하지 않
아〉, 경의선공유지.EPS, 2019.

길어지는 만큼 함께하는 날도 길어졌다. 12년이라는 세월이 흘렀다.

정윤희는 "자꾸 엮이고 싶다"고 했다. "제 삶의 일부가 됐어요." 이는 콜트·콜텍 문제가 자신의 관계나 경험을 넘어 창작 작업의 일부가 되었다는 말이기도 한데, 현재 정윤희는 노조 파괴에 관한 연구를 진행 중이라고 한다. 예술가가 들여다보는 노동조합 파괴라니, 흥미롭다.

해고자들의 길고 긴 싸움은 정윤희가 "우리 사회가 여기까지 갔구나" 하고 인식하는 기제가 되었다. 처음에는 현장에서 내가 할 수 있는 일을 하자는 심정이었다고 한다. 그러나 시간을 같이 보낼수록 알게 되었고, 알수록 사람들에게 이해시키고 싶었다. 누구에게는 이웃이었던 사람들이, 누구에게는 현장이었던 곳이 이제는 이들 삶 안에 들어왔다.

콜트 공장이 철거당한 날, 정윤희는 처음으로 "내 것을 빼앗기는 기분"을 알게 되었다고 했다. 그날 사라진 것은 작업실 공간만이 아니었다. 이들의 작품 역시 사라졌다. 철거 현장에서 쓰레기더미에 묻혀버렸다.

그전부터도 작품들은 종종 사라지거나 사라질 위기에 놓였었다. 박영호 콜트 사장은 공장 부지를 팔아버렸고, 그렇게 소유권이 옮겨갔다. 20년을 일한 곳을 떠날 수 없는 사연은 사적 소유권 앞에서 아무

●● 〈2019. 10. 14~10. 27 전진경 작가의 '변하지 않아', EPS 전시〉, 경의선공유지 시민행동 블로그(전진경 씀), 2019. 11. 7.

소용이 없었다. 사유지라는 말은 강력한 법이었다. 돈으로 사들인 소유권은 그 안에 있는 것은 무엇이든 함부로 할 수 있는 힘을 준다. 일하는 노동자건 예술 작품이건.

작가들은 벽에 그림을 그렸다. 캔버스에 그리면 대리인과 경비가 치워버릴 테니까. 전진경은 낙타를, 정윤희는 공장 연대표를, 성효숙은 강정 앞바다의 돌고래를 그렸다. 기타를 멘 낙타 그림에는 〈여기 잠시 짐 좀 풀게요〉라는 제목이 달렸고, 강정 앞바다에서 만난 돌고래는 기타를 연주하는 사람들과 노래한다. 공장 연대표에는 콜트 노조의 역사가 꼼꼼하게 기록되었다. 다들 자기 방식대로 그곳에 짐을 풀었다.

그런데 그 모든 것이 하루아침에 사라졌다. 미술가들은 작품을 무단으로 철거해버린 책임을 정부에 묻는 행정소송을 제기했다. 그렇게 예술가들도 싸움의 주체가 됐다. 좋은 결과가 나오진 않았다. 그 과정에서 정윤희는 예술과 비예술을 가르는 보이지 않는 경계를 확인했다. 실은 경계를 만들어내는, 위계와 관습으로 표현되는 권력을 본 것이다. 그로부터 7년 후, 정윤희 작가에게 현장에 관해 묻자 이런 대답이 돌아왔다.

"제 현장은 예술 생태계죠."

흔히 블랙리스트로 떠올리는 예술 문화계의 적폐. 예술계에도 위계와 연대가 공존한다. 이번에는 그 자신이 당사자로 싸운다. 자신의 현

장과 투쟁을 지지받고 존중받고 싶은 마음이 생긴다. 어느 날은 지지받지 못해 아쉽고, 어느 날은 콜트·콜텍 싸움 그 자체로 기운을 얻는다. "계속 버티고 지키고 있으시잖아요." 그래서 정윤희는 '연대'를 이렇게 결론 맺는다. "자기 삶을 지키는 방법"이라고. 연대를 통해 맺어지는 관계가 나를 성장시키고, 서로의 존재가 북돋움이 되어 나의 삶을 지켜준다.

세월이 흘러 연대자는 당사자가 되고, 당사자는 연대자가 되었다. 노동자가 예술가가 된 지는 오래. 기타 노동자들이 연주를 한다. 직접 작사를 한다. 시를 쓴다.

예술과 노동의 경계

"내가 박용호 사장에게 고마운 것이 있다면, 공장 문 안 닫고 폐업 안 했으면 내가 예술을 알았겠냐고. 맨날 공장 안에만 있었겠지."

콜트·콜텍 노동자들은 예술가들의 연대가 자신에게 어떤 의미였는지를 이렇게 말한다. 성효숙 작가가 서초동 법원 앞에 자리잡은 콜트 농성장을 손보러 간 날이었다. 빛바랜 농성장이 붓질 몇 번에 말끔해졌다.

기나긴 싸움에서 쏟아낸 노동자들의 언어가 미술 작가들의 손을 거쳐 예술 작품이 되고, 송전탑 고공에 오른 노동자가 자신의 기억을 꺼내 작사를 하고 곡을 만들 때* 삶의 일부가 예술인 순간이 존재하는 데 예술(가)과 노동(자)의 경계를 굳이 구분 지어야 하나.

예술이 노동이 되고 노동이 예술이 된다. 성효숙은 공장 2층에 작업실을 차린 후 첫 작업으로 콜트 조합원과 청소 퍼포먼스를 했다. 점화식까지 가졌다. 콜트 농성장에서 예술과 노동의 경계는 모호해졌다. 각자 선 자리가 달라 서로가 필요했던 것처럼, 예술과 노동도 각자의 자리에서 주고받음이 가능해지자 경계를 오고갈 수 있었다. 해고 싸움을 하며 기타를 처음 잡았다는 노동자들이 붓을 잡는다. 노동이건 예술이건 모두 사람 손을 빌려 함께 만들어내는 작업이다.

성효숙의 〈새벽 3시〉라는 작품이 있다. 염주를 형상화한 하얀 등불이 등장하는 설치미술 작품인데, 콜트·콜텍 노동자들은 물론 농성장을 오가는 연대자들이 한 겹 한 겹 종이를 덧입혀 완성시켰다. 그렇게 완성된 하얀 등을 들고 작가는 참여자들과 진혼굿을 하며 함께 걸었다.

그들이 걸어간 곳에는 〈진혼〉이 있었다. 진혼은 낡은 작업화를 둥글게 모아놓은 설치미술 작품이다. 인천 대우자동차 등의 사업장에서 노동자들이 모아준 작업화 30여 켤레로 만들어 콜트 공장 1층에 전시되었던 이 작품은 나중에 200켤레로 늘어나 부산 비엔날레 전시장에서도 전시되었다. 이 또한 부산 한진중공업 등 각 사업장 노동자들이

* 　〈고공〉.

보내준 작업화로 만들어진 작품이었다.

혼을 달래지만 위로로만 끝나지 않는다. 노동자들이 들고 온 〈새벽 3시〉라는 하얀 등은 시대를 예견하는 등불을 상징한다. "어둠이 깊을수록 새벽을 생각하잖아요." 새벽 3시는 불교에서 예불을 시작하는 시간이다. 변환의 시간이다. 달래고 위로하고 기원하고 예견한다. 어둠 속에서 새벽을 기다린다. 싸우는 사람들은 어둠 속에서 새벽을 맞는 꿈을 꾼다.

예술가도 새로운 꿈을 꾼다. 하늘을 날아다니는 허황된 무엇이 아니다. 성효숙은 자신을 추동시키는 꿈은 땅에 분명히 디딘 발에서 만들어진다고 했다. 새로운 꿈이란 확장된 시각, 열린 눈이다. 눈을 밝게 하고 아침을 기다린다. 민중미술은 낡은 것이라고 말하는 사람들의 시선을 뒤로하고, 진혼을 한다. 우리가 발 딛은 곳에는 달래야 하는 슬픔들이 있다.*

---

* 날아오르며 본 것 오래 기억하라 / 진짜 죽음은 아직 끝나지 않았다고 / 하늘에서의 꿈만 아니라 땅에서도 / 끝까지 함께하겠다고. 성효숙, 〈진혼〉 퍼포먼스 중, 2012.

좋은 이웃이 되고 싶어

예순의 나이로 임재춘 조합원이 42일간 단식한 2019년 4월, 해고 12년 만에 회사는 이들의 명예 복직에 합의한다. 이렇게 콜텍 노동자들의 농성은 끝났다.[*] 박영호 사장은 기타 노동자의 밴드 '콜밴'이 더 이상 공개적으로 공연하지 않는다는 것을 합의 조항에 넣었다. 기타 줄 한 번 퉁길 시간을 주지 않고 10여 년을 부리던 사장은 다시 이들에게서 기타를 빼앗아갔다.

12년을 투쟁하는 동안 노동자들은 정년을 맞이할 나이가 되었다. 명예 복직을 한 지 얼마되지 않아 정년퇴임을 했다. 이제 끝인가?

아니다. 아직 콜트의 싸움이 남아 있다. 여전히 콜트 기타는 생산된다. 인도네시아와 중국으로 이전한 공장의 생산량과 판매량은 늘었다. 콜트 기타는 여전히 세계적인 명성을 자랑한다. 2019년 정윤희는 동료 예술가들과 팀을 꾸려 인도네시아에 다녀왔다. 그곳에는 한국의 80년대 기타 공장과 유사한 작업 환경, 근무수칙 하에 운영되고 있는 악기 공장이 있다. 정윤희는 그곳에 가서, 인도네시아 공장 앞에 '헤테로

---

[*] 임재춘이 단식을 시작한 지 42일째인 4월 23일, 콜트 노사는 합의에 이른다. 햇수로 13년, 4,464일 만이었다. 콜텍 박영호 사장은 임재춘, 이인근, 김경봉 조합원의 (실제 출근은 하지 않는) 명예 복직과 국내 공장 재가동 시 우선 채용, 현 콜텍 조합원 25명에게 합의금을 지불하는 데 합의했다. 그러나 '사과'와 '위로금'이란 표현을 합의에 포함시키는 것은 끝까지 거부했다.

토피아＊ 공간을 만들어보고 싶었다고 했다.

사라진 콜트 공장 농성장의 기억 때문이었다. 도시 초입에 있지만 누구도 관심을 두지 않은 섬 같은 공장. 그러나 안에 들어가면 다른 세계가 펼쳐졌다. 사람들이 모였고, 축제가 열렸다. 정윤희의 기억에 공장은 "일상적 공간과는 다른 낯선 공간, 이질적인 공간, 그러나 인간의 존엄성이 실현되는 대안적 공간"이었다.

그래서 그 공간을 또 한 번 만들어보자 했다. 그는 타국으로 가서 기타가 만들어지는 공장 앞에 작은 천막을 세웠다. 프로젝트의 이름은 '헤테로토피아 421-1'. 하루는 출근하는 사람들에게 커피를 타서 나눠주고 하루는 마스크를 나눠주면서, 그렇게 기타를 만드는 타국의 노동자에게 말을 걸었다.

그때 한 노동자를 만났다.

"그 사람은 로커 출신 노동자였는데, 생계가 어려워서 자신이 좋아하는 기타를 만드는 일을 하는 거였어요. 기타를 만든다는 자부심이 대단했는데, 그 사람에게 악기 공장은 꿈에 가깝게 도달해주는 공간이었던 거예요."

누군가에게는 질 낮은 노동의 상징인 기타 공장이 한 사람에게는 애착의 공간인 것이다. 콜트·콜텍 투쟁을 다룬 다큐멘터리 영화 제목

＊ 미셸 푸코가 제시한 개념으로 '실현될 수 없는 유토피아' 공간을 가리킨다. 반反공간, 위치를 가지는 유토피아이다.

도 〈꿈의 공장〉*이다. 인도네시아 노동자의 얼굴에 30년 전 콜트·콜텍에 입사해 애정 어린 기타를 지긋지긋하게 만들던 한국 노동자들의 모습이 겹쳐 보인다. 꿈꾸는 이들로 인해 공장은 돌아간다. 공장은 더 가난한 꿈을 꾸는 이들을 찾아간다.

사람을 먹여 살리는 돈을 주는 공장. 그 돈 때문에 사람을 내치는 공장. 공장은 이동한다. 더 값싼 사람들을 찾아. 언제까지 이대로 두어야 할까. 성효숙의 작품 중 콜트 기타 위로 팔색조 한 마리가 그려진 그림이 있다. 공장에서 주웠다는 기타 도면이 흐릿하게 비치는 가운데, 깃털 고운 새는 그저 서 있다. 팔색조는 멸종 위기에 놓여 있는 새다. 하늘을 이고 서식지를 옮기는 철새도, 기타를 만드는 노동자도 탐욕의 세상에서 내일을 알 수 없다.

미래를 낙관할 순 없으나, 우선은 공간에서 생겨난 애착을 위안으로 삼아본다. 함께 머물렀고, 다른 세계였고, 그래서 잊지 못할 경험을 했고, 소중하게 기억되는 그런 연대가 있다. 그런 애정이 있다.

농성은 끝났다. 일상으로 돌아가라고 연대를 했지만 정이 들어 돌려보내는 일이 슬프다. "끝나면 여기(서울)에 없어요? 서울 잘 안 와요?" 연대자들은 아쉬움을 담뿍 담아 묻곤 했다. 농성자들이 연대자들에게 "왜 벌써 가?", "언제 와?" 하고 물었던 것처럼. 그러나 연대자들

• 2011년 김성균 감독이 연출한 다큐멘터리 영화. 콜트·콜텍 공장 이야기를 다뤘다. 콜트 공장 농성장에서도 상영되었다.

이 벌써 가지 않고 오래 머물기 위해 무언가를 자꾸 했던 것처럼, 어디에 있건 서로가 서로에게 좋은 이웃이 되려고 한다.

지금도 루미큐브 대회가 한 달에 한 번씩 열린다. 서울에 남은 김경봉이 있는 곳*으로 연대자들이 간다. 가서 즐겁게 논다. 사람은 사람이 있는 곳으로 찾아간다. 좋은 이웃이 되고 싶어서.**

* 김경봉은 현재 비정규직 노동자들의 쉼터인 꿀잠에서 일한다. 이 책의 2부 참조.
** 전진경 작가의 전시회에 초대받아 온 김경봉은 방명록에 이렇게 썼다. "꼭 오라는 말이, 좋았던 시절이 기억나니 보고 싶다는 말 같았다."

착한
사마리아인의
음악

●

싸우는 사람들 근처에 서면 묘한 죄책감이 든다. 부채감이라고 할까. 함께 비를 맞는 일을 연대라 하지만, '우리'는 '그곳'을 떠나 우산을 쓰고 집으로 돌아간다. 저들은 여전히 비를 맞고 있는데 나는 집에 가서 뽀송한 이불을 덮는다. 그렇다고 농성장 침낭 속에 들어갈 수도 없다. 여기 이곳에 내 일상이 있으니. 그럼에도 함께 비를 맞는 사람이 될 수 없다는 점이 마음에 걸린다. 나와 그들의 처지가 온전히 같을 순 없다. 다름이 부채감을 만든다.

어떤 노래 가사를 들으며 나는 의문했다.

'당신의 마음도 나와 같다면 / 이곳으로 달려와주오.'•

나와 당신의 마음이 어떻게 같을 수 있나. 같아지는 순간은 어떻게 오나.

노래 가사에 나온 '이곳'의 사연은 나중에 들었다. 〈궁중족발〉이라는 가게가 있었다. 서촌에 있던 족발집. 서촌 거리가 뜨자 기획 부동산이 들어오고, 건물주는 월 300만 원이던 월세를 1,500만 원으로 올리겠다고 했다. 나가라는 소리였다.

앞서 서촌 거리에서 그렇게 나가게 된 가게가 48개. "궁중족발은 49번째예요." 사장 부부는 49번째 희생자가 되지 않겠다고 했다. 노래를 만든 황경하는 궁중족발 앞에서 수요일마다 문화제를 열며 가게를 지킨 연대자다. 6개월 동안 철거 용역이 열네 번이나 쳐들어왔다. 그리고 행정대집행이 있던 날, 싱크대를 부여잡고 버티던 김우식 사장이 끌려나가는 과정에서 손가락 4개가 잘렸다.[**]

그날 황경하는 노래를 만들었다.

'슬픔과 분노 속에서 이 노래를 쓴다 / 쫓겨나고 빼앗겨온 사람들의 마지막 한 톨까지 앗아가버렸네.'

그 사연을 알게 된 후 내가 노래 가사 하나를 잘못 기억하고 있다는 사실을 깨달았다. '당신의 마음도 나와 같다면'이 아니었다. '나'가 아

- 〈당신의 마음도 우리와 같다면〉, 경하와 세민 노래, 황경하 글·곡.
- ** 2018년 9월, 이 사건을 두고 국가를 상대로 제기한 손해배상 소송 판결이 났다. 재판부는 국가와 용역 업체, 임대인 등이 김우식 사장에게 1,000만 원을 배상하라고 판결했다. 항소가 제기되어 아직 2심 재판이 남아 있다. 용역의 폭력을 국가가 책임을 진 최초 사례가 됐다.

니었다. '우리'였다.

'당신의 마음도 우리와 같다면.'

그는 쫓겨날 위기에 처한 궁중족발 사장 부부와 자신을 동일시했다. 의문 하나가 더 생겨버렸다. 어떻게 '우리'라고 할 수 있나.

왜 우는지 알잖아요

곡을 쓴 황경하를 만나 직접 물었다.

"왜 우리라고 쓴 거죠?"

이 질문을 했을 뿐인데 그의 눈시울이 살짝 붉어진다. "만들려고 만든 노래가 아니고. 5분 만에 쓴 건데, 제가 쓴 것 같지도 않아요. 제가 이런 말을 평소에 잘하지도 않거든요. 자연스럽게 기록이 된 거 같아요." 곡을 쓴 날 슬픈 일이 있었다. "여자 사장님(유경자)이 우는데, 왜 우는지 알겠는 거예요. 그 단계부터는 우리니까. 왜 우는지 아니까."

그 단계부터는 우리라. 그 단계까지 가는 과정을 듣고자 했다. 뒤이어 인터뷰를 하기 위해 미리 와 있던 세민(〈경하와 세민〉의 보컬)이 물어온다.

"황경하 울었어요?"

"꾹 잘 참았어요."

나는 장난으로 답한다. 이 사람들 뭔가. 잠시 후 세민의 눈가가 젖는다.

"아, 이 질문이 약간 울컥하는 질문이긴 하네요. 황경하가 운 이유를 알겠다. 이제는 당연한 삶의 자세가 되어버려서, 왜냐고 물으면 다시 거슬러 올라가야 하거든요."

더듬어 올라가다가 슬픈 장면과 만난다. 별스러운 질문을 하지 않았다. "왜 가는 거예요?"라고 물어봤을 뿐이다. "굳이 가지 않아도 되는데." 질문지에 있는 문구로 바꾼다면, "왜 연대를 하는 거예요?" 정도가 될 물음.

황경하와의 인터뷰로 돌아가보자. 그에게 왜 연대를 하는 거냐고 물었다.

"그 사람의 일이기도 하지만 저에게도 참혹한 일이거든요."

그래서 더는 안 보고 싶어서 간다고 했다. 나는 안 보는 방법은 여러 가지가 있지 않느냐고 반문했다.

"진짜로 안 보는 방법도 있잖아요."

싸움이 일어나는 곳에 안 가면 된다는 말이었다. 그런데 황경하는 아예 이 말을 알아듣지 못했다.

"그래요, 안 보는 데는 여러 방법이 있는데. 음악이 그런 의미에서 중요한 무기로 쓰일 수 있다고 생각해요."

그런 일을 안 볼 수 있도록 승리할 방법을 이야기한다. 이 사람에겐 '안 가는' 일이 아예 선택지에 없는 건가. 세민도 비슷한 이야기를 했다. "제 마음에선 이미 친구이고 동료인 거예요. 그래서 사람들이 안 울었으면 좋겠는 거예요."

나는 계속 '왜'를 묻는 사람. 왜죠?

"알잖아요. 그 사람들이 왜 우는지 나는 알잖아요."

어쩌다 알게 되었을까. 황경하를 포함해 〈예술해방전선〉이라는 그
룹을 만든 뮤지션들을 만나 물었다. 콜트·콜텍 농성장, 삼성해고자 고
공 농성장, 노량진 수산시장 농성장* 등에서 이들을 보았다. 연대하
는 사람들 목록에 '뮤지션'을 넣을 생각이었고, 민중 가수 쪽을 취재하
지 않을까 싶던 차에 이들을 만났다. 상대적으로 젊은 편인 음악가들.
이들을 집회 현장에서 지켜보니 분주하기 이를 데가 없다. 노래만 하
는 것이 아니다. 음향기기를 담당하고, 촬영을 하고, 이따금 사회도 본
다. 장비 관련 기술이 없는 사람은 다른 공연자들의 악기와 악보대를
날라주고 있다.

엇박자 박수가 제일 즐겁다

"집회 현장에서 할 수 있는 건 다 하려는 거? 촬영하고, 짐 나르고, 노

---

* 수협중앙회는 2012년 수산시장 현대화 작업에 착수했다. 그러나 신시장의 설계
  과정에서 상인들의 의사가 반영되지 못하면서 신시장이 수산물 장사에 적합하지
  않다는 불만과 수협이 신시장에서 임대업 등을 통해 이익을 얻으려 한다는 의혹이
  제기되면서 수협과 상인들 간의 갈등이 커진다. 구시장이 강제 철거된 뒤, 신시장
  으로 입주하길 거부하는 상인들이 노량진역 1번 출구에서 농성하고 있다.

래할 사람이 없으면 노래하고."

현장에서 주로 촬영을 하는 박건주의 말이다. 그는 뮤지션이다. 하지만 그가 마이크를 잡은 모습보다 카메라를 든 모습을 더 많이 본 것 같다. 황경하는 심지어 철공·목공 기술을 배우고 싶다고 한다. "현장에서 필요한 게 그거 같아요. 할 줄 아는 게 더 많으면 좋은 거고."

그들이 현장에서 필요하다고 생각하는 것은 더 있다. 연대 온 공연자와 현장 상황을 조율할 사람이 필요하다. 투쟁 현장은 공연을 필요로 하나 제대로 설치된 무대가 없다. 거리 농성 하는 처지에 그럴 형편이 안 된다. 리허설도 없이 공연에 바로 들어가야 하는 일이 숱하다. 추위나 폭염으로 인해 장비가 멈춰 무반주 공연을 해야 할 때도 있다. 그래서 민중 가수(또는 노동 가수)라고 자임하며 현장 상황을 충분히 이해하지 않는 이상, 현장과 뮤지션이 서로 상처를 입기도 한다.

"음악하는 사람들이 제일 예민해하고 싫어하는 게 버스킹이에요." 음향이 제대로 잡히질 않으니까. 거리 집회 무대는 버스킹과 다를 바 없다. 한편 무슨 투쟁인지 모르고 오는 뮤지션도 생기게 마련이다. "상황은 잘 모르나 승리하셨으면 좋겠습니다." 이렇게 말하고 노래를 시작한다. 현장과 연대하러 온 음악가가 오히려 현장과 멀어지는 계기가 된다. 멀어지면 오지 않는다. 그런 일이 발생하지 않게 둘 사이를 조율하는 중간자가 필요하다고 생각해 때론 황경하가 그 역할을 해왔다.

황경하가 세민과 결성한 밴드 경하와 세민을 땜빵 전문이라고 칭하는 데도 그런 이유가 있다. 그들은 오지 않는 공연자의 자리를 메운다. 변수가 많은 현장에서 즉석 '땜빵' 공연을 만들어낸다. 경하와 세민이 연주에 사용하는 악기는 기타 하나뿐이다. 사실 노동 가수 대부분이 그러한데, 현장 상황을 반영한 선택이다.

"처음에는 건반도 들고 다니고 별 노력을 다 해봤어요. 다양하게 들려드리고 싶어서. 그런데 저희 몸이 남아나질 못하더라고요. 너무 무겁고. 음향 잡는 것도 힘들고. 현장에서는 기타 하나가 제일 편하더라고요."(세민)

기타 말고도 들고 다닐 것이 많다. 그들은 앰프 등 음향 장비를 가지고 다닌다. 현장이 준비하지 못하는 장비까지 챙겨간다. 농성장이나 집회에 여행용 캐리어 가방을 끌고 다니는데, 그 안에 미니 앰프가 들어 있다.

황경하는 원래 자신이 이런 사람이 아니었다고 말했다.

"예전에는 음악이 삶에 너무 중요한 부분이라. 진짜 밴드 연습한다고 작업실에서 틀어박혀 있느라 주말에 햇빛을 본 적이 없어요. 더 기계적인 신디사이저와 일렉트릭 기타로 음악을 만들면서 기존 음악의 바깥에 있는 사운드를 만들자 이랬어요."

인터뷰 도중 내가 잘 알지 못하는 용어들이 툭툭 튀어나온다. 뮤지션들이 서로 주고받는 음악 이야기는 난해하다. 익숙하지 않은 음악을 하는 사람도 있었다. 〈삼각전파사〉(그룹으로 시작했으나 지금은 1인 뮤지션으로 활동하고 있다). 인터뷰를 하기 전에 그가 만든 음악 몇 곡을 들었다. 낯선 기계음만 들려왔다. 전자음악이라고 했다.

전자음악을 하는 뮤지션들은 원래 공연장 무대에도 잘 서지 않는다고 한다. 사운드에 신경을 많이 쓰기에 변수가 많은 공연장에서 연주하는 일을 되도록 피하는 것이다. 그런 사람이 강남역 8번 출구(삼성 해고자 김용희의 고공 농성장)에서, 노량진역 1번 출구(수산시장 상인들의 농성장)에서 노래를 한다. 음향 상태는 둘째치고 어르신들이 그 음악을 이해하겠느냐고 물었더니, 안 그래도 '커버곡'도 준비한다고 했다. 다른 가수의 노래를 부르는 거다. 관객 나이대가 지긋하니 트로트나 조용필 노래가 제법 '먹힌다'고 한다. 전자음악의 사운드 자존심은 어디로 갔나.

"그분들 싸우는데 젓가락이라도 들 수 있다면 좋은데, 마침 제가 할 수 있는 콘텐츠가 있는 거죠. 음악이라는. 아주 단순한 맥락이죠. 나름대로 떠들고 소음을 일으키고, 젓가락 두들기며 노래하는 거, 용역과 싸울 때 악다구니 쓰는 거와 같은 맥락이죠. 투쟁에 양념을 치는 느낌?"

뮤지션이 자기 노래를 양념에 비교해도 되는 일인가. 그는 중요한 문제가 아니라고 했다. 음악이라는 기술·재능이 있으니, 이를 '써먹어' 싸우는 사람에게 보탬이 되고 싶다고 한다. 그들의 공통된 정서다.

"음악은 무기죠."

인터뷰한 뮤지션 4명이 모두 이 말을 하길래, 나는 여기가 무슨 병사 집단이냐고 놀렸다. 농담이었는데, 어떤 이는 "총이 있다면 총을 들었을 거예요" 한다. 그만큼 지키고 싶어한다. 이들은 노동 사안 집회 현장에만 가는 것이 아니다. 젠트리피케이션●이나 국가 폭력으로 인해 밀려나는 철거 현장에 자주 간다. 그곳에는 용역이 밀려 들어온다. 당장 '쪽수'가 절실하기에 '지킨다'는 말이 나온다.

황경하는 집회 현장에서 어떤 의미로는 공연을 방해하는 엇박자 박수 소리를 듣는 게 제일 즐겁다고 했다. 사람들이 모였다는 거니까. 엇박자가 나올 정도로 여럿이 함께 있다. 그렇게 사람을 모으는 데 문화 예술이 활용되었으면 좋겠다고 한다. 활용이라.

왜 이들에게 음악은 전과 다른 의미를 갖게 되었나.

음악을 만든 순간 음악은

황경하는 원래 가사를 쓰지 않는 뮤지션이었다고 한다. "하고 싶은 말이 없었던 거죠." 5년 동안 곡도 만들지 않았다. 대신 공연과 음반을 기획하고 사람을 모았다. 그는 그 시절의 자신을 '건방진 사람'이었다고 돌아봤다.

●　　gentrification. 도심 인근의 낙후 지역이 활성화되면서 외부인과 돈이 유입되고 임대료 상승 등으로 원주민이 밀려나는 현상.

"사람을 조직하고 행사를 기획할 줄 아니까. 투쟁 현장을 보면 저기 가서 도움을 줘야지. 할 줄 아니까. 어떻게 보면 책임감이지만 한편으론 자만심인 거예요. 사람들 모아서 기획하고 공연 행사하고. 그렇게 해서 한 현장이 지켜지면 다른 현장에 가고. 현실에서는 그것만으로 해결이 되진 않더라고요. 자만했던 것 같아요."

그는 여러 뮤지션과 함께 〈테이크아웃드로잉〉,* 〈우장창창 곱창가게〉,** 마포구 아현포차*** 등 젠트리피케이션 현장에서 공연을 기획해 이슈와 연대를 끌어냈다. 그런 방식이 싸우는 사람에게 도움된다고 생각했다. 황경하가 SNS에 직접 쓴 말을 가져온다면 이렇다. 그는 당시 "우산을 씌워주는 사람이 되고 싶었다".

그런데 연대는 가까이 있는 일. 결국 공연 기획으로 그치지 않았다. 현장에 있는 주방에 가고 사는 집에 찾아가면서 살아가는 일을 보게

---

*   가수 싸이가 서울 한남동에 있던 카페 겸 미술관인 테이크아웃드로잉 건물을 사들이면서 기존 세입자인 예술가들을 쫓아내려 했다. 인디 권익 단체인 자립음악생산조합 및 계열 아티스트들이 이에 반대해 게릴라 공연 등으로 문제를 알려냈다.

**   서울 가로수길 건물 소유주가 리쌍으로 바뀐 후, 이 건물 1층(이후 지하)을 임대해 있던 우장창창 곱창가게는 계약 기간 2년이 지나자 퇴거를 요구받는다. 권리금과 시설 투자비에 4억 원 이상을 투자한 세입자가 반발하자 강제 철거 과정이 이뤄진다. 강제집행의 폭력성과 현행 상가건물 임대차보호법의 사각지대를 제기하며 맘상모(맘편히장사하고픈상인모임) 등을 중심으로 싸움이 붙거졌다.

***   서울 아현동 굴레방길의 아현포차 상인들은 마포구청의 철거 명령에 맞서 3년간 잔류 투쟁을 벌인다. 이 사건이 알려지자 노동당·정의당 등 진보 정당 지역 정치인과 문화·예술인들이 '아현포차 지킴이'로 모였다.

된 것이다.

"(궁중족발) 부부가 하루 치 족발을 팔기 위해 어떤 일을 하는지를
알아요. 한시도 허투루 살지 않아요. 담배를 평생 피웠다는데 족발집
을 운영하느라 시간이 모자라니까 아무렇지도 않게 담배를 끊어요.
하루에 13시간을 일하고 쪽잠을 자고. 너무 힘드니까 일 끝나고 소주
로 버티다가 사람 얼굴이 퉁퉁 붓고. 지금도 여기 아침에 문을 여는 가
게를 보면, 사람들이 하루 장사를 준비하려고 얼마나 많은 일을 하는
지 눈에 보여요. 하루 13, 14시간씩 일하는 사람들. 빚과 월세의 무게
에도 살아남으려고 얼마나 발버둥 치는지. 그런 앎이 저를 움직이게
하는 거죠."

앞서 그가 "왜 우는지 알잖아요"라고 말했던 게 떠오른다. 이 사람
이 쫓겨나서 슬프겠구나 정도가 아니다. 이 사람이 터전을 마련하기
위해 기울인 숱한 노력과 삶, 그리고 그 삶을 위협하는 원인을 알기에
슬픈 거다.

"그런데 서윤수(우장창창 사장) 같은 사람이 울면, 세상은 그 사람이
왜 우는지 모르는 거예요. 열심히 살았을 뿐인데 세상이 나쁜 놈을 만
들어버리니까."

그래서 곡을 쓴다. 자신이 알게 된, 이들이 우는 이유를 전하고 싶어
서. 몇 년간 곡을 아예 쓰지 못했던 황경하는 아현포차 상인들과 연대
하며 다시 곡을 만들기 시작했다. '삼양사거리에서 싱싱한 갈치를 파

셨던', '용역 깡패들이 나타나면 가슴이 덜덜 떨리'던 박단순 할머니가 강북구청의 단속 도중* 뇌출혈로 쓰러져 사경을 헤매다 세상을 떠난 후였다. 그 사연은 〈삼양사거리 갈치 할머니〉라는 곡이 되어 나왔다.

곡을 다시 쓰게 된 그 순간부터 음악은 더 이상 그에게 중요하지 않게 됐다고 한다. 한때는 "메시지가 있는 예술은 질이 낮아진다"고 믿어왔던 아티스트가 이제는 전하고 싶은 말이 있어 음악을 한다.

"(아현포차) 할머니들 옆에서 그분들이 어떻게 살아왔는지 이야기를 들으며, 강제 집행도 같이 겪으면서, 그동안 내가 허약했고 대충 살아왔구나. 사람들이 살아가는 일을 등한시하고 들여다보지 않으면서 무슨 예술을 한다고. 나는 편협한 세계에 살았구나, 실제 삶의 치열함을 알지 못했구나. 그러면서 예술관이 굉장히 변화했어요."

많은 것이 변했다. 그는 이제는 우산을 주기보다 같이 비를 맞고 싶다고 했다. 그럼에도 변하지 않는 고민 하나는 이것이다. 어떻게 하면 이 사람들이 비를 맞지 않을 것인가. 그래서 음악에 메시지를 담는다.

"사람들이 공감 자체가 안 되기 때문에, 아무리 사실을 기사로 알려주어도 받아들이지 못해요. 당사자들이 악플 때문에 스트레스받는 문제가 아니라. 동시대를 살아가는 사람들의 인식이 대부분 그러하기

---

* 2006년부터 삼양 사거리 주변에 개발의 바람이 불고 아파트가 들어서기 시작하자, 강북구청은 보도 환경을 개선한다며 주변 노점들을 강제 철거했다. 이에 맞서 10년 넘게 싸워온 박단순 열사는 2017년 6월 19일에 영면했다.

때문에, 그 인식을 바꾸지 않는 한 같은 일이 계속 발생할 거예요."

그는 음악이 공감을 통해 '당신의 마음을 우리와 같게' 할 수 있다고 믿는다. 음악이 무기라는 말이 여기서 나온다.

어떻게 이웃이 되는가

황경하는 현장에서 삶을 듣고, 곡을 쓰고, '땜빵' 가수가 되고, 그곳을 지키려 했다. 그러는 사이 음반 기획을 문의하러 온 삼각전파사가 우장창창 철거 현장을 겪더니 옆에 남고, 두리반* 때 본 박건주가 함께하고, 궁중족발 현장에서 만난 세민이 곡을 쓰는 법을 익혀 그와 듀엣을 이뤘다. 그렇게 사람들을 현장에서 만났다. 이들은 투쟁 현장에서 예술관을 정립하거나 변화시킨 사람이라는 공통점을 가지고 있다.

"투쟁하는 당사자 한 명한테라도 위로가 되고 용기가 되는 음악을 한다면" 그걸로 만족한다는 사람들. 그 때문에 인터뷰를 하려 했지만 말하는 그들도, 듣고 적는 나도 조심스럽다. "예술은 힘이 없어요" 하다가 "이렇게 말하면 상처받는 사람들이 있을 텐데"라며 입을 다문다. "여기서 '맞짱' 뜨는 데 있어서 예술과 철학은 무용해요. 한 땀이라도

---

* 홍대 입구에 공항철도 신역사를 건설하는 과정에서 GS건설이 두리반 식당 측에 이사 비용 300만 원이라는 턱없이 적은 보상금을 제시했고, 두리반 측이 이에 반발해 농성에 들어간 사건. 이때 뮤지션을 비롯해 많은 예술가들이 두리반에 지지를 보냈다.

결정화된 무엇을 가지고 여기서 싸우지 않은 예술과 철학은…"이라고 하다가 "이건 제 생각이고요"를 덧붙인다.

'예술'이 무엇인가 하는 논의와 이야기는 많다. 그런데 '어떤 예술'이라는 것이 존재한다 해도 "내가 그 예술을 할 필요가 있는가"는 다른 문제다. 그들은 '예술할' 필요를 느끼지 않는다. 그들이 지금 고민하는 것은 이곳을 어떻게 지키는가, 그것이다. 음악을 무기 삼아, 아니 매개 삼아 현장과 사람을 어떻게 이을까. 그들은 이곳을 함께 지키기 위해 '어떻게'가 더 중요한 사람들이다.

나는 '왜'가 중요한 사람이고. 다시 질문을 한다. 왜 '우리'인가?

세민은 "제 마음에선 이미 친구이고 동료인 거예요"라고 말한다. 착한 사람이다. "그들이 울지 않았으면 좋겠고. 힘들지 않았으면 좋겠고." 여기 다른 방식으로 선한 사람도 있다. 박건주는 '열받는다'고 했다. "왜 연대를 하지? 제가 저를 못 이기겠어요. 가만 못 있겠어요. 누가 당하고 그러면."

그는 자신이 왜 이렇게 화가 나는지 생각해봤다고 했다.

"제가 스무 살에 용역을 한 번 나간 적 있어요. 인력 사무소로 출근을 했는데, 상도동 어디로 철거를 간대요. 철거는 그냥 벽 부수고 그런 거라 생각해서. 함마랑 챙겨서 갔는데."

갔더니 아직 사람이 살고 있는 동네였다.

"완전 산동네더라고요. 거기 입구 초입부터 용역이 이삼백 명 있었고요. 뭐지? 하며 골목을 따라 걷는데, 할머니들이 옷을 벗고 팬티만 입고. 완전 꼬부랑 할머니가 바닥에 엎드려 팔꿈치로 사람들 때리면서 갈 거면 자기를 밟고 가라는 거예요. 그 풍경이 악몽처럼 남아 있어요. 할머니들이 '빠께스'에다가 오줌 싸가지고 남자애들(용역)한테 뿌리고. 남자애들은 쌍욕하고. 그게 왜 기사에 안 나오는지 모르겠어요."

그런 일은 흔하니까. 흔한 일은 뉴스에 나오지 않는다.

"철거할 집에 들어갔는데 고등어 냄새가 나는 거예요. 고등어를 굽다가 불도 못 끄고 쫓겨난 거예요. 그래서 제가 껐어요. 텔레비전도 켜져 있고, 선풍기는 누워서 돌아가고 있고. 벽에는 할아버지 사진 붙어 있고. 5분 전까지만 해도 사람 있었을 거 같은데, 그걸 부수래요. 제가 돈이 너무 없어가지고…. 그냥 왔어야 하는데, 짐을 나르다가 못하겠다고 막 울었어요."

철거하는 사람, 용역하는 사람은 나쁜 놈들이라고 하고 넘어갈 수 있는 문제도 아니다. 박건주와 같이 함마를 들고 간 사람들은 "다 노가다 아저씨. 이빨 하나밖에 안 남고 그런 아저씨들"이었는데, 그 닳고 닳은 아저씨들마저 이건 사람이 할 일이 아니라면서 그냥 내려왔다.

"저랑 같이 학창 시절을 보낸 애들이 지금 용역을 해요. 못 배우고 어른들 말 안 듣고 싸움 좀 하는 애들은, 크면 할 일이 없거든요. 나이 서른 다 돼가지고 오토바이 타면서 거기서 재미를 느끼면서 살 수는 없으니까. 제가 그런 일 하지 말라고 진심을 다해서 말하진 못해요. 걔

네들, 그거 아니면 할 일이 없어요. 그런 일 하다가 또 운수업 하다가 공장 다니다가 그러고 사는데."

그가 화가 나는 건 세상 때문이다. 재개발이 완료되고 고층 건물이 올라간 동네가 더 이상 기억하지 않는 '바닥'이 그의 눈앞에 보인다. 인생을 살다가 바닥에 몰리게 되는 사람들끼리 멱살 움켜잡고, 선하게 살 수 없게 하는 세상이 있다.

어쩌면 연대란 그 가운데서 선함을 지키는 일일지도.

"처음에 궁중족발에 갔는데, 무엇보다 같이 울고 있었어요. 자기 일이 아닌데도 내 품과 내 시간을 할애해서." 신학대생인 세민은 그곳에서 성령을 느꼈다고 했다. "같이 있는 게 너무 당연해서 같이 웃고 같이 울고. 거기서 성령을 느꼈고, 예수를 느꼈고. 일종의 사랑이죠." 그러다가 말을 아낀다. 종교 이야기는 부담스럽나보다. 그런데 인도철학을 전공했다는 삼각전파사가 난데없이 투쟁 현장을 '세례식'이 이뤄지는 장소라고 한다.

"현장에 내일 용역 300명이 들어오는데, 우리는 100명밖에 없어. 그런데 사람들이 안 떠나. 전날 밤에 같이 있어. 당사자들은 밤참이라고 계란을 삶아서 주고. 그게 성찬례고 세례가 아닐까요?"

나는 세례도 성찬도 제대로 본 적이 없지만, 경하와 세민 공연에서 들은 이야기를 기억한다. 착한 사마리아인. 유명한 이야기다. "누가 천사였을 것 같아요?" 그 이야기에 천사가 나오던가? "보통은 착한 사마리아인을 천사라고 생각하잖아요." 그런데 아니라고 했다. 다른 해석도 가능하다고 했다. 강도를 당해 쓰러져 있는 사람이 천사일 수 있다. 쓰러진 사람이 있어야 돕는 사람도 있다. 누군가를 함께하게 함으로써 하늘의 뜻을 이루게 했다는 이야기다.

쓰러진 이는 내가 누군가의 이웃이 되게 만들어주는 존재인가.

"'너는 이 세 사람 가운데에서 누가 강도를 만난 사람에게 이웃이 되어주었다고 생각하느냐?' 율법 교사가 '그에게 자비를 베푼 사람입니다' 하고 대답하자, 예수님께서 그에게 이르셨다. '가서 너도 그렇게 하여라.'"•

이 이야기를 꺼낸 것은 종교적 선의나 베풂을 강조하기 위해서가 아니다. 이웃 되기를 기꺼워하는 사람들을 보며 떠올린 단상일 뿐이다. 이웃이 되어야 할 사람이 있기에 뮤지션들은 기타를 이고 부지런히 현장에 간다.

당신을 위한 노래를 부르려 했지

궁중족발 김우식 사장은 자신에게 문제가 닥치기 전, 농성장에 포장된 족발을 말없이 두고 가는 사람이었다고 한다

•   루카복음 10장 36절 – 37절.

"꽤 유명한 분이었어요. 온갖 농성장에 족발을 삶아 가져다주고."

일할 시간이 부족해 담배 피울 시간마저 아꼈다는 사람이 싸우는 사람들을 챙겼다. 착한 사람은 복을 받는다는 세상은 어디 갔나. 그런 세상이면 박건주가 '열이 받는다' 하지도 않았겠지.

"집회하고 농성장에 들어오면 뭐가 발에 차이는 거예요. 보면 족발이에요. 내가 전화해서, 왔으면 말이라도 하지 버리고 갔느냐고 하면, 자기는 말 못한대요. 과묵하고 자기 일 묵묵히 하시고."(황경하)

고마워서였을까. 같이 억울해서였을까. 김우식 사장이 손가락이 잘린 사건이 있고 나서, 콜텍 해고자들이 궁중족발을 자주 찾았다.

"궁중족발 있을 때 사장님이 계속 우셨어요. 하염없이 우셨어요. 이틀에 한 번씩 우셨어요. 너무 힘드니까. 미래가 안 보이고 두렵고 불안하고 미안하고. 이 노래를 만들다가 쫓겨났어요. 그런데 콜텍 분들이 이 노래를 완성 지을 수 있게 해주셨어요."•

황경하는 소성리(사드 배치 투쟁 현장) 연대를 마치고 콜텍 노동자들과 올라오는 길에 이들이 싸우고 살아온 이야기를 들었다. 경하와 세민은 그 이야기를 노래로 만들고 싶어졌다.

"당신을 위한 노래를 부르려 했지."

노래는 콜텍 노동자들 사연을 통해 완성됐다.

•　〈프로파간다 스피커 – 투쟁현장 음악가의 난중일기〉, 경하와 세민 출연, 연우소극장, 2019. 11. 10.

'당신을 위한 노래를 부르려 했지 / 날은 맑고 바람도 좋았어 / 그러나 당신은 울고 있구나 / 한마디 말도 하기 힘드네 / 뼈가 닳도록 여기 싸우다보면 / 우리의 피눈물이 멎을까.'

뼈가 닳도록 싸우는 일 그만 보고 싶어 뮤지션들은 오늘도 '그곳'으로 간다.

덧붙이는 이야기

여기까지 쓰고 초고를 출판사에 보냈다. 그러다 이 이야기를 추가해야겠다는 생각이 들었다. 연대를 떠올리면, 특히 예술이나 기록 분야의 연대를 생각하면 따라오는 걱정이 있다. 답 없는 걱정. 내색하기 어려운 걱정. 답이 없으니 잘 이야기하지 않고, 내색하기 어려우니 건너뛰게 되는 걱정. 생활이 안 되어 힘들고 어려운 일들 말이다.

나 또한 인터뷰이로 자리할 때 종종 받는 질문이 있다. "생활은 어떻게 하나?" 돈 안 되는 기록 노동을 하는 까닭이다. 그때마다 어떻게 대답해야 할지 고민한다. "가난하죠." 그다음은? 무엇을 가져다 붙여도 뻔하다. 뻔해서 답하기 싫다. "가난하죠, 그렇지만 의미가 있으니까 계속하는 거죠." 사실일지라도 이런 이야기는 하긴 싫다. 개인의 헌신으로 마무리하고 싶지 않다. 그렇다고 '가난하죠', 이 말 다음에 기본소득제도, 공동체 구성, 사회적 기금 등이 필요하다는 말로 빠지고 싶

지도 않다. 당장의 곤궁함을 정치적 올바름으로 손쉽게 대체하고 싶
지 않다.

그래서 나와 비슷한 위치에 있는 사람들에게 같은 질문을 하고 싶
지 않으면서도, 한편으론 더 묻고 싶었다. 당신들의 오묘한 부채감과
선한 마음을 알겠으니 이제 고민을 털어놓으라고. 사실은 이 생각 때
문에 물었다. 계속 이대로 지낼 수 있을까. 몇 해 못 버티고 지칠 텐데.
앞서 떠난 많은 이들처럼.

20대 후반의 박건주는 로또가 위안이라고 했다.

"물리적 보상은 거의 없죠. 여기서 노래한다고 일당을 주는 것도 아
니고, 그걸 바라지도 않고. 그게 개인적으로 큰 스트레스예요. 돈이 안
되니까. 2년째 매주 로또를 사고 있고요. 그걸로 위안을 삼죠."

그건 농일 뿐, 현실에서 연대를 가능하게 하는 수단은 '수면 부족'
이다. 그는 영상 편집 등 아르바이트를 한다. 편집은 시간이 꽤 걸리는
작업이다. 아르바이트를 하고, 연대를 하러 간다. 시간이 부족하니 잠
을 줄인다.

다른 사람이라고 생활이 날아갈 것 같을까. 다들 물리적 보상을 바
랄 수 없으니 아르바이트를 하고, 기금 사업을 따내려 하고, 더 나아가
협동조합을 고민한다. 그런데 경제적 어려움만이 고민인 것은 아니다.
사람은 자신의 어려움을 그 자체만 놓고 보지 않는다. 이것을 선택하지
않았다면? 기회비용이 거의 자동적으로 떠오른다. 내가 다른 선택을

했으면 더 잘나갔을 거라는 생각에 괴로워하는 것이 아니다. 내가 이렇게 힘들게 선택한 일이 '별것'이 아니라면? 불안이 자신을 잡아챈다.

"청춘을 갈아 넣어서 잠도 못 자고 연대를 하는데. 도움이 크게 안 된다고 느껴지면 허탈감이 오죠. 새로운 패러다임이나 이런 게 필요하다는 느낌을 많이 받고 있는데, 그게 쉽지가 않은 일이라."

자신의 선택이 후회될까봐, 그럴까봐 더 열심히 연대 활동을 한다. 그러다 지친다. "소모되는 느낌은 없어요?" 보람된 일을 한다고, 이웃과 함께한다고 소모되지 않는 것은 아니니. 그래도 세민의 말이 조금이나마 위안이 되었다.

"혼자였으면 계속 고민했겠죠."

그들은 같이한다. 비슷한 고민, 동일한 활동을 하는 동료가 옆에 있다.

그들 말대로 좋은 동료와 고민을 나눌 수 있어 다행이다. 덕분에 오늘의 소모가 내일로 미뤄진다. 조금은 줄어든다. 하지만 해결책은 따로 준비해야 한다. 좋은 사람과 함께 고민한다. 소모되는 일을 없애기 위해선 무엇이든 필요하다. 그 무언가가 박건주가 말한 '새로운 패러다임'일 수도 있겠다. 어떤 새로움? 생각해볼 문제다.

어제의 모든 괴로움 털어버릴 오늘은
기름밥 먼지밥 또 삼켜도 어제와 같지 않으리
우리 평생을 일만 하고도 헌신짝처럼 버려질 때
그 누가 눈물 삼키며 고개 숙이고 받아들일까

— 〈내일의 노래〉, 류금신 노래, 이현관 글·곡

5부　　**자신을 버린 회사에**

　　　　　돌아가고자 하는

　　　　　마음이 무엇이냐고

　　　　　묻는다면

자신의
끝을 정해둔
사람들

퇴근길에 광화문 인근 동화면세점 앞을 지나가면 매주 수요일 같은 광경을 보게 된다. 한 사람은 마이크를 잡고 말을 하고, 다른 사람들은 피켓을 들고 섰다. 각종 피켓과 시위가 난무하는 광화문인지라 낯선 풍경도 아니다. 시선 하나 붙잡지 못한다. 앰프 성능도 좋지 않아 소리마저 잘 들리지 않는다. 어둑해진 때라 피켓에 쓰인 글귀는 유심히 들여다보지 않으면 잘 보이지 않는다. 허연 전광판이 사방에서 번쩍이는데 왜 여기만 이리 어두운지 이유를 모르겠다. 아무리 셔터를 눌러도 핸드폰 카메라로는 모습을 온전히 담을 수 없다. 알려지지 않은 이들의 형편과 닮아 있다는 생각에 공연히 몇 컷 더 찍어본다.

이들은 시그네틱스 노동자들이다. 이곳에서 선전전을 한 지 2년째

였다. 5년 동안 영등포역 앞에서 선전전을 하다 옮겨왔다. 싸움의 역사는 그보다 길다. 2001년부터 싸웠으니 20년 가까이 됐다.

20여 년을 싸웠다고 하면 너무 안쓰러워 보일까. 아니다. 이 사람들, 잘 싸웠다. 18년 동안 세 번 해고됐으나 세 번 모두 복직했다. 회사가 자를 때마다 소송을 제기해 법원으로부터 세 차례 부당 해고 판정을 받았다. 그러나 세 번째 복직 판정 후에도 회사는 이들에게 일을 주지 않았다. 휴직 명령을 내렸다. 휴업 수당을 줄 테니 공장엔 오지 말라고 했다. 졸지에 쉬면서 돈 받게 된 사람들은 "회사가 돈이 많아 그런다"고 한다. 시그네틱스는 재계 30위권인 영풍그룹의 계열사다.

영풍은 이들이 다니던 공장이 문을 닫았다고, 그래서 휴직을 시켰다고 주장했다. 그 주장을 듣고 가만있을 사람들이 아니었다. 그들은 다시 법정으로 가서 시비를 가렸다. 이번에도 승소했다. 부당 휴업이라는 판결을 받아냈다. 법원은 폐업이라는 영풍의 주장을 받아들이지 않았다. 문을 닫은 회사는 시그네틱스 광명 사업부. 그러나 시그네틱스는 파주에 1,000여 명이 근무하는 사업장을 따로 가지고 있다. 이들이 출근할 일터가 엄연히 존재한다.

영풍은 정규직도, 노동조합도 싫어한다

판결이 났다는 소식을 듣고 찾아간 2019년 10월의 어느 수요일, 이들은 그 주부터 출근했다고 했다. 그러나 출근지는 파주가 아니었다. 회사가 광명에 새로 낸 사무실로 가야 했다. 아무것도 없는 사무실. 그들에게는 어떤 일도 주어지지 않았다. 오직 앉아 있기만 하다 점심시간이 되면 퇴근했다.

몇 주 후에 다시 가서 어찌 지내는지 물었더니, 퇴근 시간이 점점 빨라지고 있다고 했다. 휴업을 하기 위한 수순이었다.[*] 나는 속으로 세상 더럽다고 욕하는데, 윤민례 분회장[**]은 그 소식을 전하면서 "그러니까 더 알려야죠" 하고 말한다. 원래 씩씩하게 말하는 사람이지만 그날따라 더 경쾌한 투로 말했다. 그때 난 무얼 봤더라. 성능 나쁜, 한 블록만 지나도 들리지 않는 작은 앰프를 돌아봤다.

그러니까 더 알려야죠. 그 씩씩함이 마음에 남았다. 사실 '그녀'들의 '사정'을 설명하기는 어렵지 않다. 복잡하지도 않다. 그들은 세 번 해고되었다가 세 번 복직되는 동안 시그네틱스에 마지막으로 남은 정규직이다. 회사는 마지막 정규직을 반기지 않았다. 요즘 사람들이라면 쉽게 예측할 만한 '사정'이다. 더 짧게 이야기할 수도 있다.

"영풍은 정규직도, 노동조합도 싫어한다."

87년 입사자인 김양순이 재판정에서 판사에게 한 말이기도 하다.

---

[*] 두 달이 지난 후, 다시 가서 물었다. 이들이 일하는 광명 공장이 휴업했다고 했다. 파주 공장은 여전히 운영 중이다.

[**] 민주노총 전국금속노동조합 경기지부 시그네틱스분회장.

"사람인데 힘들면 힘들다고 말하고, 다리 아프면 의자 달라고 말하는 게 당연한 건데, 비정규직은 그렇게 못해."[*]

회사는 당연한 권리를 요구할 수 없는 비정규직을 선호했다. 시그네틱스 파주 공장에는 1,000명에 가까운 생산직원이 근무하는데, 정규직이 단 한 명도 없다. 직원들은 9개의 소사장제 업체에 소속되어 있다.[**] 그러니까 '그쪽' 업체의 정직원이다. 한마디로 하청 노동자. 시그네틱스에서는 사내 하청과 다를 바 없는 소사장제[***] 업체가 모든 생산직원을 고용한다. 오직 사무직원만 정규직으로 고용하지만, 요즘 고용 추세로 볼 때 사무직도 3개월~1년 단위의 파견이나 인턴 과정을 거쳐 선별될 가능성이 크다. 사무 보조 업무를 하는 직원은 파견 업체를 통해 받을지도 모른다.

기업이 '경직된 노동'이라는 말에 경기를 일으키고, '노동조합'을 없애기 위해 법무법인의 컨설팅을 받는 세상이다. '경쟁력'이라는 마법

- [*] 〈정리 해고 철회투쟁 1년 시그네틱스 노동자들〉, 강정주, 금속노동자, 2012. 6. 20.
- [**] 2012년까지 9개의 소사장제 하청 업체가 있었으나, 노동조합이 불법 파견 문제를 제기하자 시그네틱스는 업체를 4개로 축소한다.
- [***] "소사장제는 같은 사업장 내에서 근무하던 반장 등 고참 직원이 생산 라인이나 공정의 일부를 사장으로부터 떼어받아 소사장(경영 책임자)으로서의 책임을 맡는 방식을 말한다. 소사장은 5~7명의 직원을 데리고 아예 딴살림을 차리는 형태와 사업자등록증 없이 모기업 사장과의 고용 관계를 유지하는 반독립형이 있다. 실제 운영 면에서는 큰 차이가 없다. 그러나 실제 사업장에서 벌어지고 있는 소사장제 양상은 업종, 규모 등에 따라 매우 다양해 획일적인 구분을 하기 어렵다." 〈중소기업 최후 버팀목〉, 장영희 기자, 시사저널, 2006. 4. 28.

의 단어가 붙는다면 정규직 제로 회사도 가능하다. 그런 마법은 '위기'
에서 시작됐다.

위기를 기회로

97년 IMF 외환 위기가 터졌다. 국가 부도라는 소리에 사람들은 '국
가'를 살려보겠다며 장롱 속 금반지를 들고 나왔다. 시그네틱스 직원
들도 회사를 살려보겠다고 나섰다. 반도체 회사인 시그네틱스는 원래
한국 필립스 소속이었으나, 95년 필립스 자본이 철수한 뒤 거평그룹
에 인수되었다. 그런데 거평이 부도가 나면서 워크아웃 사업장이 된
다. 산업은행의 관리에 들어간 회사를 살려보겠다고 직원들은 임금부
터 복지까지 양보했다. 임금을 동결하는 것은 물론, 상여금 300만 원
반납, 호봉 승급 보류, 퇴직금 누진제 폐지에 합의했다. 시그네틱스는
회사가 있어야 직원이 있다고 말했다. 그 시절에는 누구나 국가가 있
어야 우리가 있다고 믿었던 것처럼 그들도 회사의 그 말을 믿었다.

그 결과 국가도, 회사도 모두 건재했다. 사라진 것은 따로 있었다.

외환 위기 충격에서 어느 정도 벗어난 2000년대 초, 정부는 기업·
금융 부문의 건전성이 크게 개선되었다고 자찬했다. 시그네틱스도 워
크아웃에서 졸업했다. 그들은 그동안 고생했다며 이사가 전 직원에게
아이스크림을 사준 일이 지금도 생생하다고 했다. 그때는 감사 인사

인 줄 알았는데, 알고 보니 아이스크림으로 수고를 퉁친 거였다. 그사이 시그네틱스는 거평이 아닌 영풍그룹 계열로 소속이 바뀌었다. 부도의 원인이기도 한 파주 공장도 건설이 완료됐다. 1만 6,000평 부지에 세운 신식 건물이었다.

파주 공장은 그들이 일하던 등촌동 공장을 담보로 해 지었다. 설비 또한 등촌동 공장에서 옮겨왔다. 등촌동 공장 엔지니어들이 매일같이 파주로 가서 그곳 직원들에게 기술을 알려주었다. 기계도, 기술도 갔다. 그런데 사람만 가지 못했다.

영풍은 파주에는 정규직 자리가 없다고 했다. 안산에 작은 공장을 세우고 그곳으로 가라고 했다. 노동조합은 회사에 안산 공장 투자 계획을 물었다. 의심스러웠기 때문이다. 안산으로 보내는 설비는 오래되고 낡은, 저부가가치 제품만을 만드는 기계였다. 회사는 확답을 주지도, 고용 보장을 약속하지도 않았다. 파주로 가고 싶으면 비정규직이 되어 가라고만 했다. 파주 공장에는 정규직 생산직원이 없고, 그것이 영풍그룹의 경영 방침이라고 했다.

그룹의 이런 경영 방침 아래서, 그들은 초과 비용이고 낮은 경쟁력으로 불렸다. '정규직'이었기 때문이다. 한 가지 더. '노동조합'이 있었기 때문이다. 이 둘은 같은 말이었다. 1, 2년짜리 비정규직은 노동조합을 만들 가능성이 희박하기 때문이다.

시그네틱스 노동자들은 안산에 가지 않았다. 자신이 낭비되는 비용으로 취급되는 것을 받아들일 수 없었다. 갓 스물이 되기도 전에 입사한 이들이었다. 필립스가 주주였던 시절에는 수학·영어 시험을 치르고 들어왔다고 했다. 대단한 시험은 아닐지라도 이들이 자부심을 갖기에는 충분했다. 외국인 투자 기업이라 연봉도 대우도 상대적으로 좋았다. 당시 노동조합은 유니온샵*이라, 동료가 조합원이고 선배 직원이 노조 간부였다. 언니 동생 하면서 어울려 지냈다. 10여 년을 그리 보냈다. 그 세월을 빼앗길 위기에 처하자 이들은 파업으로 맞섰다.

"영풍 너희, 정규직 싫어하고 노동조합 싫어하지. 그런데 우리는 너희가 들어오기 전부터 정규직이었고, 노동조합이 있었어."**

처음에는 천막을 치고 공장을 지켰다. 그러다 용역 깡패에게 맞고 쫓겨났다. 쫓겨난 뒤에는 공장 정문에 진을 쳤다. 전투경찰들에게 토끼몰이도 당했다. 지금 이 순간 파업이 일하는 사람들에게 어떤 의미인지 관심 없는 국가 권력은 사유재산을 지키고 기업의 경영권을 보호했다. 경찰의 비호 아래 공장 문이 열리고 기계 설비를 실은 차가 나갔다. 2001년의 일이었다.

그해 국내 가계 부채가 380조 원에 달했다.*** 외환 위기 이후 매해 가계 빚은 꾸준히 늘어 2013년에는 1,000조 원을 넘었다. 분명 시그네

---

* 고용된 노동자는 노동조합의 조합원이 되어야 하는 노동조합 가입 제도.
** 윤민례 분회장.
*** 한국은행 가계신용 통계 기준.

틱스 직원들도 부채비율 증가에 기여했을 것이다. 회사는 파업 참가자 대다수를 징계 해고했고, 130명이 직장을 잃었다. 당시 이들을 기다리는 미래의 직장은 정규직 자리가 아니었다. 2001년 730만여 명에 다다르던 비정규직 비율은 2011년에는 830만여 명까지 늘어난다.[*] 그러나 이들은 잠자코 앉아 비정규직이 되는 것을 거부하고, 복직을 위한 싸움을 시작했다.

그들은 해고된 이들이 할 수 있는 모든 것을 했다. 회사 밖에서, 가진 것은 없지만 혼자는 아닌 사람들이 목소리를 내기 위해 할 수 있는 모든 방법을. 한강대교에 오르고, 산업은행 로비를 점거하고, 집단 단식을 했다.

"올라가 있는데 남편이 차라리 내려오지 말래. 어차피 싸움 안 끝나면 안 멈출지 아니까. 차라리 다 끝내고 내려오래."

윤민례 분회장은 말끝에 웃음을 다는 스타일이었다. 이 말을 하고도 웃었다. 그런 그가 한강대교에서 내려온 뒤 교도소에 수감되었다. 노조 집행부 5명에게 체포 영장이 발부되어 있었다. 영풍과 시그네틱스는 조합원을 해고하고, 고소 고발하고, 그 시절 유행하던 손배가압류[**]를 걸었다. 이미 그만두고 나간 사람의 퇴직금까지 압류했

---

[*]   〈비정규직 규모와 실태〉, 김유선, 한국노동연구소, 2011.
[**] 2003년 1월 9일 두산중공업 노동자 광장에서 배달호 열사가 분신자살한다. 한국중공업을 인수했던 두산중공업은 노조 간부 89명을 징계 해고하고, 65억 원의 손해배상 청구와 재산 가압류에 들어가는 등 노동조합을 탄압했다. 이를 견디다 못

다.* 영풍도 할 수 있는 것을 다한 것이다.

여성 노동자들이 용역 깡패에게 당한 성추행, 공권력이 행한 '알몸 수색'**은 굳이 여기서 언급하지 않겠다. 잔인은 도처에 널렸으니. 싸움이 잔인해지는 가운데서도 사람들은 일상을 지켜야 했다. 회사는 사내 어린이집을 볼모로 잡았다. 대부분이 어린 자녀를 둔 여성 노동자라는 점을 노린 것이다. 300인 이상 사업장이라 임의로 어린이집을 폐쇄할 순 없으니, 용역을 시켜 어린이집 구들장과 화장실을 깼다. 싸움을 한다고 일상이 멈춰주진 않았다. 아이 맡길 곳이 있어야 싸울 수 있는 여자들이었다. 하지만 그런 현실 앞에서도 주눅 들지 않았다. 당시 사무장이었던 윤민례 분회장은 자신의 집을 어린이집으로 사용했다.

그들은 싸움을 포기하지 않았다. 그렇게 7년이 흘렀다. 그사이 국내 반도체 산업의 양대 산맥인 삼성전자와 LG전자는 불패의 이름이 되고, 시그네틱스는 '주식러'들이 즐겨 찾는 종목이 됐다. 한강대교에 올라간 노동자들이 "내 자식에겐 비정규직 세상 물려줄 수 없다"고 토해낸 외침이 세상 물정 모르는 올바른 소리가 되는 사이, GDP 3만불 달성을 약속한 전직 글로벌 기업 사장이 대통령으로 당선되었다. 세상이 충분히 바뀐 후 더는 부당 해고 판정을 미룰 수 없었던 법원은 2007년 최종 판결을 내놓는다. 29명을 제외한 시그네틱스 해고자 전원이 복직 판정을 받는다.

7년 만의 복직, 4년 만의 두 번째 해고

윤민례 분회장을 포함해 부당 해고 판정을 받지 못한 29명(이들 대다수가 노조 집행부였다)을 제외하고 승소한 63명은 안산 공장으로 복직했다. 이것으로 일단락이 되나 싶었다.

"다 해결된 줄 알았어요."

취재를 가서 내가 그들에게 한 말도 이랬다. 무관심을 숨기지 않은 염치없는 말이었지만, 솔직히 7년을 싸웠으면 끝나야 하는 게 맞지 않는가. 그러나 나는 이제 겨우 첫 번째 해고밖에 이야기하지 않았다.

3년 후인 2011년, 시그네틱스는 이들에게 안산 공장에 속한 (소사장제) 하청 업체로 가라고 했다. 소사장은 파주 공장에만 있지 않았다. 안산 공장에도 하청 업체가 들어왔다. 아니, 들어왔다는 말은 적합하지 않다. 애당초 밖에 있지도 않았다. '유엔씨'의 사장은 시그네틱스 전 부사장이었고, '퓨렉스' 사장도 전 임원 출신이었다. '우리가 남이가'의 그 우리들이 소사장 업체를 운영했다.

회사는 복직자들에게 유엔씨로 소속을 옮기라고 했다. 7년을 싸우고 이제 일 좀 하나 했더니 하청 업체로 가라고 한다. 기업 노조 사람들은 이미 유엔씨로 옮겨간 상태였다. 기업 노조(시그네틱스 노조)는 민주노총 금속노조에 대항해 2011년에 만들어진 복수 노조다. 기업 노조 조합원들은 5년 고용 보장을 약속받고 갔다. 하지만 유엔씨는 4년 만에 문을 닫는다. 사라진 회사 앞에서 고용 약속은 무의미했다. 이걸 시그네틱스가 모르고, 유엔씨가 몰랐을까. 사실 옮겨간 직원들도 알았을 것이다. 그때까지 5년 이상 살아남은 사내 하청이 없었기 때문이다. 알지만 간 것이다. 싸울 수 없어서. 반대로 말하자면, 싸울 수 있는 사람은 가지 않는다. 민주노총 조합원들은 유엔씨로 가지 않았다.

그래서 해고됐다. 시그네틱스 안산 공장은 문을 닫았다. 폐업이었다. 다시 시작해야 하는 해고 싸움 앞에서 사람들이 울었다. "두 번째 해고당하고는 와서 울면서 못하겠다고 하시더라고요." 그래서 윤민례 분회장은 이리 말했다고 한다.

"가시라. 욕 안 한다. 여러분이 있어서 첫 번째 해고 막아낼 수 있었다. 싸움, 누구나 다 안 하고 싶은데. 끝내고 싶은데. 하지만 영풍이 우릴 또 해고한다고 하고, 누군가는 또 싸워야 하는 문제이니 나는 싸운다."

조합원들은 자신들이 받은 퇴직금에서 일부를 떼어내 투쟁 기금으로 모았다. 중고차 2대도 샀다. 이번에도 설마 7년을 가야 하나 싶어 마음을 다잡았는데, 다행히 18개월 만에 복직했다.

"우리가 김앤장*을 또 이긴 거죠. 해고 소송 1심 판결 나니까 회사에서 바로 복직하라고 하더라고요. 회사도 안 거죠. 대법원까지 가봤자 돈만 나간다고. 대신 데리고 와서 괴롭히겠다."

이번에도 역시 명분 없는 해고였다. 경영 위기로 인한 폐업이 아니었다. 두 번째로 해고당한 2011년, 회사 영업이익은 성장세를 보였다. 시그네틱스는 반도체 후반 공정에서 독보적인 기술을 보유한 업체였다. 당해 영업이익율은 7.4%였다. 당연히 이런 수치로는 얼른 감이 오지 않는다. 시그네틱스를 검색창에 쳐보면 된다. 주로 주식 이야기가 나온다. 주로 주식 매매 시장에서 거론된다. 주주에게 가져다줄 이익이 기대되는 기업이라는 소리다. 경영은 어렵지 않다. 영풍그룹의 경영 상태는 말할 것도 없다.

그런데도 회사는 정규직의 규모를 줄여 경쟁력을 키우겠다고 했다. 두 번째 해고 직후 시그네틱스는 1/4분기(1~3월)에만 1억 7,000만 원을 아꼈다.** 그들이 말하는 경쟁력이다. 같은 시기, 시그네틱스 임원 급여가 7,000만 원이나 상승한다. '비용'을 아껴 성과를 냈으니 성과

---

*   정식 명칭은 김·장 법률사무소. 국내에서 손꼽히는 대형 로펌이다. 주로 기업 그룹을 변호하기에, 장기 투쟁 사업장의 법정 싸움에 사측 변호사로 자주 등장한다. 노동 사안이 아니라도 가습기 살균제 사망 사건과 관련해 옥시레킷벤키저의 모기업인 영국 레킷벤키저의 변호를 맡는 등의 행태로 비판받고 있다.

**   〈시그네틱스 정리 해고, 무엇이 문제인가〉, 민주노총 전국금속노동조합 주최 토론회, 2012. 2. 15.

급이 지급될 수밖에. 1억 7,000만 원을 아껴 7,000만 원을 특정 주머니에 넣는다. 실제 '아껴'진 것은 수십 명의 안정된 직장이었다.

이런 회사가 또 있어요?

"대신 데리고 와서 괴롭히겠다"는 심보일 거라는 노동조합의 예측은 복직 이후 하나하나 맞아떨어졌다. 안산과 서울을 오가는 통근 버스를 없애고, 툭하면 징계하겠다고 협박했다. 일도 주지 않았다. 회사는 복직자들 때문에 큰 손해를 본 듯 굴었지만, 원하는 바를 달성하지 못한 것은 아니었다.

이들이 두 번째로 복직한 2013년, 시그네틱스 전체를 통틀어 정규직 생산직원은 30여 명밖에 없었다. 모두 노조 조합원들이었다. 한때 500명이 넘어서던 정규직은 다 사라지고 이들만 남았다.* 이후 시그네틱스 안산 공장은 사업 규모를 줄여 다음해 광명으로 이전한다. 그러고는 휴업을 반복하다 2016년에 광명 공장(사업부)마저 폐업한다. 세 번째 해고였다.

앞서 두 번째 해고 당시에는 싸움을 시작할 때 사람들이 울었다고 했다. 세 번째 해고를 당하자 사람들 사이에서 '노동조합 깃발 내리자'

• 　영풍그룹이 인수할 당시 시그네틱스의 정규 직원 수는 500여 명에 달했다.

는 소리가 나왔다. 그 소리 하는 심정을 모를 바도 아니다. 같은 회사에서 세 번이나 잘린 사람들이 있을까. 결국 9명이 남았다.

그 9명을 만났다.

"우리가 적은 돈 받고 일만 열심히 하겠다는데, 가만두지 않고. 떠돌이 개처럼 밖으로 돌게 해."

윤선애 조합원이 이 말을 한 날은 벚꽃이 한창 필 무렵이었다. 당시 조합원들은 세 번째 복직 판정을 받았으나 회사에 돌아가지는 못했다. 노조 사무장인 윤선애와 몇몇 조합원은 영풍문고 앞에서 1인 시위를 한 뒤, 어깨 넓이의 커다란 피켓을 들고 광화문 농성장까지 걸어갔다. 매일 한 팀은 종로 영풍문고 앞에서, 다른 한 팀은 강남 영풍 본사 앞에서 피켓을 든다고 했다.

봄날 거리에서 그들만 두툼한 잠바를 입고 있었다. 거리에 선다는 것은 그런 일이다. 한 시간 피켓을 들고 서 있는 문제가 아니다. 사람들과 느끼는 온도가 다르고, 계절이 다르고, 일상이 다르고, 마음이 다르다. 세상과 타인이 되어 거리에 선다. "이 언니가 일할 때는 원피스도 자주 입고 그랬어요." 자신들의 옷만 계절과 어긋남을 깨달았는지, 윤선애는 옆 동료를 가리키며 말한다. 그들에게도 원피스 입고 출퇴근하던 일상이 있었다. 적은 돈 받고도 열심히 일만 하던 그런 날.

나는 그들과 광화문 농성장 앞에서 믹스커피를 한 잔씩 마셨다. 농성장 안이 비좁아 밖에 간이 테이블을 펴고 앉으니, 바람이 머리카락

을 마구 휘젓고 갔다. 지나는 사람들이 길가에 버너까지 놓고 커피를
끓여 마시는 중년 여자 무리를 힐끔거리며 지나친다.

"어떻게 같은 사람을 세 번이나 해고시킬 수 있어요!"

누군가가 울컥한다. 취재 초반에 자주 들었던 말이다. 어떻게 세 번
이나. 그들은 납득하지 못한다. 그러나 의문이 풀리기도 전에 자책이
따라붙는다.

"세 번이나 해고된 거, 어떻게 보면 한심해."

경영이 어려워 사람을 자른다는 기업은 정작 자신의 능력을 탓하지
않는데, 잘린 사람은 자신을 탓한다. 이상한 일이다. 주변에서 그러겠
지. 세 번이나 해고되는 거 보면 너도 문제가 있는 거 아니냐고. 어디
가 모자라서 그런 대우 받느냐고. 그렇게까지 그곳에 붙어 있고 싶으
냐고 하겠지. 누군가는 걱정해서 하는 말이고, 누군가는 답답해서 하
는 말이다. 그런 말을 듣는 이들은 거의 초면인 나에게 물어온다.

"이런 회사가 또 있어요?"

어딘가 있겠지만 들은 적은 없다. 그런 회사가 없다는 사실은 좋은
일도 나쁜 일도 아니다. 세 차례나 같은 사람을 해고시키는 회사가 드
문 까닭은 세 번을 복직해 돌아오는 노동자가 없기 때문이다. 대다수
의 경우 첫 해고 때 포기한다. 그러니 두 번, 세 번은 없다. 그들이 당
한 세 번의 해고는 매번 싸워 이긴 결과다. 자기 자신을 지킨 결과. 그
결과가 점점 잔인해지는 것은 그들 탓이 아니다.

"그래, 뭐. 세 번 해고되면 어때. 나, 그래도 열심히 살았어."

열심히 살았다는 자부심은 "적은 돈 받고 일만 열심히" 했기에 얻어진 결과가 아니다. 그들은 고용을 지켰다. 부당함을 지적했다. 이게 얼마나 어려운 일인지 회사 밥줄을 목에 건 사람은 안다.

다른 동료들은 그 어려운 걸 해낸 사람들을 '괴물'이라고 불렀다. "우리를 괴물 보듯이 하는 거야." 처음 복직해 일터로 돌아가니 그들은 7년을 싸운 독종이 되어 있었다. 민주노총, 빨갱이, 쌈닭, 기 센 여자라고 불렀다. 동시에 미운 오리 새끼였다. '가자 파주로'를 외쳐놓고 여기(안산 공장)는 왜 왔느냐며 눈총을 받았다.

"우리가 복직해서 좀 있다가였는데, 조회 시간에 공장장이 구호를 외치라는 거야. 내가 아는 구호가 뭐가 있어. 갑자기 외치라니까 '가자 파주로!'를 외쳤지. 그랬더니 나보고 잠깐 나오라는 거야. 그걸로 찍혀 가지고, 2주 동안 일을 못 받았어. 사무실에서 대기했어."

김양순의 이야기다. 부분회장을 맡고 있는 그는 작달막한 키 때문인지 한눈에도 강단 있어 보인다. 그가 이어 들려준 이야기는 더 놀랍다.

"안산에 있을 때, 삼성 관리자들이 자주 왔어요. 우리는 거의 삼성 거 받아 했거든. 박 대리라는 사람이 와요. 그러면 공장장이 비상을 때리는 거야. 벌벌 떨어. 과장인가 여자 직원도 왔어. 일하고 있는데, 나한테 딴 데 가서 하래. 깃대 세우고 잘난 척하고 그래. 내가 삿대질을 했어. 니가 뭔데 업무 지시를 하냐. 나는 우리 반장이 일하라는 대로 한다. 할 거면 우리 반장한테 말해라. 내가 쏘아붙였지."

"울고 나갔지?" 옆에서 말을 거든다. 다 아는 사연인가보다. "나중에 반장이 와서 잘했다고 엄지 치켜세우더라고." 김양순은 원청·하청 간의 불공정 거래로 연명해온 전자산업에서 한참 아래쪽에 위치한 사람이다. 대기업 직원도 아니고 엔지니어도 아니고 젊지도 않고 남성도 아닌, 뭐 하나 갑의 자리에 놓일 게 없는 사람이 이토록 당당하다. 갑질이 통하지 않는다. 잘릴까봐 겁내지 않기 때문일 것이다. 잘려봤으니까. 그런 사유로 해고하는 일이 부당함을, 아니 부당하면 싸워 다시 돌려놓을 수 있다는 것을 경험을 통해 아니까. 부조리를 가늠하는 눈과 '깡'이 생겼으니까.

그 깡이 어쩌면 싸우는 사람들을 지탱시킨 힘이 아니었을까. 세상은 그저 막무가내 고집이라고 부르지만.

누구에게 묻는 곤란인가

세 차례나 해고되어 법정을 찾은 사람들에게 판사가 물었다.

"여러분이 파주로 가면, 시그네틱스가 곤란하지 않겠습니까?"•

물은 것이 회사의 '곤란'이었다.

•　〈청춘 다 바쳤는데, 17년 동안 해고만 세 번〉, 선대식 기자, 오마이뉴스, 2017. 9. 1.

파주 공장은 고부가가치 설비를 잔뜩 이고 생산직 800여 명을 모두 비정규직으로 채웠다. 정규직 청정 구역이 된 그곳은 소사장제로 유지되는데, 에스티아이 같은 소사장 업체의 경우 지분의 99%를 시그네틱스가 보유하고 있다. 사실상 '작은 시그네틱스'다.

영풍문고를 앞세워 선량한 이미지를 구축하고 있는 영풍그룹°은 계열사만 20곳을 두고 있는데, 계열사 중 민주노총 소속 노동조합이 있는 회사는 오직 시그네틱스 하나뿐이다.°° 정규직 생산직원이 있는 곳도 시그네틱스뿐이다. 아무리 봐도 이상한 일인데, 회사는 경쟁력을 들먹이며 합리를 내세우고 법관은 근엄을 앞세워 곤란함을 묻는다. 묻는 데서 그치지 않고, 세상 도처에서 합리와 상생을 앞세워 기업의 '곤란함'을 우선해준 덕분에 사람 자른 자리에 비정규직을 채우기가 수월해진다.

2000년대 초 '그때' 해고된 '언니들'은 좋은 일자리로 가지 못했다고 한다. "어떤 언니들은 지금까지 집에서 '쉰다'." 과연 '쉴까'. 가사일은 물론이고 부업이나 아르바이트를 전전한다. 정규 일자리를 구하지

• 이런 이미지 뒤에 숨겨진 영풍그룹의 모습이 하나둘 폭로되고 있다. 영풍 계열사인 석포제련소는 낙동강에 중금속을 배출한 혐의를 받고 있다. 공장 내 지하수에서 검출된 카드뮴 농도는 기준치의 최고 3만 7,000배에 이르렀다. 카드뮴은 1급 발암물질로, 일본 '이타이이타이병'의 원인이기도 하다.

•• 2012년 자료에는 코리아서키트라는 계열사에 노동조합 조합원이 2명(직원 400명) 있는 것으로 나오지만, 현재는 확인되지 않는다.

못하는 것이다. 정규직을 쓰지 않으면 돈이 굳는다는 사실은 영풍만 알고 있는 비밀이 아니니까. 일자리 인심이 야박해진다. 특히 그들이 일해온 반도체·전자 산업 일자리는 더더욱 그렇다. 여자 일자리니까. 애초 여자를 쓰는 이유가 있다. 여성 평균 근속 기간이 4.8년이라는 전자산업*에서 시그네틱스 파주 공장은 '상대적으로' 괜찮은 일자리로 격상된다. 전력을 다해 모든 곳을 하향시킨 결과다. 기업의 곤란함만 묻다보면 그렇게 된다.**

IMF 외환 위기는 국가와 기업의 곤란을 우선시하는 일을 당연하게 만들어버린 전환점이었다. "거대한 충격이 사회를 덮쳤을 때 자본이 즉각적으로 자기의 이익을 높이기 위해 새로운 이데올로기를 선언한다"는 쇼크 독트린***이 재난이나 전쟁에만 해당하는 이야기라 여기는

- 전자산업계의 평균 근속연수는 여성이 4.8년, 남성이 7.2년이다. 전자산업에 종사하는 여성 노동자의 월 평균임금은 157만 9,000원으로 남성 노동자의 월 평균임금 322만 6,000원의 절반 수준이다(한국고용정보원, 산업 직업별 고용구조조사(OES), 2009). 2000년대 이후 전자 부품 업체들은 인건비가 싼 외국으로 공장을 이전하는 경향을 보인다. 이때 저렴한 인력은 '여성 노동자'를 의미하기도 한다. 그런 까닭에 반도체·전자 제조업의 구조 조정 칼날은 주로 여성 노동자에게 향한다.
- ** OECD 가입 국가들의 사례를 보면, 정리 해고 시 경영 상태가 회복될 경우 재고용 약속을 전제하거나 해고 합의에 대한 절차적 요건을 엄격하게 하고, 대체 일자리 제공과 제공한 일자리에 관한 적정한 정보 제공 의무를 규율하는 등 보완책을 마련하고 있다. 국내법에는 없는 요건이다.
- *** shock doctrine. 캐나다 출신의 진보적 저널리스트 나오미 클라인이 만든 개념으로, 우파 이념주의자들이 큰 재난이나 위기 앞에서 대중을 선동해 자기들이 원하는 체제로 사회를 이끌어가는 전략을 뜻한다(『쇼크 독트린』, 나오미 클라인 지음, 김소희 옮김, 살림, 2008 참조).

사람은 없다. 외환 '위기'였다.

"우리가 그 직격탄을 맞았지."

새로운 이데올로기는 해고된 노동자의 손을 들어주지 않고 버텼다. 법원은 부당 해고 판결을 내리기까지 7년을 끌었다. 뭐 거창한 독트린이 아니다. '유연한 것은 좋다.' 노동 유연화라고 했다. 그들의 싸움만큼 긴 시간이 흘렀다. 당시를 재현한 영화*가 나올 만큼 옛날이야기가 되어버렸지만, 선언은 한층 강고해졌다. 위기는 일상이 됐다. 인생이 위기이고, 늘 자신을 관리하는 삶이 일상이 됐다. 실업과 실직은 자기 관리를 하지 않아 생긴 결과이고, 비정규직은 어느새 '진' 상태가 되어버렸다. 그런 세상에서 고용을 놓지 않고 "가자! 파주로"를 외치는 생산 라인의 나이 든 여성들은 얼마나 이질적인가.

아직 안 끝난 것 같아서

"그러니까 더욱 알려야죠." 어떻게 알리려나. 세 번의 해고는 충격적인 키워드가 아니다. 청년 실업을 걱정한다는 세상은 중년 여성의 해고 따위에 충격받지 않는다. 그럴 여유가 없다. 이런 세상에서 이들의 '사연'을 알리는 일이 나에게는 너무 어렵다. 앰프 음향만 작은 것이 아니다.

* 〈국가부도의 날〉, 최국희 감독, 김혜수 주연, 2018.

내가 가진 스피커도 작다. 그래도 내 안에서 울림이 강했던 말을 옮긴다. 세 번이 아니라 열 번, 스무 번을 이야기하는 그 고집스러움을.

"열 번, 스무 번 해고해도 나는 끝까지 갈 거다."

김양순이 한 말이다. 바로 옆에서 한마디 한다. "징그러!" 그러게. 상상만으로도 지긋지긋하다.

"징그러워도 어떻게 해. 회사가 원하는 게 그거니까. 안 그러길 바라는데. 세상이 갑자기 뒤바뀔 수도 없는 거고. 국회의원들 하는 거 봐서는 노동자를 위해 정치를 할 것도 같지 않고. 우리 스스로 깨닫고 알려내야 하는 상황인데. 내 권리는 내가 찾을 수밖에 없지."

열 번, 스무 번 다짐한다고 해도 포기라는 유혹에 시달린다. 떠난 사람도, 남은 사람도 있다. 9명이 남았다는 말을 정정한다. 해고자 28명까지 37명이 시그네틱스분회(노조)에 남았다. 2001년 1차 해고 때 복직하지 못했던 사람들이다. 가장 앞서 파업을 주도한 이들은 복직 판정을 받지 못했다. 이들은 여전히 노동조합 소속으로 남아 있다.

해고당해도 떠나지 않고, 탄압받아도 깃발을 내리지 않는다. 그들에게 왜 계속하느냐고 물으니, 한 조합원이 이리 말한다. "아침마다 여기 오려고 옷을 입으면서 '내가 미친년이지. 미친년이야'* 해요." 그

---

* 인터뷰이의 말을 그대로 싣긴 하나, 일상에서 흔히 쓰는 '미친, 또라이, 정신병자'라는 말이 정신장애 또는 정신질환을 가진 이들에 대한 차별을 재생산한다는 우려를 가진다.

러면서도 여기 와 있다.

아침마다 내가 '미친년'이지, 하면서도 나온다. 왜일까? 솔직히 갈 데가 없어 노동조합에 남았다고 말하는 사람도 있다. 회사에서 제발 나가라고, 몇 년 치 월급을 위로금으로 준다고 하지만(그래봤자 최저임금이다), 몇 년 비정규직 인생으로 돌다보면 그 돈 금방 까먹는다. 그래도 여기서 내 돈 내고 싸우는 것보다는 나아 보인다. 그런데도 왜 남았나.

"언니, 왜 남았어?"

"아직 안 끝난 것 같아서."

싸움은 언제 끝나나. 회사의 소원대로 허울 좋은 최저임금 정규직 지위 포기하고 사내 하청으로 가라면 가고, 해고하면 해고당하면 끝나나. 김양순은 말한다. "내가 사표 내고 싶을 때 낼 거야." 회사가 숫자 계산을 하며 내보낼 때가 아니라 자신이 더는 일을 하지 못하게 될 때, 그때 나가겠다고 한다.

"깃발을 내려서 노동조합 문 닫는 건 내 스스로 사표 내는 것과 같다고, 나는 똑같은 거라고 생각해요."

김양순은 87년에 입사한 이후 노동조합 없는 회사를 겪어본 적이 없다. 그는 사표도 낼 수 없고, 노동조합도 그만둘 수 없다. 돈도 많고 힘이 센 회사와 싸운다. 그러니 싸움만 길어진다.

사람들은 왜 이리 오래 싸우느냐고 묻지만 그는 자신의 끝을 정해두었다. 돈 없고 '빽' 없는, 그러나 옳다는 확신 하나는 있는 사람들이 정하는 끝이다.

"난 끝까지 갈 거야."

이것이 이들의 끝이다.

이건 집이 아니다

"이게 집이냐! 너희 엄마는 맨날 늦게 오고. 너희도 안 챙겨주고."

여자의 남편은 화를 낸다. 여자는 해고를 당해 복직 싸움을 하는 중이다. 집회도 저녁에 열리고 회의도 저녁에 잡히니 집에는 늦게 들어갈 수밖에 없다.

늦게 들어간 집에는 남편과 자식들이 있다. 그러나 남편은 '이건 집이 아니라'고 한다. 그럼 무엇이 집일까. 무엇이 '있어야' 집일까. 일단 남편 말을 통해서 본다면 '여자'가 있어야 집이 된다. 엄마, 아내, 며느리, 딸인 여자.

집에 '여자'가 없으니 갈등이 시작된다. 여자들은 싸우느라 밖에 있다. 밖에서 싸우는 여자들은 당당해지는 법을 익힌다. 시키는 대로 하는 것이 '만사 오케이'가 아니라는 것을 깨달았으니. 그래서 집에서도 당당하려고 한다.

"난 집에서부터 투쟁한다고 그러거든? 지금도 노력 중이고 투쟁 중이라고 생각해."•

그러나 당당한 투쟁의 이면에는 부채감과 죄의식이 깔려 있다. '애들'한테 성의껏 해주지 못했다는 감정. 충분히 '돌보지' 못했다는 미안함은 더 '돌보는' 일로 갚는다.

"늦게 들어와 저녁밥을 못 챙겨주니까. '아침밥은 꼭 챙겨줄게. 이게 엄마의 사랑이야. 이 아침밥에 엄마의 정성이 다 담겨 있어. 아무리 늦게 들어가도 아침밥은 챙겨줄게.' 아들한테 그랬어요. 아들이 고1 때부터 3년 동안 밥 못 차려준 게 딱 두 번이었어요."

윤민례 분회장이 한 말이다. 노동조합 위원장 일정이 얼마나 빡빡한지 아는데, 아침식사 못 차려준 게 고작 두 번이라니. 심지어 그 횟수를 기억하고 있다. 놀라운 한편 그의 피로가 나에게까지 전해져슬프다. 그러나 이 정도 노동으로는 '집'이 될 수 없다. 남편들은 이들에게 예전으로 돌아오라고 한다. 밖으로 돌지 않고 큰소리 낼 줄 모르던 예전의 아내로.

"옛날로 돌아오래. 그래서 그렇게 못한다고 했어요. 아들한테도 말

•　시그네틱스 여성 노동자들의 이야기를 다룬 다큐멘터리 영화 〈얼굴들〉(지혜 감독, 2006) 중에서.

했어요. 너희 아버지 자기 내킬 때 청소기 한 번 돌렸지, 세탁기도 돌릴 줄도 모른다. 내가 다 했어. 내가 미안해서 했어. 네 친가에도 정말 최선을 다했고. 네 증조할머니에 할아버지, 큰아버지, 작은아버지까지 같이 산 적도 있고. 힘들어서 원형 탈모까지 왔어. 그래도 했어. 미안해서."

그들은 미안해서 돌봄 노동을 더 많이 한다. 그럼에도 가족들이 원하는 '그런 집'은 만들 수 없다. 아무리 노동을 해도 과로와 미안함의 총량은 줄지 않는다. 언젠가 나는 싸우는 여성 노동자들에 대한 글에서 이 문장을 보고 무릎을 친 적이 있다.

"여성 노동자들은 투쟁하기 위해서 가정을 먼저 책임져야 한다. 그럼으로써 비로소 그녀들은 '가정'이라는 공간을 넘어설 수 있다."[*]

윤민례 분회장도 같은 말을 했다. 그 노동을 다했다. 미안해서. 그리고 "노동조합 활동하겠다는 의지 하나로 견뎠어요".

밖에서 노동조합 활동을 하려면, 집에서 그들의 몫으로 주어진 노동을 해내야 한다. 그래야 바깥으로 나올 수 있다. 그들은 집을 떠난 것 같지만 실은 집에서 벗어나지 못했다.

농성 투쟁을 마무리한 남성 노동자에게 사람들이 흔히 하는 말이 있다. "이제 퇴근할 수 있게 되었다"고. '저녁 있는 삶'을 살 수 있게

---

* 〈인권, 영화를 만나다ー이혼을 할지언정 투쟁을 멈출 수는 없다〉, 김일숙, 인권오름, 2007. 7. 18.

되었다고. 그러나 여성 노동자들은 매일 퇴근하지 않고는 투쟁을 할 수 없다. 농성장에서 퇴근해 자녀를 돌보고, 남편 저녁상을 차리고, 공과금을 정리하고, 분리수거를 하고, 음식물 쓰레기를 버리지 않으면 다음 날 농성장 출근이 위태로워진다. 아내로 구성된 '가족대책위'는 흔해도 남편으로 구성된 '가족대책위'는 떠올리기 쉽지 않은 까닭이 여기에 있다. 반면 시그네틱스는 '남편들'로 구성된 가족대책위(가대위)를 가진 투쟁 사업장이었다.

"남편들이 불안해서 아내를 데려가야겠다고. 공장에 용역 깡패가 언제 쳐들어올지 모르니까." 남편들이 보호자를 자처해 '위험한 농성장'에서 아내를 '집으로' 데려오려고 하자, 시그네틱스 노동조합은 오히려 남편을 공장으로 불러왔다.

"그렇게 불안하면, 당신들이 농성장으로 와라."

가대위는 순번을 나눠 함께 농성장을 지켰다. 남편들을 집에서 농성장으로 데려와놓고 씩씩하게 싸우는 여자들이지만(물론 여기에 남자 구사대에 맞서는 남성 보호자의 의미가 들어가 있음은 부정할 수 없다), 그럼에도 그들은 "이게 집이냐"는 말에서 자유롭지 못하다. 집에서 나오기 위해 집을 '집답게' 만드는 노력을 기울여야 한다. 집 밖에서 싸울 수 있는 여건을 만들려면 여자는 집 안에서도 싸워야 한다. 그리고 무엇보다 내 자신과 싸워야 한다. 이렇게 말하기까지 속으로는 전쟁이다.

"나, 너희 엄마이기도 하고 너희 아빠 부인이기도 하지만, 그 전에 윤민례야. 하나의 인격체야."

자신을 사로잡는 '엄마'의 부채감 위에 '나를' 세워야 한다.

자신은 집에서도 투쟁한다는 윤민례는 이 말을 덧붙였다. "꼭 시그네틱스 투쟁뿐만 아니라, 투쟁이 끝나고도" 인생 내내 해야 하는 투쟁이 있다고.

이들이 집에서, 일터에서, 농성장에서, 거리에서, 사방 곳곳에서 편히 발 뻗을 곳도 없이 싸우는 이야기를 듣고 속상했지만, 윤민례 분회장이 자녀에게 했다는 이 말에 조금은 안도한다.

"너희들에게 미안했어. 그래서 너희들을 있는 그대로, 너희들로 대하려고 노력했어."

그러면서 그도 자기 자신으로 대해질 권리를 자녀들에게 말한다. "과정이 승리"라는 말은 빨간 머리끈 맨 투쟁에만 통하는 이야기가 아니다. 싸우는 여자들이 살아가는 과정이 승리다.

얻을 것보다
남길 것을
고민하다

"자식에게 내 자리를 물려주고 싶은 회사였어요. 회사가 대학 캠퍼스처럼 조경이 되어 있거든요. 녹지가 잘되어 있고, 공단 같지 않게. 건물 사이도 멀리 떨어져 있고. 환경이 좋았지. 내가 정년퇴직하더라도 내 빈자리를 내 자식들이, 아니 꼭 내 자식이 아니더라도 다른 사람들이 와서 일하면 참 좋겠다고 생각했거든요."

풍산금속(현 (주)PSMC) 노동자 남태현이 좋아했던 그 회사는 이제 없다. 지금은 회사 부지에 무엇이 남아 있느냐고 그에게 물었다.

"없죠. 가건물 몇 개 지어놓은 상태예요. 그린벨트가 해제될 때 건물이 있으면 가격이 달라지니까요. 자본은 다 계산을 해놓는다 말입니다. 우리 노동자만 순진할 뿐이지."

가건물만 있는 그 부지조차 남태현이 다니던 회사의 소유가 아니다. 그의 회사는 2010년에 매각됐다. 그는 연월차를 소진하라며 회사로부터 등 떠밀려 휴가를 보내던 중 매각 소식을 들었다.

풍산금속이 풍산정밀(자회사)에서 풍산마이크로텍(분사)으로, 다시 (주)PSMC로 이름이 바뀌어가고 주주총회에서 주식과 배당금, 매각 금액이 결정되는 동안, 남태현과 그의 동료들은 저음의 앵커가 들려주는 소식을 통해 10여 년 넘게 다닌 회사의 명운을 들어야 했다. 그가 좋아했던 회사는 모르는 사이에 다른 '주인'의 손에 넘어갔다.

누군가는 잘려야 하지 않나

이런 유의 이야기는 흔하다. 휴가를 다녀오니 회사가 아예 사라진 경우도 있다. 자주 듣다보니 놀라울 것도 없다. 다만 하나의 의문이 지속된다.

사람 밥줄이 왜 이리 하찮게 취급되는가?

'해고는 살인'이다. 그러나 겨우 한 발 떨어져 있는 세상에선 사람들이 금테 안경 치켜올리며 '어쩔 수 없는 일'이라고 한다. 풍산의 경우, 매각 후 직원 30%가 해고됐다. 이미 수차례 구조 조정과 희망퇴직으로 직원 수가 절반이나 줄어든 상태(생산직 198명)에서 시행된 정리해고였다. 풍산마이크로텍은 투기 매각이 아니라는 증거를 보인다며

'고용 보장 합의서'에 도장을 찍었지만, 두 달 사이에 두 차례나 최대 주주(하이디스, 에프엔티)가 바뀌었다. 그리고 합의는 6개월도 되지 않아 파기됐다. 60여 명이 정리 해고됐다.

고용 보장 합의서를 들고 찾아간 법정에서 판사는 이리 말했다고 한다.

"누군가는 잘려야 하지 않겠나?"

회사가 어렵다는데 '안 잘리겠다고 버티는' 노동자를 향해 한 말이었다. 판사를 좋은 사람이라고 볼 순 없지만, 그에게 없는 것은 휴머니티가 아니라 사건의 맥락을 보는 눈이었다.

몇 개월 지나지 않아, 창조컨설팅과 풍산그룹의 거래가 드러났다. 노조 파괴 상담을 전문적으로 해오던 창조컨설팅은 풍산에서 상담비로 1억 6,000만 원을 받는다. 무엇을 상담했는지는 뻔하다. 30차례에 걸쳐 컨설팅 비용이 오간 것은 풍산마이크로텍이 매각과 정리 해고를 시행하던 시점이었다.

게다가 풍산마이크로텍을 사들인 (주)에프엔티라는 업체가 무자본으로 기업을 사들여 헐값에 자산을 처분하는 투기 자본이라는 것이 후에 밝혀진다. '잘 팔아치워지기 위해' 수십, 수백 명의 20년 직장 생활이 끝났다.

판사의 눈을 가린 것은 누군가의 고용을 하찮게 보는 또 다른 눈이었다. 해고를 불가피한 일이라고 여기면, 해고된 맥락을 자세히 들여

다볼 필요가 없어진다. 판사에게 노동자들의 고용 문제는 자세히 들여다보아야 할 설명서가 아니었다. 흐릿한 눈으로 스쳐 지나가도 될 만한 흔한 풍경이었다.

누군가는 익숙한 풍경처럼 대하는 일을 누군가는 지키기 위해 사활을 걸고 싸웠다. 취재를 갔을 때, 노동조합에서 교육선전부장 직책을 맡고 있는 윤광섭이 쉼 없이 투쟁 과정을 설명했다. 그러다 자신도 문득 멋쩍었는지 변명처럼 말했다.

"제가 말이 너무 길었죠? 열심히 싸웠다는 걸 이야기해주고 싶어서요."

이들은 열심히 싸워, 판사 양반이 들여다보지 않은 '작동 설명서'를 세상에 펴 보이려고 했다.

주인 의식과 종놈

풍산그룹은 방위산업체다. 또한 민간 산업 분야에도 수많은 계열사를 가지고 있는데, 풍산금속(정밀)도 그중 하나였다. 리드프레임이라는 반도체 직접 회로 부품을 만드는 회사로 한때는 세계 10위권 안에 들기도 했고, 외환 위기 시절에는 수출 품종의 외환 차액으로 인해 "갈퀴로 돈을 긁어갔다"고 한다.

그러나 2000년 초, 성장세가 끝나자 회사는 구조 조정에 들어갔다.

반도체 기술 혁신의 속도는 빨랐고, 그것은 특정 기술을 보다 작은 업체에서 더 저렴한 가격에 구현할 수 있다는 의미였다. 이제 리드프레임을 제3세계의 해외 공장에서도, 국내 하청 업체에서도 생산할 수 있었다. 그러자 한때 집약된 기술력이라 불리던 사람들이 '비싼 인건비'라고 불렸다. 회사는 이들을 해고하기 시작했다.

"2000년 이후에 회사는 매년 10%씩 구조 조정을 해온 거죠. 희망퇴직이고, 권고사직이고. 그때 당시에는 회사 임원이 일하는 사원을 관리실에 불러가지고 나가라 하면 나가는 분위기였거든요. 내가 봤을 때는 저거는 부당하다."

그런데 남태현이 생각하는 '부당하다'의 주체는 회사만이 아니었다. 나가라고 한다고 나가는 사람도 부당하다고 했다. 왜냐고 물으니 그는 '주인 의식'을 언급했다.

"주인 의식이 있어야 (고용을) 지킬 건데. 주인 의식이 없으면 위에서 압박을 하면 당연히 떠나는 거고."

그는 '우리 회사'라고 생각했다. 나가고 싶지 않았다. 그래서 노동조합을 선택했다. 현재 지회장인 문영섭과 함께 노동조합°을 만들었다. 회사는 숫자가 안 맞으면 나가야 하는 대상으로 노동자를 보는데, 남태현은 '주인 의식'을 말한다. 누군가는 코웃음 칠 동상이몽이다. 주인

°　　민주노총 전국금속노동조합 부산양산지부 풍산마이크로텍지회.

의식을 가진 결과로 그와 문영섭은 두 차례나 해고됐다.

교선부장 윤광섭이 말하는 노동자의 지위가 훨씬 현실적으로 들린다.

"회사는 종놈들이 막아선다고 생각할걸요."

팔아야 할 땅에 돌아오는 사람들

'종들'은 무엇을 막아섰나. 우선 해고를 막았다. 2010년 겨울, 매각 소식을 듣고 30명 남짓하던 노조 조합원 수가 180명으로 늘었다. 이중 해고를 피한 100여 명의 조합원까지 해고자들과 함께 복직 싸움에 나섰다. 부산시청 앞에서 농성하고, 풍산 본사가 있는 서울에도 올라왔다. 그리고 결국 일터로 돌아갔다. 해고자들은 지방노동위원회, 중앙노동위원회, 지방법원, 고등법원, 대법원까지 총 5차례의 심판과 소송(부당 해고 판정)을 거쳐 3년 만에 복직한다.

하지만 복직하고 석 달이 지난 2015년 2월, 주요 공정 라인에 불이 났다. "아침 7시에 불이 났다는데, 기가 차더라고요." 화재 원인은 밝혀내지 못했으나, 화재 이후 회사의 행보는 명료했다. 회사는 설비와 기계를 서둘러 처분하더니 급기야 공장을 화성으로 옮겨버렸다. 직원 중에는 부산 토박이가 많았다. 사십을 훌쩍 넘은 나이대. 그런 이들에게 화성은 낯설고 먼 땅이었다. 1년 휴직에 공장 이전까지 겹쳐 한때는 700명에 달하던 직원이 60여 명으로 줄어버렸다.

이에 노동조합은 어떻게 했을까. 부산시청에 천막을 세웠다. 세울 때 몰랐겠지만 천막은 5년간 그 자리를 지킨다. 그 시간 동안 그들은 무엇을 했나. 다시 싸움에 나섰다. 선전전을 하고, 상경 투쟁을 하고, 농성을 했다. 매일 아침 8시부터 저녁 5시까지 빽빽한 선전전 일정을 채웠다. 자신들은 이제 '농성 배테랑'이라고 말한다. 암흑했던 그 시절 (박근혜 집권 시기) 자신들이 앞장서서 청와대 앞에서 농성을 했다며 은근히 목에 힘을 준다. 그렇다고 힘들지 않았을 리 없다.

"힘드셨겠다"는 말로 시작해 그때를 물으니, 노동조합 법규부장인 성세경이 말을 멈춘다. 직전까지 부당 해고를 가리는 법정 싸움에서 승승장구하던 이야기를 신나게 하던 중이라 나는 그 침묵이 당황스러웠다. 잠시 후 말을 잇는 그의 목소리가 침울했다.

"2016년을 지나면서 이걸 계속해야 하나 심각하게 고민했어요. 제가 1주일 쉰 적이 있었거든요. 집에서 안 나가는데도 아내가 아무것도 안 묻더라고요."

얼마나 어둡고 괴로운 얼굴을 하고 있었으면. 그때를 물어보면 조합원들은 다들 비슷한 표정이 된다. 이들이 힘든 이유는 생활고 때문만이 아니었다. 아무도 이들 말을 믿어주지 않았다. 다들 판사처럼 안경을 치켜올리고 '원자재값 상승'과 '실적 부진' 등을 들먹이며 "회사가 어렵다는데"를 앞머리에 달았다. 그때마다 이들은 "나중에 다 밝혀지겠지만"이라며 항변했다.

"우리가 처음 정리 해고되고 외친 구호가 '정리 해고 철폐'와 '그린 벨트 특혜 반대'였어요. 그때 사람들이 왜 이 구호를 들고 나오냐고 했 어요."(문영섭 지회장)

노동조합은 알고 있었다. 공장 부지 매각과 자신들의 고용 문제가 떨어트려 생각할 수 없는 문제라는 것을. '종놈'들이 막은 것은 해고만 이 아니었다.

회사는 화재가 난 터에 공장을 재건하지 않았다. 대신 그 땅을 두 고 부산시와 양해 각서를 맺는다. 부산시는 2022년까지 그곳에 센텀2 지구(첨단도시산업단지)를 조성해 인공지능·정보 통신 기술·바이오 등 최첨단 산업 분야의 1,500개 업체를 유치할 계획이라고 발표했다. 개 발 예정 부지 57만 평 가운데 38만 평이 풍산 땅이었다.

이전부터 개발 이야기는 계속 있어왔다. 공장 매각으로 노동자가 거리로 나왔을 때도 풍산은 전경련을 앞세워 부산시와 돔구장을 논의 했다.• 전경련은 돔구장을 건설해 부산시에 기부하겠다고 했다. 전제 조건은 풍산 땅 대부분에 걸려 있는 그린벨트(개발 제한)의 해제였다.

센텀2지구 건설에서도 핵심은 그린벨트 해제였다. 개발 제한이 풀 릴 경우 토지 시세가 10배 이상 차이날 것이라 전망되었다. 센텀2지구 가 개발될 경우, 풍산은 부산시로부터 토지 보상을 받고 대체 부지까

• 　　당시 전경련 부회장이 풍산그룹 류진 회장이었다.

지 제공받는다. 센텀2지구 조성 비용 1조 2,000억 원 중 6,000억 원이 풍산 부지 보상 비용으로 책정됐다.

황금알을 낳는 거위 같은 이 땅이 팔리기 위해서는 비어 있어야 한다. 공장도, 설비도, 일하는 사람도 치워야 한다. 풍산 노동자들은 이런 이유 때문에 자신들이 쫓겨났다고 말한다.

퍼즐 맞추기

부당한 일이다. 이 땅은 애초 풍산 소유가 아니었다. 전두환 정권 시절, 방위산업 지원 정책에 따라 풍산그룹은 옛 육군 조병창 땅을 제공받는다. 방위산업을 하라고 국가가 땅을 내준 것이다. 노동조합은 그런 땅을 투기 매각할 수 없다고 주장했다. 그러나 이 땅이 방위산업 용도로 사용되어야 한다는 문서화된 증거가 없었다.

"단서 조각들을 하나씩 주워 퍼즐을 맞추는 거죠."

퍼즐 조각을 모으는 일은 쉽지 않다. 이들에게 정보를 주는 사람은 없다. 정보는 권력이라고 하는데, 권력을 가진 자가 정보를 독식했다. 이들은 풍산 땅에 대한 정보를 얻을 수 없었다. 등기부등본 한번 보려고 온갖 정부기관을 찾아다녔지만 확인해줄 수 없다는 말만 돌아왔다.

'개발'은 꿈 같은 이름이라, 지자체와 지역구 의원들은 당파를 초월해 손을 잡았다. 부산시는 센텀2지구에 '행복(도시)', '드림(시티)' 등

온갖 장밋빛 이름을 붙였다. 개발 계획이 시의회 상임위를 통과하자 지역구(해운대구) 의원들은 개발 촉구 결의안을 냈다. 지자체도, 지역구 의원들도 투기와 개발을 막으려는 노동자들에게 등을 돌렸다.

"저거는 황금싸라기 땅이라는 거야. 부산에서 저만한 땅이 없어요. 평지거든. 토건업자들이 제일 좋아하는 게 평지야."

풍산 노동자들은 개발 욕망이 들썩이는 옛 일터를 씁쓸히 바라본다. 지자체와 언론이 입을 모아 "판교(테크노밸리)를 뛰어넘는 신도시"가 될 거라고 전망하는 그곳은 불과 몇 해 전만 해도 그들이 출퇴근하던 일터였다.

우리 정말 대단하거든요

이들은 모두가 등 돌린 힘든 시기를 버텨냈다. 그러던 어느 날 광장에서 '촛불'이 켜졌다. 사회 분위기가 조금씩 달라지기 시작했다. 지역 공영방송 사장이 교체되고, 지역 대책위(센텀2지구 전면재검토 부산대책위)가 만들어졌다. 보도되지 않던 문제가 언론사 전파를 타면서* 여론이 형성되었고, 2018년 10월 민중당 김종훈 의원이 옛 조병창 땅의 매매계약서를 공개했다. 풍산이 국방부로부터 특혜를 받아 헐값에 부지

• 〈센텀2지구, 정의로운 개발인가?〉, KBS 14부작 특집 보도, 이이슬 기자 외, 2019. 9.

를 매입했다는 공식 문서였다. 24만 평(약 79만㎡) 부지를 헐값인 259억 원에 넘겨받은 기록이 남아 있었다.

여기에는 전제 조건(특약)이 있었는데, 다음과 같다.

〈매수인이 지정된 군수산업 목적을 폐기하였을 때 매매계약을 해제할 수 있다.〉

풍산은 이 특약 조항을 등기부등본에서 삭제하려고 했다(1999년). 그것은 오히려 풍산 부지의 소유와 처분권이 국방부에 있다는 것을 확인시켜줄 뿐이었다. 방위산업의 목적을 충족하지 않는 토지를 환수해야 할 책임이 국가에 있다는 사실도 밝혀졌다.

결국 그린벨트는 해제되지 않았다. 2018년 말, 국토부는 지역 여론을 이유로 다시 한 번 개발 제한 해제 결정을 유보했다. 2019년 9월, 감사원은 국방부에 풍산 부지를 환수할 방안을 마련하라고 통보한다. 지역 대책위는 현재 '부지 환수'를 요구하고 있다.

풍산 노동자들이 나중에 다 밝혀질 거라고 확신하던 사실이 마침내 폭로됐다. 여기에는 '어쩔 수 없음'이 있던 게 아니었다. 재벌 특혜와 투기 자본과 정경 유착과 토건 자본, 그리고 이들이 만들어낸 부동산 거품과 개발 만능주의가 있다.

모든 것이 밝혀지는 과정에는, 그곳에서 일하다 쫓겨난 이들이 끝까지 쥐고 싸우던 '자부심'이 있었다. 그들은 '처분되지 않고' 싸워 증명했다. 이들은 판사 양반이 들여다보지 않은 '작동 설명서'를 세상에

펴 보였다. 자신들의 삶이 무엇에 의해 훼손당했는지 밝혀냈다.

"우리 진짜 대단하거든요. 거대 자본에 맞서서 여기까지 왔잖아요. 저들이 1조 원(단지 조성 비용)을 가지고 하겠다고 해도 다 못하게 막고. 우리는 이미 승리한 거거든요."

그러나 해피엔딩은 아니다. 고용 문제는 해결되지 않았다. 부산시도, 풍산그룹도, 화성으로 옮겨간 (주)PSMC도 문제 해결을 위해 나서지 않는다.

무엇을 남길까 고민하다

"'부산시와 풍산 너희가 가해자니까 우리 생존권을 책임져라. 우리 생존을 책임지는 건 일자리다, 이게 우리가 요구하는 거예요. 위로금으로 합의 보자는 제안이 들어오기도 해요. 필요 없는 거죠. 우리는 일자리다."(문영섭 지회장)

싸움이 끝나지 않았다는 말이다.

나는 서울 광화문 선전전에서 본 손마디가 굵은 풍산 노동자를 떠올린다. 마이크를 말아 쥔 그의 손은 억세 보였다. 특유의 부산 말씨가 섞인 목소리가 쩌렁댔다. 그런데 발언 내용은 어딘가 주눅 들어 있었다.

"저희가 불편하실 텐데 너무 불편한 시선으로 보지 마시고. 어차피 세상은 투쟁하고 저항하는 사람들에 의해서 조금씩 바뀌어가는 거 아니겠습니까? 따뜻한 시선으로 바라봐주시면 좋겠습니다."

투쟁 9년에 농성 베테랑이 되었다고 해도, 사람들의 귀찮은 시선은 명치끝에 걸린다. "거리 생활이 이제 인생이 되어가고 있죠." 인생을 거리에서 보내려면 많은 것이 필요하다. 우선은 단단한 명치. 단단함은 자신이 옳다는 자부심으로 만들어진다.

그러나 현실은 이러한 자부심을 자꾸만 뭉갠다. 곧 정년을 맞는 한 노동자는 친구 자녀의 결혼식에 참석하기 위해 일정과 차비를 계산하다 한숨을 푹 내쉬었다. 화성으로 이전한 후, (주)PSMC는 9개월간 이들을 휴게실에 대기시키더니 조합원 가운데 반(14명)에게는 강제 휴직 명령을 내리고 나머지 사람들은 현장으로 보냈다. 휴직자 생활은 말할 것도 없고, 일하는 사람들도 특근·잔업 근무를 받지 못해 생활이 쪼들린다. 제조업 생산직의 기본급은 어디를 막론하고 형편없다. 게다가 파업도, 투쟁도 끝나지 않아 늘 부산과 화성을 오간다.

"경비로 한 달에 일이십만 원 빠지고. 거기서 밥 사먹고, 남는 게 거의 없지. 그러다가 여기서 파업을 하면 일주일만 해도 (월급을 깎이니) 육십만 원씩 빠져버리면… 없지. 옛날에는 생활이 높진 않아도 중이었다면, 인자는 밑에 '하'라고. 상중하의 하."

생활이 '하'로 떨어져버린 노동자에게 9년 전 선택을 물었다. 왜 싸웠느냐고.

"처음에는 자존심 때문에 했지."

"자존심이요?"

"그게 아무것도 아닌 거 같애도, 그래도 사람이 살아 있는 거는 자존심 때문이야. 난 그기라고 생각하거든."

"지금은요?"

"지금은 자존심이 많이 무너졌지. 그래서 인자 그거 때문에 이래 있는 거야. 계속하는 거는 자존심 때문에…."

승리가 그의 자존심을 다시 살려줄 거라고 기대하는 걸까. 아니면 투쟁하는 일이 그의 마지막 자존심이 된 걸까. 첫 해고로부터 10년이 지났다. 대다수 조합원이 3년 이내에 정년을 맞는다. 이미 정년이 지난 조합원도 있다.

"이 투쟁을 통해 무엇을 쟁취할까 고민하기보다 무엇을 남길까 고민하고 있다."

추석을 앞두고 열린 '풍산 투쟁 승리 문화제'에서 문영섭 지회장이 한 발언이다. 늙은 노동자들은 이 싸움에서 무엇을 남길까.

"사람은 자기가 지킬 수 있는 의리를 지켜야 한다고 생각해요. 그게 사회적 의리이든, 사람 간의 의리이든."(문영섭 지회장)

해고되지 않은 풍산 노조 조합원들도 사람의 의리를 지키기 위해 파업을 하면서까지 같이 복직 투쟁을 했다. 풍산 노동자들이 사회적 의리를 지키는 방식은 센텀2지구 개발 저지 노력에서 충분히 드러났다. 그들은 의리를 지켜 동료들을 복직시켰다. 의리를 지켜 무분별한 개발과 투기를 중단시켰다. 그렇다면 본인에게 남은 것은 무엇인가.

비싼 수업료를 내고 배운 것

회사가 좋아 주인 의식을 가지고 일하고 싶었다던 노동자는 사람만 내보내는 회사를 의심스럽게 바라보기 시작했다. 회사는 기술 개발도 설비 투자도 하지 않았고, 형님 아우 하던 동료들만 하나둘씩 사라졌다. 그사이 임원은 자산을 처분해 잠적하고, 주식은 허위 계상되고, 주주들은 배당금 잔치를 벌였다. 그런 행태를 보다 못한 그들은 노동조합 활동을 시작했다. 자신이 행사할 수 있는 주인 의식이라고 생각했다.

순진하게만 보이는 그 생각은 10년을 싸우는 과정에서 확장됐다. 회사의 주인이 아니라 세상 속에서 주체로 서는 자신을 생각하게 됐다. 그래서 '무엇을 남길까' 하는 고민이 '나 자신'에게 무엇을 남기느냐는 물음으로 그치지 않는다.

"그 시간 동안 내가 바뀌었다는 생각이 들죠. 뭐가 바뀌었느냐고요? 성장. 세상이 어떻게 바뀌었으면, 공동체가 어떻게 갔으면 좋겠다는 희망을 볼 수 있는 성장이랄까."(성세경)

철이나 만지고 산이나 다루는 노동자들에게는 세상에 관한 관심이 사치라고 생각하던 이들이었다. 자신의 고용 문제조차 코끼리 다리를 더듬어 퍼즐 맞추기를 해야 했다. 자신들에게 줄 것이 없다는 세상에서 가진 것 없이 오랜 싸운 사람들은, 싸움의 끝에서 이 세상에 무엇을 남길까를 고민한다. 그렇게 되기까지 오랜 거리 생활이 있었다.

나는 말했다.

"값비싼 수업료네요."

싸우는 이가 대답했다.

"그렇죠. 자본주의사회에선 진짜 비싼 수업료죠."

아름다움이
완성되는 순간까지
천천히
검붉게 타올라
심장이 되어다오

살아 있어다오
꺼지지 말아다오
네 곁에 죽어간 마른 잎 하나조차
따스한 불길로 살아오리니
이 얼음장 같은 세상
내 안방에
화롯불처럼 온기를 다오

— 〈참숯〉, 김성만 노래·글·곡

6부

연대를 통해
당신의 무엇이
변했느냐고
묻는다면

엄마가
착한 엄마는 아니야,
솔직히

●

김시녀 씨 이야기를 하고 싶다. 이름 끝에 '녀女'를 썼다. 나이대를 짐
작하게 하는 이름. 그의 이야기를 하려면, 먼저 한혜경의 이야기를 해
야 한다. 삼성전자 뇌종양 산재 피해자, 한혜경. 그와의 인연은 2010년
으로 거슬러 올라간다. 당시 나는 반도체 산업 직업병 피해자들을 기
록했는데,* 그는 그때 만난 피해 노동자였다.

기록이 끝난 후엔 가깝게 지내지 못했다. 아주 가끔 얼굴을 보는 정
도였다. 그러다 우연히 만나면 또 그렇게 반갑고. 오랜만에 그와 이런
저런 이야기를 나눈 날이 있었다.

---

* 《삼성이 버린 또 하나의 가족》, 희정 지음, 반올림 기획, 아카이브, 2011.

나는 대화거리를 찾다 우리가 처음 만났을 때를 꺼내들었다.

"우리 처음 만난 날 기억나요?"

수술받은 지 얼마 되지 않았을 때인 데다, 재활 치료를 제대로 받지 못한 까닭에(산재 처리가 되지 않았으니까)* 그는 우리의 첫 만남 따윈 기억하지 못한다. 당연한 일이다.

"언니가 나한테 이렇게 말한 거 알아요?"

"으응?"

"나는 뵈는 게 없는 년이야."

"내가?"

그는 억양을 높여 묻더니 입을 가리고 고개를 숙인다. 어깨가 들썩거린다. 그가 웃고 있다는 걸 알지만 어쩐지 우는 모양 같아 마음이 덜컹 내려앉아 재빨리 덧붙인다. "농담이야. 농담이에요."

그의 어머니 김시녀는 첫 만남에서 딸의 처지를 이렇게 설명했다.

"쟤는 눈물도 못 흘려."

눈물만 못 흘리나. 한혜경은 잘 걷지도, 젓가락질을 하지도, 뚜렷하게 보지도 못한다. 삼성전자에서 일하다가 생긴 뇌종양이 그의 신경을 좀먹었다. 아픈 곳이 많은데도 그의 어머니는 어디서나 눈물 이야

---

*　　한혜경은 삼성전자에서 일하다 직업병을 얻었다. 2005년 악성 뇌종양 진단을 받고, 2009년 산재 신청을 했으나 기각당했다. 10년이 지난 2019년에야 직업병 인정을 받았다. 반올림의 지원 속에 11년을 싸운 결과였다.

기부터 했다. 울고 싶은 일이 얼마나 많을 텐데. 눈물조차 흘리지 못한다는 데 생각이 미치면 가슴이 미어지겠지.

최근 한혜경은 병원에서 한 차례 수술을 받았지만 시력은 나아지지 않았다. 김시녀는 기대를 하긴 했지만 어쩔 수 없는 일이었다고 담담히 말했다. 한혜경이 병을 얻은 지 이미 10년이 넘었다.

김시녀, 가족이자 곁이자

나는 '혜경 언니'와의 첫 만남만 기억하고 있는 것이 아니다. 김시녀와의 첫 통화도 기억한다. "기억하세요?" 하고 묻지는 않았지만, 나는 그 통화에서 느꼈던 미묘한 차가움을 아직도 기억한다. 아픈 자식을 옆에 끼고 산재 싸움 길에 첫발을 내딛은 김시녀는 간절한 동시에 절박했을 것이다. 마음의 여유가 있다면 그건 부처지. 그럼에도 최대한 품을 내주었다. 내 자식 일을 도와주겠다고 온 사람들이니까. 다만 도움의 정도를 재는 눈빛을 할 때가 있었다.

결코 돈 계산, 숫자 계산을 하는 눈은 아니었다. 마음 급하고 해결해야 할 것투성이인 상황. 누구에게나 손을 뻗어 도움을 요청하고 어떤 손이든 잡을 기세였지만, 한편으로는 잡은 그 손이 튼튼한가를 살펴야 했다. 아주 작은 변화이긴 했지만 그 손들을 보는 눈빛이 아주 미묘하게, 알아채기 힘들 정도로 복잡해질 때가 있었다. 그 변화를 그의 눈빛이 아니라 말투로 알아챌 때도 있었다. 다정했지만 어쩐지 차가운 통화는, 그러나 그때가 처음이자 마지막이었다. 그후 내가 고마운 또는 고마웠던 사람 정도로 자리잡았기 때문일 것이다.

나는 김시녀 씨가 좋았다. "희정 작가"로 시작하는 그 말씨가 좋았다. "우리 싸움 승리하면 된장찌개를 바글바글 끓여서 반올림 사람들 초대해 한 상 차려 먹이고 싶다"고 하는 품이 좋았다. 무거운 휠체어를 두 손으로 꼭 부여잡고 일정한 속도로 걷는 뒷모습도 좋았다. 더 솔직히 말하자면, '혜경 언니'의 어머니라서 좋았다. 나는 어머니, 이모, 언니… 등 모든 관계를 유사 가족 안으로 편입시키는 호칭을 좋아하지 않지만, 김시녀를 '어머니'라고 불렀다. 한혜경의 어머니, 그래서 내게는 좋은 사람. '가족이자 연대자'에 관한 글을 쓰고자 했을 때, 내가 가장 먼저 떠올린 이는 김시녀였다.

한혜경이 산재를 인정받고, 잦아진 언론 인터뷰에서 함께 보이는 그의 모습은 단단하고도 말캉해 궁금했다. 보호자이자 가족이자 친구이자, 그리고 누군가의 동료이자 동지이자 당사자여야 했을 그의 삶은 무엇으로 채워져왔는지 궁금했다. 한혜경 모녀는 언론 노출이 많은 편이다. 그들의 사연도 제법 알려져 있다. 그러나 내가 궁금한 것은 '연대'였다. 강인한 어머니로만 보이는 그이지만, 지난 10년을 반올림 가족으로 살아오며 무엇과 연결되었을까.

떳떳한 가족

2019년 10월, 아시아 전자산업 직업병 피해자 문제를 알리는 국제대회(안로브)*가 서울에서 열렸다. 대만, 베트남 등 각국의 활동가들이 모이는 자리였다. 그 자리에 반올림 활동가들이 참석했는데, 김시녀도 함께였다. 물론 한혜경도. 모녀가 노동자 건강권 포럼에 참석한 것은 이례적인 일이 아니다. 김시녀 옆에는 몇 해 전 현장 실습 중 목숨을 끊은 자식을 둔 이**가 앉아 있었다. 둘은 어깨를 붙이고 앉아 속닥거렸다.

대만에서 온 활동가는 단상에서 말했다.

"이 거대한 전자회사는 거대한 장례식장과도 같습니다."

그곳의 글로벌 기업에서도 수많은 직업병 환자들이 발생했다. "정부가 벌금을 물리는데도 사고가 줄어들지 않는 이유는, 과태료가 직원 복지 비용보다 싸기 때문입니다." 대만 활동가가 이렇게 발언했을 때, 두 사람은 소리 내어 한숨을 쉬었다. "아직도 그래." "저기도 법을 바꿔야 해." 말이 오간다.

어느 날, 일하다 목숨을 잃은 가족을 둔 다른 이가 김시녀에게 물

---

*   안로브ANROEV. 아시아 산재 및 환경 피해자 권리네트워크 대회. 2019. 10. 27.
**   고 김동준의 어머니 강석경. 마이스터고 3학년이던 김동준은 2013년 햄 등 육가 공식품을 만드는 CJ 진천 공장에서 현장 실습을 하다가 이듬해 1월 말 스스로 목숨을 끊는다. 원인은 고강도 노동과 일터 괴롭힘으로 추정된다.

었다.

"언니, 행복해?"

김시녀는 바로 대답했다.

"행복할 순 없지. 하지만 나는 떳떳해, 혜경이한테."

많이 생각했을 것이다. 그러니까 머뭇거림 없이 대답이 나왔겠지. 그에게 행복을 물어본 이는 회사로부터 위로금 합의를 제안받았다. 사과도, 책임도, 재해 방지 약속도 없이 돈만 건네지는 비공식 합의. 삼성 또한 큰 회사니 회유가 오지 않았을 리 없다.

"그 사람들이 나에게 몇억을 제시했을 때, 내가 받으려고 했어. 내 딸내미 귓방망이를 때려가면서까지. 만약에 내가 그걸 받았으면 나는 평생 죄인으로 살았을 텐데. 내가 그걸 안 했기 때문에, 난 지금 너무 떳떳해."

회사가 주는 돈을 받아라, 받지 말아라 하고 누구나 말을 거들 수는 있다. 그러나 김시녀는 다른 피해 가족에게 이런 말을 해줄 수 있는 사람인 듯했다.

"회사로부터 ○○ 몸값을 받고 싶으면 받아. 너한테 왜 받았냐, 싸움 안 하고 왜 받았냐, 손가락질할 사람 아무도 없다."

아니다. 이조차도 누군가는 해줄 수 있는 말. 그러나 다음의 말은 김시녀밖에 해줄 수 없어 보인다.

"돈을 받았어. 그래도 니 옆에 아들 ○○이는 없어."

어쩌면 잔인한 이야기. 왜 그렇게까지 이야기하셨어요? 하고 물으니 그가 말한다.

"내가 매몰차게 이야기를 했어. 나도 그때 누군가 옆에서 이야기해 줬으면 얘 귓방망이까지는 안 때렸을 것 같은 생각이 들더라고. 그렇게 이야기하고 사실 마음은 아팠지."

당시 김시녀는 행복하지 않았다. 치료비도 생활비도 드는데 벌이는 없었다. 집을 팔았는데도 남는 것 없이 돈이 자꾸 나갔다.

"대한민국 최고 글로벌 기업이다보니까 (산재 인정도) 빨리 되겠지 했어요. 웬걸. 내가 생각한 거랑 완전 다른 거잖아요. 삼성이 크다보니 더 힘든 거구나. 반올림과 함께 이 싸움을 하면서 '사회가 이렇게 돌아가는구나' 하고 많은 걸 배웠잖아요. 배우면서 좀 뭐랄까. 이거 힘든 싸움이라는 것을 깨달았지."

그때 회유가 왔다. 귀신같기도 하지. 길을 다 차단시키고, 당사자가 길이 없어 싸울 자신을 잃었을 때 위로금 제안이 온다.

"회유가 들어왔을 때 내가 사실 반올림에 뜸했었어요."

그때 한혜경은 무어라 했을까.

"엄마! 나 같은 사람이 또 나왔으면 좋겠어?"

이 말을 해서 어머니에게 맞았나보다. 모녀의 의견 충돌. 웬만하면 딸이 져주는데, 아니 한평생 '우리 엄마 불쌍해서 어쩌나' 해온 딸이었는데, 그때만큼은 강하게 반발했다. 결국 김시녀는 다시 반올림을 찾왔었다.

"혜경이는 늘 생각이 많아. 자기로 인해서 가정이 이렇게 되고. 또 제2의 혜경이가 나오면 그 가정도 이렇게 될 것이고. 나는 헤아리지 못했던 거지."

다시 싸우겠다는 마음은 당사자가 먹지만, 그것으로 끝은 아니다. 활동가가 자리를 지키고 있어야 한다. 그래야 돌아와 싸울 곳이 있다.

"혜경이랑 나랑 결론을 맺고 나서, 내가 이종란 노무사(반올림 상근 활동가)한테 사실대로 이야기했어요. 그랬더니 '어머니, 그거 미안한 거 아니다. 어머니가 받았어도, 우리는 어머니한테 뭐라 할 사람이 없다' 이러더라고요. 오히려 내가 너무 미안하게. 나를 너무 많이 이해를 해주는 거예요. 뭐 저런 사람이 다 있나. 얘(한혜경)랑 몇 살 차이 난다고. 이종란이가 너무 우러러 보이는 거야."

그제야 감이 왔다. '그 돈 받아도 뭐라 할 사람 없다'는 말을 김시녀 씨도 들었던 것이다. 그리 말해준 사람이 있어서 자신도 되돌려 말해 줄 수 있었다. 각자 방식은 다르더라도, 위로를 담은 말이 이렇게 퍼져 나간다.

그래서 그 말을 해준 이를 찾아가 물었다. 어떤 심정으로 그런 말을 했나. 이종란 노무사는 "혜경이 이야기를 하라고?" 하고 되묻더니 "한 혜경은 오래돼서", 이런다.

"오래됐다는 말은 이제 친구나 아는 사람이라는 거야. 뭔가 싸우는 사람으로서의 개념은 너무 오랜만인데."

나는 '김시녀 어머니' 이야기를 물으러 온 것이라고 정정했다. 삼성의 회유에 관한 이야기는 김시녀 씨에게 자주 들어 이종란 노무사를 비롯한 반올림 사람들도 잘 알고 있다.

"그땐 우리를 믿고 따라와주는 게 오히려 신기했어요. '우리 믿으면 승리한다', 그런 게 어디 있어요? 어렵지만 우리도 이건 그냥 싸워야 하는 거야. 사람이 죽는 문제니까. 길이 잘 보이지 않지만 추상적인 희망을 보고 한 발자국 더 싸워보는 그런 거였던 것 같아. 산재 승인을 받아야 한다는 생각은 늘 있었지만, 길이 잘 보이지 않으니 피해자 가족들을 다그치진 못했던 것 같아요."

그래서 이해한다는 말을 할 수밖에 없었다고 이종란은 해명 아닌 해명을 한다. 2007년 반올림이 처음 만들어졌을 때, 대부분의 활동가가 서른 초반이었다. 경험이 많지 않은 활동가들이 국내에 처음 알려진 반도체 산업 직업병 문제를 다뤄야 했다. 막막했단다.

길이 보이지 않는 상황에서 누구는 회유당하고 누구는 돌아오고 누구는 조심스러워 배려를 한다.

용기 낸 활동가

피해 가족에게 손을 내미는 일은 활동가들에게도 쉬운 결정이 아니었다. 이종란의 말에 따르면 "엄청 용기를 낸 일"이었다.

"대책위 꾸릴 때 기억이 다 나요. 내가 어떤 마음으로 제안서를 작성했는지. 엄청 용기 낸 거예요. 싸움의 경험이 많지 않고, 삼성이란 기업은 크고, 백혈병(직업병)은 너무 어려운 거야. 유족은 너무 무겁고."

고백 아닌 고백을 한다. 그는 황유미의 죽음에 관한 기사를 봤지만 그의 아버지 황상기 씨에게 먼저 연락하지 못했다고 한다. "기사 보고 잠을 잘 못 잤어요. 화가 나서. 그렇지만 내가 아버님에게 먼저 연락을 한 건 아니에요. 할 수가 없더라고요." 너무 무거우니까. 그런데 왜 대책위를 만들었느냐고 물으니까 같은 말을 반복한다.

"너무 무거우니까. 나는 비켜설 수가 없는 거예요. 내가 비켜서면 이 사람들은 어떻게 하지."

그 무거운 일들은 끊이지 않고 계속되었다.

"박지연*이 2010년에 죽었어요. 나도 억울한 거야. 동화된 거지. 이게 타인의 죽음이 아닌 거예요. 우리도 젊었지만 더 어린 죽음을 아주 가까이에서 겪으니까."

이 감정은 무얼까. 동화라 표현하기에는 과하고, 공감이라 하기에는 약하다. 이런 감정을 느끼기에 사람들은 연대를 한다.

• 　2010년 3월 31일, 삼성전자 온양 공장에서 일하던 중 급성 골수성 백혈병에 걸려 투병하던 박지연(23세)이 세상을 뜬다. 당시 반올림이 파악한 바로는 8번째 희생자였다.

"혜경은 나와 비슷한 또래였어요. 어쨌든 우리는 어디든 다닐 수 있는데, 이 친구는 그럴 수 없는 몸이 됐고. 그거 자체로 미안한 마음이 들었어요. 처음에는 그거였던 것 같아."

미안할 필요가 없는 일인데도 미안해지는 마음. 내 문제가 아닌데 화가 나는 마음. 이걸 뭐라 불러야 할까. 무엇으로 부르든, 그런 마음 때문에 가까이 다가간다. 하지만 그런 마음을 가졌다고 어떻게 내내 곁에 있을 수 있나.

"피해자들이 아픔만 있는 게 아니니까. 함께하면 정말 감동적인 순간이 많거든요. 어려운 상황이어서인지 몰라도 감동이 많아. 서로 실존으로 만나는 것 같은 때가 있어. 나도 피해자들을 만나면서 성장하고 위로받고. 내가 주기만 하는 게 아니라. 한혜경은 나한테 그런 존재라 생각해요. 날 엄청 깊이 있게 믿어주는 사람. 그게 엄청 소중한 거더라고요. 내가 힘들 때 혜경한테 전화를 하면, 목소리만 듣고도 힘들어서 전화했구나 말해줘요. 그런 사람이 있다는 건 감동이죠."

그래서 결국 연대는 '내어주는' 일만이 아니게 된다. 서로가 서로를 의지하고 필요로 하게 되는 일. 연대를 경험한 김시녀는 다른 피해자 가족들에게 자주 강조한다.

"피해자들이 백날 많다고 다 되는 게 아니야. 우리만 있어서 이길 것 같아? 연대의 힘이 있으니까 이기는 거지."

사람 믿고 하는 싸움

언젠가부터 산재 피해자 가족들이 모이는 일이 잦아졌다. 산업재해 문제가 이렇게라도 부각되는 것을 다행으로 여겨야 할까. 한때는 일터에서 사람 죽고 다치는 것이 당연하게 인식되기도 했다. 김시녀는 피해 노동자 가족들 사이에서 앞서 싸운 '선배'다. 어느덧 믿어주는 위치에서 믿음을 주는 위치로 변모했다. 회유 앞에서 갈등하던 피해자 가족이 돌아와 "언니, 행복해?"를 물었을 때 김시녀는 이 말도 했다.

"우리 같이 이겨내보자, 그랬죠. 그런 이야기를 했지만 그렇다고 나도 그 속에 답이 있는 건 아니에요."

누구에겐 답이 있을까. 다만 겪은 대로 알 뿐이다.

"콩(공유정옥. 반올림 활동가)이 '어머니, 이번에 올라오실 때 혜경 씨약을 며칠 치만 더 가져오세요' 이러는 거야. 그래서 '그럼 우리 어디서 자요?' 했더니, '강남역에서요' 이러더라고. 말도 안 되는 이야기라생각하고 올라왔어. 몸도 이런 애가 땅바닥에서 자면 삼성도 해결을하겠지 생각을 했는데, 아니잖아요? 그래서 정말 희망이 없구나 생각했을 때, 그때 된 거야."

보상 논의가 오갔다. "우리 반올림 식구들이 너무 잘한 거야. 최선을 다한 거고." 땅바닥에서 1,023일을 잤다. 2015년 10월에 반올림이삼성전자 서초사옥 앞에서 시작한 농성은 3년 뒤 삼성으로부터 반도

체 직업병에 관한 중재안 이행을 약속받으며 마무리되었다.[•]

10년 넘게 직업병을 인정하지 않던 거대 기업으로부터 보상까지 받아냈다. 승리의 경험은 김시녀에게 무엇을 주었을까.

"사람 믿고 가도 되는구나."

이종란 노무사는 김시녀의 말을 자기 식으로 정리해본다.

"어머니는 '사람'으로 표현했지만, 실은 돈보다 다른 가치를 좇아도 우리가 망하지 않고 승리할 수 있어, 이걸 느낀 것 같아요."

자본주의사회에서 실리를 좇지 않는 사람은 바보 취급을 당한다. 많은 이들이 결코 나를 배신하지 않는 것은 돈뿐이라는 말을 서슴없이 내뱉는다. 그래서 기업들이 몇억 원을 들이밀며 '사람들' 사이에서 나오라고 말할 수 있는 것이다.

그 말을 듣지 않는 사람은 손가락질당하는데 그러면 외로운 시절, 정말 옆에 있는 사람밖에 믿을 것 없는 시절을 견뎌야 한다. 그래서 옆에 있는 사람이 더욱 중요해진다. 돈도 뭣도 소용없는 몸이 된 한혜경은 처음부터 사람만 믿었다. 반올림을 배신하지 않겠다는 생각 때문

• 2018년 7월 24일, 삼성전자와 '반도체 노동자의 건강과 인권 지킴이'(반올림)는 조정위원회의 중재안을 수용했다. 삼성전자 기흥 공장 준공 이후 반도체와 LCD 라인에서 1년 이상 일한 전·현직 삼성전자 노동자는 물론 사내 협력 업체 노동자 가운데 희귀·난치 질환에 걸린 이들이 보상 대상에 포함되었다. 향후 발병까지 고려해 2028년 10월을 1차 시한으로, 이후엔 10년마다 보상 대상을 다시 선정하기로 했다.

에 회유도 거절했다.

사람 믿고 싸워 결국 이겼다. 얼마나 꿈같은 일인지, 그래서 얼마나 강렬한 교훈으로 남는지 이종란 노무사의 말에서 엿볼 수 있다.

"나 또한 반올림 싸움을 하면서 왜 싸워야 하는지를 알게 된 거예요. 투쟁을 하면서 사람이 확실하게 성장하는구나. 단결한 민중은 패배하지 않는다는 말은 이럴 때 쓰는 거구나 싶었어요. 우리가 서로 부대낄 때도 있었지만, 고립된 순간을 같이 견딘 사람이 동지구나, 그래서 가족이라 하는구나."

그가 승리의 비결이라면서 조심스레 말하는 내용은 마치 교과서 속 옳은 이야기 같다. 누군가를 올곧이 믿고 함께해본 적 없는 나로서는 가닿지 못하는 깨달음이다. 그러나 신뢰가 가는 말이다. 나 역시 그들의 승리를 보았기 때문이다.

활동가 겸 연대자

"당사자들이 이토록 원칙을 갖고 오래 싸우니까 연대하는 사람이 늘어나고, 사람들이 이 싸움의 진정성을 믿어주는구나."(이종란)

돌고 돌아 승리의 비결은 '사람'이 된다. 당사자나 활동가 때문만이 아니라, 사람의 연대 때문이라고 한다. 그러나 내 생각은 조금 다르다. 오래 싸웠기에 사람들이 연대를 하러 온 것이 아니다. 사람들이 다가 온 이유는 당사자(와 가족)가 있기 때문만도 아니다. 그들 옆에 활동가가 있어서다. 사람이 사건의 당사자에게 바로 다가가는 일이 얼마나 무거운가. 오고 가는 사람에겐 더욱 버거운 일이다. 분노하고 공감하고 싸움을 응원하지만, 어쩔 수 없는 문제다.

그런데 반올림은 늘 당사자 곁에 있었다. 활동가들이 곁을 지키고, 그 모두를 아울러 반올림이라고 했다. 연대하는 이는 활동가를 통해 반올림이라는 이름에 가까이 다가갈 수 있었다. 이를 알기에 곁에 자리한 활동가들이 부러 더 밝고 씩씩하게 움직였을지도 모른다.

"우리가 단지 엄숙한 무거움 속에 있는 것이 아니라, 그 무거움 때문에 더 잘 뭉치려 했고, 끈끈하려 했고, 밝으려 했고, 잘 헤쳐나가야 한다는 생각이 있었던 것 같아요. 그 마음으로 자기보다는 남을 더 앞세우는 시간을 관통했었던 것 같고."

세상은 피해 입은 당사자에게 울고만 있으라 하고 언론사 카메라는 처절한 모습만 담아가지만, 반올림은 농성장을 호텔로 만들고 피켓에 크레파스로 색을 덧칠하며 그 엄숙함과 무거움을 거둬버리려고 했다. 그러기 위해 애쓴 활동가들이 있다. 그 마음이 전해져 사람들은 이 싸움의 '진정성'을 믿어버렸다.

활동가가 되다

"우리가 반올림이고, 반올림에 연대해준 사람들이 다 반올림 가족이
라 생각해요."

　김시녀가 연대자들에게 보내는 고마움의 최대 표현이다. 농성이 해
제되고, 이번에는 김시녀 자신이 연대자가 된다. 피해자 가족들 사이
에서 김시녀는 당사자 가족이자 연대자이다. "아무것도 모르는 사람
이 오로지 억울하다는 마음 하나로 시작해서, 사회의 다른 면도 알게
되고 사람들에게 베풀 줄도 알게" 되었기에 10년 전 자신처럼 억울한
마음 하나 가지고 싸우는 사람들에게 다가간다.

　"우리 같이 이겨내보자"고 말해줄 수 있는 사람이 됐다. 그건 아마
"나 같은 사람이 또 생겼으면 좋겠어?" 하고 외치던 딸에게 주는 대답
일지도 모르겠다.

　"시간이 얼마나 가야 저 마음이 치유가 될까. 그런 고민 하게 되고.
걱정하게 되고. 괜히 등 한번 토닥거리게 되고 그렇더라고요. 아무리
세월이 약이라고 해도 자식이니까. 평생 갈 거고. 스스로 뭔가를 하면
서 이겨내야 하는데. 다른 사람이 나 같은 아픔을 겪게 하지 않겠다는
생각으로 이겨내려는 부모들이잖아요."

　그는 싸움을 먼저 시작한 '선배'로서 당사자 가족들을 바라본다.

　"활동가들이 우리(당사자, 당사자 가족)한테 울타리 역할을 해줄 걸

기대할 게 아니라, 우리가 활동가한테 울타리 역할을 해줘야 한다고 생각해요."

나는 가만히 이야기를 듣다 말했다.

"어머니, 활동가가 다 되셨네요."

연대자 정도를 기대하고 왔는데, 활동가가 되어버린 사람을 본다. "당연히 내가 할 일 아닌가. 그냥 그렇게 생각하지." 김시녀는 그렇게 말은 해도 싫지 않은 듯 보였다. 그러나 나라는 사람은 모순적이라 돌아서서 이종란 노무사에게 물었다.

"김시녀 어머님은 이제 활동가인가요?"

"훌륭한 활동가지. 난 그렇게 생각해요. 내 피해를 넘어 전체를 보고, 필요하다고 생각하기 때문에 아픔을 어루만져주려는 그 마음이 엄청난 거죠. 어머니는 본인이 반올림에서 겪은 교훈들을 다른 분들의 아픔과 접목시키고 싶어해요. 이게 의식적으로 하는 일이 아니라도, 내가 이렇게 싸워보니 해결이 되더라. 그렇게 조금이라도 보탬이 되고 싶어하세요."

보태고 싶은 마음이 늘 시작을 만든다. 그리고 15년차 활동가 이종란도 자신이 활동가로 불리고 싶다고 한다.

"활동가라는 말이 어색했어요. 노무사라는 외피에 숨었던 것 같은데, 요즘은 내가 노무사로 불리는 게 오히려 부끄러워. 예전에는 동지가 어색했거든요. 요즘은 동지라는 말도 좋고, 활동가라는 말도 좋고."

사람이 주는 힘을 믿으니 사람이 연대자가 되고, 활동가가 된다. 나는 예전에 쓴 책*에서 이런 비유를 한 적이 있다. 배달 노동의 고됨과 불안정한 처지가 서로 경쟁하듯 우위를 차지하는 일을 보며 '힘센 신랑감을 찾는 쥐'에 관한 동화를 떠올렸다. 더 힘센 상대를 찾듯 더 고된 노동으로 흘러간다. 결국 돌고 돌아 내 자리에 그 고됨이 있다. 절망하자고 쓴 이야기는 아니지만 비관적인 이야기였다.

이 글에서 동일한 비유를 쓰고 싶다. 연대의 이유를 물으니, 사람들은 자신에게 힘을 준 존재를 찾는다. 당사자는 활동가를 찾고, 활동가는 연대자를 찾고, 다시 연대자는 활동가 때문에 온다고 하고, 활동가는 당사자에게서 위로를 받는다고 한다. 그렇게 쥐가 힘센 신랑감을 찾듯, 나의 손을 잡아준 사람을 찾아 돌고 돌다보면 결국 모두가 손을 맞잡고 있음을 확인한다. 그 손이 '나'를 변하게 한다.

---

* 《노동자, 쓰러지다》, 희정 지음, 오월의 봄, 2014. "힘이 세다 생각하여 찾아간 이들은 늘 저보다 더 힘센 이가 있다고 한다. 해님은 구름이, 구름은 바람이, 바람은 돌이 더 강하다고 한다. 결국 쥐 부부의 여정은 더 힘센 이를 찾아 길어지기만 한다. 산업재해를 취재하는 여정도 이와 비슷했다. 폐가 상하고, 어깨가 탈골되고, 머리가 아프고, 당신들의 작업환경이 최악이군요, 라고 판정 내리려 하면 상대는 '아니오, 저희보다 더한 곳이 있습니다'라고 미루었다. 노동조건이 더 나쁘고 일이 더 위험하고 노동의 존엄이 없는 곳으로 가게 된다."

변하는 사람들

김시녀만 변했나. 이종란 노무사, 아니 이종란 활동가만 변했나. 한혜경도 변했다.

한 날은 그를 집회장에서 만났는데, 다가가서 인사를 하니 다짜고짜 "네가 (휠체어) 좀 밀어봐" 하고 말한다. 내내 휠체어를 밀고 다닌 어머니가 걱정된 모양이었다. 누군가에게 엄마와 교대해달라고 싶었는데, 마땅한 사람이 없었던 거다. 스태프 역할을 맡은 활동가는 다들 바쁘니까. 그러던 중에 내가 보인 것이다. 그래서 자리를 바꾸려고 하니 그의 어머니가 만류했다.

휠체어는 무겁다. 사람 하나가 타고 있으니 당연한 일인데, 한혜경의 마른 몸과 가벼워 보이는 재질의 휠체어에 속아 방심하고 말았다. 그를 태우고 턱을 넘고 경사길을 간다. 가장 큰 문제는 휠체어를 미는 내내 등을 굽혀야 해 구부정한 자세가 된다는 것. 그렇게 춘천에서 서울까지 몇 시간을 와서 또 몇 시간을 걷는 사람이 있다.

"(황)유미* 아버지가 그래. 혜경 엄마 휠체어 끌고 다니는 거 보면 억척스러운 여인네라고. 벌써 13년이지."

   •   2003년 삼성전자에 입사해 기흥 공장에서 1년 8개월가량 일했다. 스무 살이던 2005년 6월 급성 백혈병 진단을 받고 사망한다. 딸의 죽음을 규명하려던 아버지 황상기의 노력으로 국내에서 처음으로 반도체 공장 직업병 문제가 거론됐다.

언젠가는 내가 휠체어를 밀다가 혜경 언니 다리를 유리문에 부딪히게 해서 바로 교체당한 일도 있다. 다른 사람이 휠체어를 밀면 두 손이 자유로워진 것처럼 굴어도 김시녀의 시선은 티 나지 않게 딸을 좇는다. 세월만큼 손길도 눈길도 능숙하다. 그리고 한혜경, 몸이 건강하든 아니든 세상 제일 착한 딸이었던 언니는, 남에게 아쉬운 소리 하나 못하던 사람에서 이제 휠체어를 밀어달라고 요구할 수 있는 사람으로 변했다.

"얘가 아프고 나서 처음에는 내 마음대로 해줬어요. 내가 막 시켰어. 엄마가 운동시키면 해야 해. 뭐 하라면 해야 해. 그래야 너 걸어. 얘도 참고 해준 거야, 엄마가 나 때문에 고생한다는 마음에. 그런데 어느 순간부터 얘가 나한테 반항을 하는 거예요. '하기 싫어.' 그래서 내가 '하기 싫은 게 어딨어' 그랬더니, '내 마음이야, 나도 하기 싫은 건 안 할 수 있는 거야' 이러더라고. 얘가 자신감이 생겼다는 거잖아요. 그럼 나는 화장실 가서 킥킥 웃어요."

모든 것을 희생하는 어머니와 모든 것을 맞춰주는 아픈 딸의 모습은, 내가 본 초창기의 그림일 뿐이었다.

"그게 얼마나 이기적인 거예요. 권영은(반올림 상근 활동가)이가 나한테 그런 이야기 많이 해줬죠. 우리 싸우는 거 옆에서 보면서. '부모가 자식을 왜 소유물인 양 하려고 해요. 그건 잘못된 거예요' 하고 지적을 해줘요. 덕분에 많이 바뀌었지."

두 사람 다 한혜경이 아프기 전에 살아온 방식과는 다른 삶을 사는 중이다. 다른 방식으로 살고 새롭게 관계를 맺어간다. '우리 엄마 불쌍해'가 마음에 새겨진 맏딸에서, 지금은 내가 한마디로 표현할 수 없는 정체성을 찾아가고 있는 한혜경. 그 변화에 같이 동참하는 어머니 김시녀.

어느 날은 무슨 대화 중에 한혜경이 이런 이야기를 했다.

"내가 봐도 우리 엄마는, 엄마야."

김시녀가 거들었다.

"엄마들은 다 그래."

다 그런가? 내가 고개를 갸웃하는데 김시녀가 말을 보탠다.

"엄마는 두 종류야. 데리고 키우든가, 갖다 버리든가."

나는 그만 깔깔 웃었다. 그의 말이 재미있어서가 아니었다. 활동가이자, 동병상련의 처지를 아는 시민이자, 아픈 손가락을 보는 사람이자, 그 자신이 연대자이자, 당사자이자, 가족인 사람. 어머니의 자리에서 모든 일을 겪은 사람. 동시에 고유한 개인으로서의 그가 '엄마'라는 역할과 분리되지 않은 채 자기 삶에서 나온 교훈을 풀어내는 모습이 눈에 들어와 웃었다. 나는 그와 모성에 대한 이견을 논하진 못할 것이다. 그럼에도 그런 그를 좋아한다. 그러니 웃은 거겠지.

한혜경이 이어 말했다.

"우리 엄마 뒤끝 있어. 그래서 내가 살아 있는 거지."

"엄마가 착한 엄마는 아니야, 솔직히."

착한 엄마가 아니기에 그가 좋고, 실은 착한 엄마이기에 우리가 만날 수 있었다. 10년 전에 이들은 대화를 어떻게 했더라. 모녀를 처음 만났을 때, 두 사람이 했던 무수한 말 중에 나는 이 말을 받아 적었다.

"엄마가 고생이 많아."

"아니야. 엄마잖아."

"나 나중에 또 병 걸리면 수술시키지 마. 진짜로 약속."•

한혜경은 그후로도 많은 치료와 수술을 받았다. 다만 '엄마'만이 감당한 수술이 아니었다. 김시녀는 엄마의 위치에서 한혜경의 곁을 지키고 병수발을 들었지만, 그 모든 부담을 혼자 감당하지 않았다. 옆에 반올림이 있었다. 원래 삼성이, 그리고 국가와 사회가 해야 할 일이었으나 반올림과 연대자들이 대신했다.

우리가 만난 지 얼마되지 않았을 때 "내가 장애인이 됐어요? 믿어져요?"라고 묻던 한혜경을 지켜보며, 내가 충격을 받은 것은 장애가 주는 고통, 삼성의 잔혹함, 자본의 이윤 추구… 이런 것들 때문이 아니었다. 고작 재활 치료만 꾸준히 받아도 몸 상태가 나아진다는 사실을 알았기 때문이다. 노동자들은 기업의 산재 책임을 입증할 수 없어 보상은커녕 치료도 제대로 받지 못한다. 삼성이 책임을 은폐했기에 한

•   〈뇌종양 수술 후, 사지가 묶여 있는 딸을 보고…〉, 희정, 프레시안, 2010. 10. 9.

혜경의 몸 상태는 악화된 것이다.

그런데 모녀가 사회에 나와 반올림을 만나고 산재 신청을 하고 삼성과 시비를 가리는 싸움을 시작하며, 그리고 재활 치료를 정기적으로 받으면서 한혜경은 걷는 것, 말하는 것 모두 나아졌다. 좋아진 몸으로 서울로 상경해 법정투쟁하고 기자회견하고 3년간 농성도 하더니, 산재 승인을 받았다. 그리고 어느 날 나는 한혜경이 장애 인권 운동 후원 주점에서 '장애 차별 철폐' 몸자보를 입고, 반올림 사람들과 웃고 있는 사진을 보았다.

사진을 보며 깨달았다. 절망이든 피해든, 세상에 변하지 않고 멈춰있는 것은 없다는 사실을. 사람들은 절망적 상황이라고 쉽게 말하지만, 그 절망만을 부각시키는 시선이 피해를 고정시킨다. '아픈 사람', '가련한 피해자', '비통한 부모', '눈물짓는 어머니'의 모습으로만 그들을 묶어두는 말은 당사자를 세상과 만나지 못하게 한다.

사람들은 자신이 묶어둔 대상을 오래 보지 않는다. 고통에 머무는 사람을 오래 보는 일은 내키지 않으니까. 잠깐 보는 존재이니, 이들의 삶을 볼 필요가 없다. 세상은 두 피해자의 부모가 울지도 주저앉지도 않고, 토론회에 참석해 나란히 앉아 속닥거리는 장면을 볼 필요를 느끼지 않는다.

오늘 연대를 한다

현장 실습을 하다가 목숨을 잃은 피해 자녀를 둔 부모들과 식사를 같이한 적이 있다. 그들은 모이면 당연히 자식 이야기를 했다. 늘 예쁜 것만 생각나는 법. 자녀가 사고를 당한 후의 일을 떠올리던 한 이가 잠시 말을 멈추고 국을 한술 뜨다가 멈췄다.

"내가 이제 이런 이야기를 하면서도 밥을 먹네."

그러면서 몇 수저를 더 떠 입에 넣었다.

"장례식장에서 밥이라도 먹으려고 하면 옆에서, 그래도 밥이 넘어간다고 한 그 말이 맺혀서."

옆에 있던 다른 이가 말을 받는다.

"그 말 들을까봐 나는 밥을 아예 안 먹었어."

사람들이 던진 한두 마디가 그들의 발 뻗을 자리를 자꾸만 줄여버렸다. 아프고 힘든 사람에게 잠시 쉴 자리도 허락하지 않았다. 피해자의 모습을 고정시킨 세상은 '밥 먹는' 어머니조차 상상하질 않는다. "내 맘 같지 않은 사람들이 너무 많으니까." 그래서 이들은 서로 모이고 싶었는지 모른다. 여기에는 나와 비슷한 처지인, 내 마음을 드러낼 수 있는 사람이 있겠지 하는 마음에. 사람은 잠시라도 발 뻗고 짐을 내려놓을 수 있는 공간이 필요하니. 나는 그런 자리가 곁이라고 생각했다.

연대에 관한 글을 쓰면서 곁의 자리를 고민하게 된다. 누가 그런 무거운 일을 할 수 있을까. 누가 고통받은 자의 곁에 설 수 있는지, 그 무거움을 받아 안고 갈 수 있는지. 모르겠다. 당사자의 곁이자, 자신 또한 곁을 필요로 하는 김시녀를 비롯해 피해자 가족들의 심정도 감히 추측할 수 없다.

다만 그런 생각을 한다. 밥 한술을 뜨지 못하게 하는 말이 없는 사회에서도 그 무거움이 같은 질량일까. 그들이 왜 싸우는지, 무엇이 필요한지에 대해 한번쯤 생각하는 사람이 늘어난 세상에서도 같은 무게일까. 일하다 사람이 죽거나 병드는 일을 해결하겠다는 의지를 가진 사회에서는 곁에 선 사람도 홀로 무겁거나 외롭진 않을 거라는 생각을 해본다.

사람이 아니라 사회 자체가 고통받는 사람들의 곁이 될 수는 없는지를 생각한다. 반올림을 만난 후 한혜경은 "엄마 나 수술 시키지 마"라는 말을 하지 않았다. 그런 지원과 이해는 사회의 몫이 아닌가.

그래서 사람들은 연대를 하는 거겠지. 곁이 될 용기가 없어, 당사자의 옆에 늘 있을 자신이 없어, 내가 사는 사회가 곁의 노릇을 하길 바란다. 그런 사회를 바라기에 오늘 연대를 한다.

서로가 서로에게
사람이라면

●

〈노동자의 벗〉이라는 단체가 있다. 이름만 보면 80년대 언저리에 있는 곳 같지만 문을 열고 들어가니 풋풋한 얼굴들이 눈에 띈다. 단체 설명회가 있는 날이었다. 20~30대, 청년으로 불릴 연령대의 50여 명이 회의실을 메우고 있다. 정장 차림은 아니지만 나름 갖춰 입은 듯 단정한 옷매무새와 밝지만 다소 긴장된 웃음이 서로가 초면이라는 걸 짐작하게 한다. 예의 바른 표정 뒤로 묘한 확신이 보인다. 자신의 힘으로 어떤 관문을 통과한 사람에게서 보이는 자신감이다. 그럴 만도 하지. 이들은 공인자격증 시험을 갓 통과한 신입 노무사들이다. 2개월간의 집체 교육과 노무법인에서의 6개월 수습(인턴) 기간을 거친 후 정식 공인노무사가 된다.

한 해 앞서 합격한 사람들이 주축이 되어 노동자의 벗을 소개한다. 노동자의 벗, 줄여 '노벗'이라고 부른다. 수습 노무사들을 대상으로 한 노동 인권 활동 모임이다. 노무법인에서 수습 기간에 가르쳐주지 않는 노동 현장의 실태를 접할 수 있는 기회라고 했다.

친구

이름부터 노동자의 벗. 친구가 되겠다고 한다. 노동자의 친구라고 하면 떠오르는 인물이 있다. "나에게 대학생 친구 한 명이라도 있었다면" 하고 말했던 이. 전태일은 근로기준법을 품에 안고 몸에 불을 붙였고, 그의 사후에 조영래 변호사가 평전을 썼다. 단체명을 이렇게 지은 까닭을 따로 묻진 않았지만, 작명할 때 전태일을 떠올리지 않은 사람이 있었을까. 노무사는 전태일이 손에 들었던 근로기준법, 바로 노동법을 다루는 사람들이다.

나는 지난해 노벗 활동을 했다는 이들에게 물었다. 정식 노무사가 된 지 반 년이 된 이들이었다. "노동자의 벗이 된 거 같아요?" 그들은 손사래를 친다. "제가 벗이 될 만큼 내주었는지 모르겠어요." 그리고 농담을 덧붙인다.

"노동자의 벗을 하면서 제 벗만 많이 만든 것 같네요."

벗이란 6개월간 노벗에서 같이 시간을 보낸 동료 수습 노무사들을 가리킨다. 이 말을 한 사람은 여수진 노무사. 작년에 노벗 운영팀장을 맡았다. 노벗 활동을 마치고 그는 활동 후기 글에 "노벗이 끝나면, 문 닫은 놀이공원처럼 쓸쓸해지려나"라고 썼다. 그뿐만 아니라 다들 설명회 내내 노벗에 대한 자부심을 보여준다. 수습 근무 틈틈이 시간을 내어 노벗 활동을 한다. 할 일이 엄청나다는 말이 신입을 유치해야 하는 자리에서도 농담처럼 등장한다. 그럼에도 후회하지 않을 경험이라고 강조한다. 노벗 소문을 듣고 왔다는 수습 노무사들도 있다. 그들에게서 노동자를 직접 만날 수 있다는 기대가 엿보였다.

수습 노무사들은 노벗 활동 동안 자신의 사건 당사자가 될지도 모르는 노동자들을 만난다. 반올림, 직장갑질 119, 이주 노동자 단체, 보육교사 노동조합, 요양보호사 협의체…. 작년 노벗이 만난 단체와 사람들이다. 투쟁하는 노동자를 만나 슬플 때 같이 울고 기쁠 때 같이 웃었다. 이들은 노동자를 만난 경험을 통해 지금껏 살아온 삶과는 다른 인식과 여운을 얻었다고 했다.

그런데 노동자란 누구를 가리키나. 일하는 사람을 노동자라고 하지만 일하는 모두를 '노동자'라고 부르지는 않는다. 노동자로 불리는 사람은 늘 따로 있다. 나한테는 그것이 의문이었다. 전태일 옆에 정말 대학생이 있었다면, 둘은 친구가 될 수 있었을까. 전태일이 해독하지 못한 근로기준법의 한자를 대신 읽어주면서? 한 노무사는 작년에 노벗을 통해 직접 당사자들을 만나고 나니 "내 일처럼 화가 난다"고 말했다가 바로 정정한다. "내 일일 수는 없지만요." 선긋기가 아니다. "저 사람들은 삶을 걸고 하는데, 나는 무엇을 내어주었다고 벗이라 할 수 있나"에서 비롯된 조심스러움이다.

전태일은 자신과 존재 기반이 다른 대학생이라는 이를 통해 자기 주변에서 찾을 수 없는 지식에 가닿고 싶었을 것이다. 자신이 발 딛은 곳의 문제를 해결해줄 어떤 실마리가 그 지식에 있지 않을까 기대하면서. 그리고 대학생에게는 전태일의 친구가 되는 것이 어느 정도 '내어주는' 일이었을 것이다. 시간과 품을 들여 알지 못하는 세계를 아는 일. 하지만 어쩌면 전태일의 세상은 그에게 '알지 않아도 되는' 세계다. 특정 세계를 '알 필요 없는, 몰라도 되는 일'로 만드는 힘은 구조에 있다. 그렇다면 알지 않아도 되는 세계를 아는 것은 판단과 선택, 그러니까 정치의 문제다. 어떤 사건, 사람, 세계를 알아가는 일에는 판단과 선택이 따른다.

누구와 친구가 될 것인지도 선택의 문제다. 사람들은 각자의 필요와 이유에 따라 친구를 맺는다. 다양한 방식과 위치에서 맺는다. 다만 전제를 둔다. '나는 네 편'이라는 것. 편도 들어주지 못할 거면서 어떻게 친구가 될까. 자신이 어느 편에 서 있을지 선택해야 한다.

(어떤 이가 노동자인지는 모르겠지만) 노동자와 만나는 경험을 하고 싶어 노벗에 찾아왔다는 수습 노무사들은 선택의 길에 한발 내딛은 사람이다. 6개월의 노벗 활동 기간 동안 자신이 한 선택의 무게를 재야

한다. 노벗을 설명하는 영상에 이런 문구가 나온다. 지난해 노벗 수료자들이 만든 영상이었다. "어느 한편을 선택할 필요는 없습니다." 굳이 이 말을 하는 이유를 알 것 같았다. 수습 노무사들은 이런 질문을 한다. "노벗은 민주노총과 무슨 관계인가요?" "노벗에 들어가면 노노모처럼 사용자 사건은 맡지 못하나요?"**

노벗과 긴밀한 관계를 맺고 있는 '노동인권 실현을 위한 노무사모임(노노모)'**은 사용자 측 사건을 맡지 않는다. 노동관계를 다루는 노무사는 사용자 측과 노동자 측이 수임하는 사건을 맡는다. 해고 사건을 예로 들자. 노동자는 부당 해고라 하고, 사용자는 정당한 해고라고 주장한다. 각각에게 법적 논리를 만들어주는 일이 노무사의 역할이다. 어느 측 사건을 수임할 것인가는 선택에 따른 문제다. 직업은 다 같은 노무사인데 정반대 선택을 해야 한다.

6개월 후 이들은 모두 선택을 해야 한다. 어느 법무·노무 법인에서 일할지를 선택하는 일부터 시작이다. 그러니 어느 한쪽을 선택해야 할 필요가 없다고 안심시키는 이 말은, 실은 세상이 양쪽으로 나뉘어 있음을(또는 그렇게 인식함을) 반어적으로 보여준다. 나뉘어 있지 않다

---

* 민주노총은 후원·지지 단체이며, 노노모는 노벗 주관 단위이긴 하지만 노벗을 수료했다고 노노모에 가입할 필요는 없다.
** 노무사 업계의 '민주사회를위한변호사모임(민변)'이다. 그러나 사용자 사건을 맡지 않는다는 불문율은 민변 회칙에도 없는 노노모의 고유한 원칙이다(〈노동자들이여 울지 마세요, '노노모'가 있잖아요〉, 강진구 기자, 경향신문, 2014. 2. 21 참고).

면, 이편저편이라는 말이 나올 필요도 없다.

길

학창 시절 수강한 〈법과 사회〉라는 과목이 그렇게 지루할 수 없었다. 이러저러한 부당함을 만나는 동안 내게 법은 '힘 있는 사람들의 것'에 불과했다. 노무사라는 직업을 취재하기에 앞서, 법이 나에겐 무엇인지 떠올려봤다. 법은 수학공식이었다. 법을 다루는 법률가는 공식을 푸는 사람처럼 보였다. 법이라는 기본 공식이 있고, 그에 맞춰 풀이를 하다 보면 판결이 나온다. 그런데 5년차 노무사 김유경*은 법이 '길'이라고 말했다.

"저에게 상담하는 대부분의 사람들이 단답식으로 답이 나올 만한 상황이 아니에요. 기존의 법으로 꿰맞추려 하면 더 답이 없고요. 그래도 가능성이 10%라도 있으면 길을 찾아야 하는데."

단답식 답이 나올 수 없는 상황에 처한 사람들은 누구인가. 시설 무료 사용을 대가로 노동을 하는 독서실 총무, 극단에서 연기를 배우는 동시에 보조 업무를 하는 배우, 프리랜서, 플랫폼 노동자, 5인 미만 사업장 근무자…. 김유경 노무사는 〈직장갑질 119〉** 활동을 겸한 후로

---

*   돌꽃 노동법률사무소 대표.
**   2017년 11월 1일 출범한 단체로, 150여 명의 활동가(노무사, 변호사, 단체 상근자 등

어려운 풀이를 더 자주 접하게 되었다. 하지만 풀이 과정이 어렵다고 해서 답이 없다고 착각하지 않는다. 법으로 할 수 있는 게 없다는 말도 쉽게 하지 않으려고 한다. "그 말 이후 전개가 아예 달라지니까요." 법 이야기인가 했는데 상식 이야기다. 사람들은 흔히 말한다. '답 없는 싸움'이라고. 오래, 거칠게, 질기게, 크게 싸울수록 그런 평을 듣는다. 왜 그렇게까지 한대. 왜 저렇게 막무가내래. 답도 안 나오는 싸움을 왜 한대.

"시민들의 '쯧쯧쯧'에 더해서, 법률가가 내가 아는 법률적 지식으로 이건 안 된다고 하면 그분들은 더 위축될 수밖에 없는 거죠."

위축된 이들은 주로 노노모 소속 노무사들이 운영하는 법률사무소로 찾아든다. 대체로 규모가 작고 수임료가 값싼, 작은 사건에도 신경을 쓴다는 평판이 있는 곳이다. 아니, 사무실까지 찾아오는 이는 소수다. 그 정도 기운도 없는 이들이 다수다. 공단이나 역 앞을 지나다가 거리 법률 상담 부스를 발견하고 들어오거나, 요즘은 직장갑질 119 같은 오픈채팅방에서 답답함을 쏟아낸다.

"이분들은 엄청나게 시원한 정답을 원한다기보다는 저희가 이야기를 들어드리는 것만으로도 만족하시는 경우가 대부분이에요."

그런 사람들에게 계산기 두드려 딱 떨어지는 답을 해줄 수는 없다.

포함)들이 카카오 오픈채팅방을 통해 노동에 관한 상담을 하거나 진정·소송을 돕는다.

그럼 무슨 답을 할 수 있나? 이때부터 안 가본 길을 가는 거다. 법리 구성을 되짚어 판례를 뒤집을 수 있는 방안을 찾기 시작한다.

김유경 노무사는 왜 가본 적이 없는 길에 들어서야 하는 직업을 택한 걸까. 식상한 질문이지만 나는 그가 노무사가 된 이유부터 물었다. 그는 법을 알아야 할 필요를 절실하게 느끼는 일에 종사했단다. 기자였다. 언론인도 노동자이기에 신문사 노동조합에서 활동했다.

"처음에는 노조 사무국장을 했는데, 하고 싶어서가 아니라 순번이 돌아와서 한 거예요. 올해는 너희 기수가 사무국장 할 차례야. 뭐 한 번은 해야 하니까. 그때부터 노조 활동을 열심히 하게 된 거죠. 불합리한 일을 보면 가만있지 못하는 성격을 발견한 것도 같고."

발견한 성격을 발전시켜 위원장(지부장)을 맡았다. 그는 산업지 분야에서 독보적인 언론사의 기자였다. 김유경의 말에 따르면 "문제의식 없이 편하게 지내려면 한없이 편할 수 있는 자리"였다. 그는 삼성전자 출입 기자이기도 했다. 그의 평온한 삶은 노동조합으로 인해 달라졌다. "편하게만 살기에는 사회가 문제가 많다는 것도 알게 되고", 법도 그때부터 공부했다. 노동조합이라고 하면 머리띠 하나 매고 싸우는 이미지가 떠오르지만, 막상 회사와 싸움을 시작하면 각종 고소고발과 진정 등 법을 거쳐 시비를 가려야 할 일이 산더미다. 회사 공문하나에 제대로 답변하는 데에도 법률적 지식이 필요하다.

"제가 그때 노무사와 통화를 하고 싶었던 이유는, 한마디가 듣고 싶었던 것 같아요. 싸울 수 있는 힘을 주는 근거, 그 한마디가 듣고 싶었던 거죠."

노무사 상담도 한두 번이지 그 스스로 근거를 만들어내야 할 때가 많았다. 근로기준법을 뒤적이며 공부하다가 아예 노무사 시험을 봤다. 1차 시험에 합격한 상태에서 지부장 임기가 끝났다.

3년간 지부장으로 활동하고 기존 부서로 돌아갔다. 이때부터 신문사의 '보복'이 시작됐다. 15년차 기자를 주요 취재에서 배제하고 황당한 출입처를 주었다. 신입기자들에게나 해당하는 출퇴근 보고를 요구하고, 작은 일에도 경위서를 작성하라고 지시했다. 노사 관계에서 탄압은 은밀하고 사적인 괴롭힘으로 나타나기도 한다.

"아침부터 부장이 나를 불러서 훈계할 때 주변을 보면 노트북 타닥거리는 소리만 들리고. 아무도 저를 도와주지 못하는 분위기였죠. 어제까지는 동지였는데…."

그는 고민 끝에 퇴사했다. 그리고 바로 노무사 2차 시험을 준비했다. 이를 계기로 김유경 노무사가 한쪽 편을 '선택'하게 되었느냐고? 아직은 아니었다.

"당시에는 사무실 차릴 생각도 없었고. 노동자를 위한 노무사가 되어야지, 이런 생각을 하기에는 너무 지쳐 있었던 것 같아요."

2차 합격 직후, 친구들 모임이 있어 강남역에 갔다가 농성장을 발견했다. 삼성전자 서초사옥 앞 사거리에서였다.

"반올림 농성장이었는데, 거기에는 꼭 가야 할 것 같은 느낌도 들고. 예전 기자 시절 생각도 나고. 한번 갔더니 농성장에 불도 안 켜져 있고, 초창기라 우산으로 덮어놓은 것처럼 아무것도 없는 거예요. 거적때기를 들치고 들어가니까 안에 8명이나 있는 거예요. 어떻게 오셨냐고 해서 쭈뼛쭈뼛하며 제가 예전에 여기(삼성)에 자주 왔던 사람인데 최근에 노무사가 되었다고. 반드시 다시 오겠습니다, 그랬죠. 노무사 되고 이쪽 일을 자연스럽게 하게 된 계기는 반올림이었던 것 같아요."

그는 삼성 반도체 관련 기사를 직접 쓰진 않았지만 출입 기자로 지낼 때 삼성의 권력에 일조했다는 생각에 마음 한편이 불편했다. 그래서 자꾸 반올림 농성장을 찾았다. 그해 노벗 프로그램에 반도체 직업병 관련 프로그램을 제안한다.* "뭐 하나라도 보탤 만한 일을 해야겠다고 생각했죠." 이게 시작이었다.

보탬

늘 이게 시작이다. '보탤 만한' 일을 찾는다. 내어준다는 생각은 너무 무겁고, 하나라도 보태고 싶다는 마음에서 시작한다. 내가 왜 사람들이 '이쪽'을 선택하는 거냐고 물었더니 김유경은 사람이 가진 성정에

---

* 노동자의 벗 활동에 참가하는 수습 노무사들이 직접 프로그램과 활동 내용을 제안하고 운영한다.

서 비롯된 일이라고 대답했다. 2018년, 노무사 자격시험에서 어느 때보다 20대 합격자의 비율이 높았고, 동시에 노벗을 찾은 사람들이 많았다. 합격자 300여 명 중 반 정도가 노벗 프로그램에 참가한 이례적인 해였다. 젊은 층이 노동자의 벗이라는 이름을 내건 프로그램에 대거 참여하다니, 흥미로웠다.

원인은 여러 가지로 추측할 수 있다. 몇 차례의 광장 경험 이후 사회 분위기가 달라진 측면도 있다. 한편, 합격자 연령이 낮다는 것은 그들이 직장 경험이 거의 없는 사람들이라는 이야기다. 그래서 더 '노동'을 경험해보고 싶었을 수도 있다. 여러 추측을 뚫고 김유경 노무사는 인지상정을 말한다.

"자기 경험이 없어도 이쪽으로 오는 건, 자연스러운 인간의 감정이 아닐까요? 고통스러운 사람이 있으면 가서 이야기 들어주고 싶고. 심지어 내가 해줄 수 있는 것도 있으니."

그 자신은 퇴사하며 겪은 경험으로 억울함에 대한 감각이 생겼다고 했다. 그는 타자 소리만 들리던 사무실을 기억한다.

"이런 말들을 하시는 거죠. 내 이야기에 누구도 공감해주지 않았고, 사무실에서 갑질당했을 때 주변에선 니 업무 능력이 부족해서 그런 거다, 이런 이야기를 수없이 들었는데. 여기 상담하러 오니 그럴 수 있는 일이라고 말해주는 사람이 있어서 너무 고마웠다고."

상담자들이 건넨 감사 인사는 5년이라는 시간을 건너뛰어 퇴사 직전의 언론 노동자였던 김유경에게 위로가 됐다. 그가 실시간으로 채팅방에 올라오는 사연들을 틈틈이 시간 내어 상담해온 지 3년째. 그는 억울함을 위로하는 동시에 매번 낯선 길을 좇는 심정으로 지냈다.

2019년, 직장갑질 119에 실시간으로 올라오던 상담 사례 등을 근거로 '직장 내 괴롭힘 금지법'이 만들어졌다.* 숱한 이들의 억울함 속에 법제화의 필요성이 줄기차게 요구되던 터였다. "국회에서 '쿵짝'해서 만든 법도 아니고, 직장갑질 119가 정말 많은 기여를 한 거잖아요." 새로운 길은 판례 해석에만 있지 않았다. 새로운 형태의 상담, 연대, 입법 활동 등 모든 곳에 길을 놓는 작업이 요구되었다.

"이 법이 만들어진 전과 후는 많이 달라요. 노동자들이 기댈 수 있는 하나의 법 문구가 생겼으니까. 전에는 누가 '부장이 계속 저한테 욕하면서 갈궈요' 했을 때, 할 말이 없었어요. 고작 한다는 소리가 '녹취하셨나요?'였어요. 너무 심하다 싶으면 '근로기준법상 폭행죄에 해당할 수 있다. 그렇지만 인정받기 극히 어렵고. 폭행죄에 준할 수 있겠지만 이게 물리적 폭력은 아니고…', 이런 소리만 했는데."

하지만 저들의 호소에 법을 아는 사람들이 '쉬운 계산'으로 단답형 답을 내렸다면 지금의 '직장 내 괴롭힘 금지법'은 없다. 김유경 노무사

---

* 2019년 7월 16일부터 직장에서 관계상 우위를 악용해 타인에게 고통을 주는 행위를 금지하는 '직장 내 괴롭힘 금지법'이 시행되었다. 아시아 최초로 직장 내 괴롭힘을 처벌하는 입법이라고 평가된다.

를 비롯해 여러 분야의 활동가들이 누구도 가지 않은 길을 짚어간 결과다. 보태는 일이 진척되고 있다.

선 택

노벗 이야기로 돌아가자면, 노벗을 찾은 사람들이 끝까지 함께하진 못한다고 한다. "6개월 뒤에 수료식에 가보면 반 정도 남아 있어요." 수습이라고는 해도 노무법인에서 하는 직장 생활이 수월치 않다. 내어줄 시간이 자꾸만 부족해진다. 노동자를 그저 만나는 일조차 꾸준함이 요구된다. 만나는 것, 보태는 것, 내어주는 것. 자신의 연대를 그 가운데 무엇으로 인식하든 내주어야 하는 게 있다.

주고받는 일이지만 일단 내 것이 옮겨간다. 그러니 내줄 것이 적을수록 사람들은 "왜 저렇게까지 한대" 하며 외면한다. 일종의 삶의 지혜다. 노벗을 수료한 이들 중에서도 많은 수는 선택의 저편에서 공식에 맞춰 계산기를 두드려 나온 답을 제시할지도 모른다. 사실 그편이 수월하다. 그런데도 왜 자꾸만 보탤 것을 찾는 사람들이 존재하나.

노벗 설명회 영상은 이쪽과 저쪽을 선택하는 문제가 아니라고 말한 후 한 문장을 덧붙인다.

"우리 각자에겐 물러설 수 없는 지점이 있을 겁니다."

어쩌면 앞서 '어느 한편을 선택할 필요는 없'다는 말은 단지 안심시키기 위해 하는 소리가 아니었을 것이다. 인생은 선택의 연속이라고 들 하지만 실은 이편 또는 저편을 선택하는 일이 아닐지도. 내 마음이 물러설 수 없는 지점에 서는 일일지도 모른다. 사람마다 보지 않으면, 들어주지 않으면, 손잡지 않으면, 뭐라도 거들지 않으면 불편해지는 지점이 있다. 불편한 이유도 각자 다르다. 살아오며 하는 경험에 따라, 그로부터 익히는 감각에 따라 저마다 달라진다. 그곳에 설 수밖에 없고, 서기 위해 내줄 수밖에 없다.

『겨울나라 앨리스』*에서 붉은 여왕은 이렇게 말한다. "제자리에 있고 싶으면 끊임없이 뛰어야 해." 생존이 목표라는 사회는 이 말을 생존을 위한 몸부림으로 해석하지만,** 나는 이 말을 들었을 때 물러설 수 없는 지점을 생각했다. 내 마음을 더는 물러설 수 없는 곳에 두기 위해서는 뛰어야 한다. 무언가를 해야 한다. 무엇을 보태거나 내어주어야 한다. 그래야 머물 수 있다. 뛰는 일에 흥미가 있다면 다행이다. 함께 뛴다면 더 좋다. 그렇게 버틴 자리에서 관계를 맺어나간다.

---

*   루이스 캐럴의 《이상한 나라의 앨리스》의 후속작.

**   붉은 여왕 가설Red Queen's Hypothesis은 진화학에서 거론되는 원리로, 주변 자연환경이나 경쟁 대상이 매우 빠른 속도로 변화하기 때문에 어떤 생물은 진화를 하더라도 상대적으로 적자생존에서 뒤처지며, 자연계의 진화 경쟁에선 어느 한쪽이 일방적인 승리를 거두지 못한다고 한다.

환기

그렇다면 노무사라는 직업을 가진 이에게 제자리에 머무르는 일이란 무엇일까. 이번에는 10년차 노무사를 만났다. 공단·산단 인근에서 상담을 하는 노무사를 만나보고 싶었던 차에 최은실 노무사를 소개받았다. 그는 안산시 반월시화공단 권리 찾기 모임 〈월담〉*과 함께하는 동시에, 불안정노동철폐연대 법률 위원회, 법률 단체 간사 회의에서도 활동한다고 했다. 열정적인 사람인가보다 생각하는데 그가 이런 말을 한다.

"우리 사회가 그토록 매달리는 대학, 공부, 자격증… 이런 방식으로는 누구도 행복하지 않다는 생각이 계속 드는 거예요. 노무사도, 변호사도, 의사도 시험과 평가를 거쳐 획득한 직업에 불과할 수 있어요."

내가 아무리 노무사란 직업을 칭송하러 온 것은 아니지만 이렇게 대놓고 말하다니. 헤실헤실 잘 웃는 사람이 그런 말을 하니, 더 와닿았다. 그는 불만을 늘어놓기 위해 그런 말을 하는 게 아니었다. 내가 "현장에서 노동자를 만나는 일이 노무사에겐 어떤 의미가 있나?" 하고 물었기 때문이다. 그는 노무사가 단순한 직업으로 그치지 않게 하기

---

* 안산시 반월시화공단은 입주업체의 80%가 100인 미만의 중소·영세 사업장인 지역이다. 29만여 명의 노동자들이 일하고 있지만 노동조합이 조직된 비율은 1%가 되지 않는다. 〈월담〉은 이곳에서 미조직 노동자들을 대상으로 권리 찾기 운동을 한다.

위해 현장에 간다고 답했다.

"제가 하고 싶어 노무사 자격증을 땄지만, 사건만 하면 결국 거기에 매몰되는 거예요. 이게 직업이다보니까. 이 사람들 편에 서고 싶어서 노무사가 됐는데, 일이라는 건 이걸 끊임없이 잊어가는 과정인 거예요."

그래서 월담 활동을 꾸준히 한다고 했다. 그곳에 사람이 있으니까. 되새기게 하는 건 결국 사람이다. "사건도 중요하지만, 내가 왜 이 일을 하는지를 끊임없이 환기해야 해요." 구로에 있는 법률사무소에서 안산까지 오가는 일이 수월하진 않다. 자녀가 둘이나 있는 사람이다. 여의치 않을 때는 자녀들을 데리고 안산으로 내려간다고 했다. 역 근처나 공단 앞에서 천막 하나, 테이블 하나 설치하고 길가는 사람들의 무관심한 눈길을 받는다.

하루는 내가 취재 겸 설문조사 하는 걸 거들겠다고 따라 나섰다. 처음에는 꽤 씩씩했으나 쌩하니 지나쳐버리는 사람들을 연속해 겪다보니 위축되어 점점 몸이 구석을 찾아 들어갔다. 같이 설문을 하던 월담 활동가가 내게 그런 걸로 상처받으면 안 된다고 슬쩍 말하니, 옆에서 최은실 노무사가 "우리 가슴은 스크래치가 이만큼이야. 속이 까매, 까매" 하며 웃었다. 그럼에도 스크래치는 스크래치대로 두고, 어쩌다 한 명이 찾아와주길 바라며 선다. 월담은 격주마다 난장을 연다. 그 사이사이 실태 조사나 교육도 진행한다. 그 일정을 다 감당해낸다.

최은실 역시 노노모에 소속되어 있다. 사용자 측 사건은 맡지 않는다. 노무사가 사용자 사건을 맡지 않을 경우 그것은 생존과 직결된다. 수임료 크기가 다르다. "사용자 측 사건을 맡지 않는다는 것이 저희를 증명하는 가장 강력한 표현인 거 같아요." 생계를 위협받으면서도 선 자리를 분명히 하는 노노모 소속 노무사들이지만, 사건을 맡고도 노동자들을 직접 만날 일이 별로 없다. 상담과 계약 때 얼굴을 보고, 자료는 메일과 팩스로 주고받다가 심문회의 때나 만난다. 물론 만남의 횟수가 중요한 것은 아니다. 그러나 사람은 대면하지 않으면 참으로 잘 잊히는 존재다. 그래서 최은실은 사람을 만나러 현장에 간다.

법

그가 '이쪽'으로 들어오는 길목에도 사람이 있었다.

"대학 때 처음으로 간 집회가 철도 노동자들 파업 출정식이었어요. 3월 말 저녁이었으니 꽤 추웠을 거고, 생각해보면 낯설고 무서웠을 수도 있는데. 그때 출정식을 하러 온 철도 노동자가 아이를 목마 태운 모습을 보았는데, 되게 감동이었던 것 같아요. 이 운동이 아저씨들만의 문제가 아니라 가족들 문제구나. 아이들이 연관되어 있구나 하는 생각을 했던 거죠."

거칠고 팔뚝 굵은, 그래서 어쩐지 이질적인 철도 노동자라는 이미지에서 가족으로 시선이 옮겨갔다. 그렇게 연대가 시작되었다. 앞서 김유경 노무사가 농성장 문을 들추고 들어가 그곳에 옹기종기 모여 있는 사람들을 본 순간처럼. 그때부터 시작이다. 발길이 떨어지지 않는다. 보탤 일을 찾게 된다.

그들은 사람을 보고 '이쪽'에 들어왔으나, 사람들의 일터에는 법이 가닿지 않는 경우가 많았다. 법의 자리에 가 있는 것은 힘이다. 단순한 말로는 "법은 멀고 주먹은 가깝다". 나는 이 말을 대학 청소 노동자에 게서 처음 들었다. 학생 때였다. 처음으로 누군가에게 노동조합을 가입하라고 이야기한 순간이었는데, 그때 돌아온 답이었다. 돌아앉은 노동자의 굽은 등을 본 뒤로 나는 개인적으로 누군가에게 노동조합에 가입하라는 말을 하지 않았다.

법이 있건 없건 권리를 이야기하면 '바로 해고'되는 사람들이 있다. "이분들에겐 해고도 아니에요." 그들은 대부분 파견직, 일용직, 비정규직이다. 최은실이 자주 가는 공단 주변에서 더 흔히 볼 수 있는 고용 형태. 나이가 들수록, 여자일수록, 고용 형태가 불안할수록 법은 더 멀다.

법이 멀수록 억울함은 가까워진다.

"산재 신청 같은 경우, 신청할 수는 있는데 인정받긴 힘든 사건들이 있어요. 그분들 중에 저희에게 첫 상담을 받으시는 분은 거의 없어요."

사방이 뚫린 길가에서 법률 상담이라 적힌 테이블에 앉는 사람은 그만큼 억울한 사람이다.

"그분들에게 이렇게 상담을 하실 만큼 억울하시면, 인정이 되든 안 되든 산재 신청을 해보시라 해요. (산재 요양급여 청구권 소멸) 시효가 지난다고 포기되는 일이 아니거든요."

한 사람에게 닥친 법적 문제는 언제 끝나나. 그 사람의 억울함이 끝나야 끝난다. 시효도, 판결도 끝이 아니다. 법이 수학공식이 아닌 이유는 법을 적용받는 대상이 사람이기 때문이다.[*] 그러니 공식에 맞춰 할 수 있는 말이 없다.

"예전에는 노동자들에게 '위법이다, 아니다'를 설명하는 데 부담이 없었던 것 같아요. 이게 부당하고 억울한 일이긴 하지만 위법은 아니다, 단순하게 설명을 했어요. 그런데 최근에는 '법률상의 권리는 없지만 직장에 요구하실 수는 있다. 가서 이야기는 해보셔야 한다'고 이야기를 하게 되는 거 같아요."

법은 최저 기준일 뿐이다. 일하는 사람의 지위와 권리가 가장 낮은 곳에만 머물 수는 없다. 공식이 아니라면, 법은 무엇인가.

"법은 논리가 아니에요. 힘이에요."

이거 모르는 사람도 있나. 혹여 우리가 이런 현실을 잊을까봐 우려

---

[*] "내가 겪은 고통과 피해에 대해 아무리 이야기하더라도 법에 기입된 것이 아니면 그것은 무가치하게 여겨진다. 법에 근거가 없다는 이유로 말이다."《고통을 말할 수 있는가》, 엄기호 지음, 나무연필, 2018.

해 양승태 사법 농단 같은 사건이 터진다. 그러나 '법은 힘'이라는 말은 '가진 자들에게 유리하다'는 의미를 뛰어넘어 법의 한계를 '무엇으로' 극복할지를 고민하게 한다.

"투쟁 사업장 교육을 가면 말해요. 그러니 투쟁을 접으시면 안 된다. 투쟁하지 않는 사업장은 힘의 논리에 근거한 판결을 받게 된다. 사용자가 힘이 더 세니까. 여러분들이 이길 거라는 보장은 어디에도 없다. 싸우는 노동자들만이 판결을 바꿀 수 있다."

김유경 또한 노무사가 된 지금은 답을 노동조합에서 찾는다고 했다. "법은 아주 일부구나. 싸워서 쟁취를 해야 하는 게 노동조합의 본질이구나 하는 생각을 계속해요." 그러나 노동조합이 있는 사업장이 세상에 얼마나 된다고. 노동조합조차 저마다 상황, 규모, 정치가 다르다. 현실 앞에서 노무사라는 일은 다시 무거워진다.

최은실 노무사는 무거움을 이리 말했다.

"추상적으로 상상했을 때는 돕고, 서로 기쁘고, 만족하고 헤어지고. 그런데 이렇게 투쟁이 지속되고 소송에서 이겼는데도 복직이 안 되고 법으로는 도저히 해결이 안 되고. 이런 것을 생각했던 건 아닌데."

장기 투쟁 사업장의 법정 싸움은 기본적으로 3년이 걸린다고 한다. 통상 그렇다. 고용노동부가 미루고 미루다가 검찰에 올리면, 검찰은 또 기소를 미루고, 간신히 법정으로 들어가면 그때부터는 돈 잔치와 다를 바 없는 회사의 항소 파티가 된다. 그래도 결국은 판결이 난다.

최은실 노무사의 말처럼 "법리가 이 정도까지 쌓이기까지 싸웠던 노동자들이 있기" 때문이다. 더불어 가지 않은 길을 꾸역꾸역 간 법률가들이 있었기 때문이다.

사람

여전히 나는 전태일과 조영래가 실제로 만났다면 친구가 되었을지 의심한다. 더 많이 내어준다고 친구가 되는 것도 아니라는 것을 알고, 내어주는 자와 받는 자 사이의 위계도 알기 때문이다. 하지만 나는 내가 만난 노무사들이 슬플 때 같이 슬퍼하고, 기쁠 때 같이 기뻐하며, 때로는 서로가 고마움도 죄책감도 느끼는, 가끔은 부담도 분노도 느끼는 그런 관계로 어떤 대상을 대하고 있음을 안다. 그러니까 서로가 서로에게 사람인 것이다.

1년차 신입 노무사는 내가 던진 '노동자의 벗'이냐는 물음에 아직 내어준 것이 없다며 손사래 치면서도 이리 대답했다.

"친구라면, 기쁠 때 진실되게 기뻐해주는 것도 좋은 일이잖아요? 특히 노벗 할 때 반올림 산재 투쟁을 10년 넘게 하신 한혜경 씨가 산재 인정을 받으셨거든요. 그날 분위기도 좋고 같이 기뻐할 때 눈물이 났는데, 내가 이 자리에 있어서 정말 좋았어요. 10년 동안 하신 건데, 그 결과물의 기쁨을 내가 작게라도 얻어갈 수 있는 게 정말 좋았어

요."(여수진)

나는 그때 무어라 대답했던가. "친구란 천천히 되어가는 거죠." 일단 기쁠 때 같이 기쁜 것부터 시작해도 되겠지. 그래, 찬찬히 걸음 밟아가며 친해지는 게 친구다. 친구가 아니면 또 어떤가. 서로가 서로에게 사람이라면 그것으로 되지 않을까.

사라지지 않기 위해
여기, 우리, 함께

이 원고를 쓰고 나서 지인에게 리뷰를 부탁했다. 학업과 일을 병행하는 20대로, 주로 알바와 계약직 일로 생활하는 이였다. 그는 정규직이 되기 위해 오래 싸우는 비정규직 제조업 노동자들의 이야기를 보더니, "나와 참 다르네요" 하고 말했다. 정규직이 되기 싫다, 이런 의미는 아니었다. 그에게 정규직은 계약직과 아예 다른 직종이었다. 계약직이라는 험난한 산을 넘어 되어야 하는 무엇이 아니었다.

그러지 않아도 장기 투쟁 사업장을 기록하며 걱정했다. 너무, 정규직 노동자들의 이야기다. 그에 더해 제조업, 중년 이상 세대의 노동이었다. 처지가 해고자이건 비정규직이건, 어쨌건 정규(?) 노동운동 내에 들어가 있는 사람들의 바람으로만 읽히는 것이 아닐까 우려했다. 사람들에게 책에 담길 투쟁 사업장을 설명하다가 어느새 변명하듯 말하고 있는 나를 발견하곤 했다.

"정규직이 아니면 오래 싸우는 일조차 불가능해요."

사실이었다. 동시에 이들의 싸움을 설명하는 긴 지면에서 이름 앞에 '비非' 자를 붙여야 하는 무수한 노동이 들어갈 자리가 없다는 생각에 답답해지곤 했다. 이 책만이 아니다. 노동에 관한 르포르타주를 쓸 때면 일하는 사람의 목표가 정규직에 있는 것처럼 이야기하다가도 문득 멈춰, '정말 그러한가?' 하고 생각했다.

글이 마무리될 즈음, 새해를 맞이했다. 한 신문사에서 새해 특집으로 '비정형 노동'을 다뤘다. "하나의 일자리는 이제 '일감' 단위로 잘게 쪼개"지고 "마이크로 노동이 하루가 멀다 하고 생겨나고 있다"고 했다.• 일자리는 다양해지는 동시에 파편화된다. '플랫폼 노동'은 몇 년 사이에 익숙한 용어가 됐다. 고용 형태는 카멜레온같이 변하고 사람들은 빠르게 적응했다. 발 빠른 적응과 그에 따른 자기관리가 미덕인 우리 사회였다.

새로움이 넘쳐흐르는데 '정규 노동'을 부여잡고 이야기한다. '정규직 자리를 지키려는 노동자'들을 다룬다. 이것이 너무 낡은 이야기인

• 〈무너지는 일과 삶의 경계… 노동이 녹아내린다〉, 손제민 기자, 경향신문, 2020. 1. 1.

것은 아닌가. 고민하게 된다. 왜 이들을 기록하는지 스스로에게 물어야 한다.

묻고 나면, 책에 등장하는 이들의 기분이 되어버려 이리 대답하고 싶어진다.

"싸우고 있으니까."

사람이 싸우고 있으니까. 나에게는 더할 것 없는 답이지만, 세상에 내놓기에는 충분하지 않다는 것을 안다. 청년 노동을 취재한 적이 있다. 다양한 직종의 20, 30대에게 직장에서 무슨 대화를 하는지를 물었다. 늘 비슷한 대답이 돌아왔다. 상사 욕, 업무 이야기, 주말·휴가 일정, 그리고 연애와 연예. 직종을 불문하고 대화 소재는 협소했다.

묻다보니 알게 됐다. 그런 신변잡기에서조차 정규직(또는 무기 계약직)과 단기 계약직의 발화 방식이 다르다는 사실을. 단기 계약직은 회사 내에서 상사 욕을 하지 않는다. 같이 상사 욕을 할 정도의 관계는 어느 정도 믿음을 기반으로 하는데, 그럴 만한 상대가 없다. 계약직 동료가 적은 아니다. 다만, 언제 어디로 어떤 사람이 옮겨갈지 모른다. 업무 이야기도 하지 않는다. 쉬는 시간에도 이야기해야 할 만큼 주도적으로 쥐고 있는 업무가 적다. 서로 협조할 것도 적다. 마이크로 노동이라 했던가.

심지어 주말에 본 영화 이야기를 하더라도 자신의 평이나 감정을 담아 이야기하지 않는다고 했다. '그 장면 웃기더라', '그 배우가 누구랑 연애를 했지', '영화가 몇만 관객을 넘겼다더라'. 감정이나 의견을 담지 않은 대화는 가십으로 흐르기 마련이다. 자신을 드러내는 대화는 하지 않는다. 관계가 모시 이불 한 장처럼 얇아진다. 원래 비정규직이 값싼 비용인 것은 낮은 월급에만 이유가 있지 않다. 관계를 쌓지 않으면 도모하는 일이 없다. 도모하지 않으면 일만 하게 된다.

나는 적어도 일하는 동료와 영화 취향 정도는 공유해도 되는 세상에서 살고 싶다. 트위터의 타래처럼 줄줄이 보여주진 않을지라도 감상평 한두 줄 정도는 말해도 괜찮은 관계 속에서 일하고 싶다. 많은 걸 바라는 게 아니다. 이 작은 희망에도 '안정'이라는 요소가 필요하다.

일터에서의 안정을 지키기 위해 싸우는 사람들에게 눈길을 주지 않는다면 어디서 안정을 가져올 수 있을까. 묶어두지 않으면 어느새 나풀 날아가버릴 것 같은 안정을. 어쩌면 날아가는 건 사람일지도 모른다. 나의 인터뷰이들은 어디론가 날아가버렸다.

몇 년 전 퀵서비스 기사를 취재한 적이 있다. 그는 내게 물었다. "우리 사고에 관심 있나요?" 흠칫했다. 그는 나 같은 '기자'를 많이 안다는 식으로 말했다. "우리 취재 많이 해갔습니다." 언론사에서 인터뷰한다고 하면 하루 일당을 포기하고 응했지만 달라지는 건 없었다고 했다. 그는 자신들의 문제가 다루기 편하기 때문에 언론이 자주 찾는다고 했다. "우리 위에는 뿔뿔이 흩어진 영세업체 업주들밖에 없어요." 언론사가 광고가 사라질 위험을 감수하고 기업과 대척해 다룰 노동 사안이 아닌 것이다.

"그저 불쌍한 사람들, 이렇게 내보내면 되는 문제라서 그럽니다."•

그는 업체에 소속되어 있기는 하지만, 직원은 아니었다. 월급을 받는 대신 수수료를 내며 일했다. 고용은 그가 탄 두 발 기계보다 더 위태로워 보였다. 그래도 당시에는 아직 퀵서비스계에 전속(업체 소속) 개념이 남아 있었다. 전속으로 일하는 소수의 퀵서비스 노동자들이 존재했다. 지금은 그조차 기대할 수 없다.

그의 말이 담긴 책이 나올 즈음, 그에게 연락을 취해보았으나 연락이 되지 않았다. 몇 년 뒤 퀵서비스 노동조합 사람들을 만나 그의 소식을 들을 수 있었다. 소식이랄 것도 없었다. 그는 사라졌다. "이쪽에 안 나타난 지 꽤 됐어요." 내가 안타까운 표정을 지었는지 퀵서비스 노조 사람이 말한다.

"괜찮아요. 여기 안 나타나면 그게 잘된 겁니다."

그가 자신의 직업을 막장이라고 부르던 것이 떠올랐다. 나도 글에 이렇게 적었다.

"내일은 떠날 생각으로 일한다."••

그는 떠난 것인가. 사라진 것일까.

그리고 정규직이었던 사람이 있다. 정규직으로 들어간 이상 '평생

• 《노동자, 쓰러지다》, 〈시간에 쫓겨 달리다〉 중에서.
•• 위의 책 중에서.

직장'이던 시절에 입사했다. 그리고 스무 해 넘게 일했다. 그 평생직장이 컨설팅 회사에 13억 원을 주고 노동조합 파괴를 의뢰했다. 회사를 평생 다니려는 정규직 직원들이 부담스러웠던 것이다. 노동자들이 파업으로 맞서자 회사는 직장을 폐쇄했다. 그렇게 싸움이 길어졌다.

그를 비롯한 다수가 파업 참가를 이유로 징계 해고됐다. 이후 해고자 대부분이 법정 공방 끝에 복직했다. 그때로부터 8년이 지나, 그와 같은 부서에서 일하는 동료들을 보았다.

폭염과 장마가 오가는 날이었다. 그들은 길고 긴 싸움을 이번에는 끝내겠다며 아산과 영동에서 서울까지 올라왔다. 그가 보이지 않아 다른 동료에게 그의 안부를 물었더니, 그는 대전고등법원 앞에 있다고 했다. 회사가 아니고요? 그는 복직했으나 다시 해고됐다. 이제 법원 앞에서 1인 시위를 한다고 했다.

예전 인터뷰에서 그가 했던 말이 머리를 맴돌았다.

"제 평생직장이에요. 다시 들어갈 거예요. 떳떳하게 들어가 정년까지 근무할 자신 있어요."•

정규직 노동자는 해고되고, 비정규 노동을 하던 이는 사라졌다. 두 사람은 닮은꼴이다. 고용 형태가 다른데도 자꾸 나풀나풀 가벼워지라는, 아니 저렴해지라는 노동시장의 요구를 받다보니 닮아버렸다. 저들

• 　유성노조 영동지회 홍완규 전 지회장과의 인터뷰에서. 〈만인보 - 노동자는 올빼미가 아니다〉 희정, 한겨레21 제874호, 2011.

의 싸움을 방치한다면 우리는 무엇이 되었건 자꾸 닮아갈 것이다. 보이지 않는다는 점에서. 감춰진다는 점에서. 한껏 가벼워진다는 점에서.

가벼워진 노동을 덧입은 우리는 어디론가 사라질 것만 같다. 이대로 괜찮지 않다. 그래서 기록한다. 사라지기 전에. 아니 사라지지 말라고.

사진

여기, 우리, 함께

오래도록 싸우고 곁을 지키는 사람들,
그 투쟁과 연대의 기록

희정 지음

2020년 5월 1일 초판 1쇄 발행
2020년 11월 30일 초판 2쇄 발행

펴낸이 이제용 | 펴낸곳 갈마바람 | 등록 2015년 9월 10일 제2019-000004호
주소 (06775) 서울시 서초구 논현로 83, A동 1304호(양재동, 삼호물산빌딩)
전화 (02) 517-0812 | 팩스 (02) 578-0921
전자우편 galmabaram@naver.com
블로그 blog.naver.com/galmabaram
페이스북 www.facebook.com/galmabaram

편집 오영나 | 디자인 이새미
인쇄·제본 공간

ISBN 979-11-964038-8-1 03330

이 도서의 국립중앙도서관 출판예정도서목록(CIP)은 서지정보유통지원시스템 홈페이지
(http://seoji.nl.go.kr)와 국가자료종합목록시스템(http://www.nl.go.kr/kolisnet)에서
이용하실 수 있습니다. (CIP제어번호 : CIP2020013198)

책값은 뒤표지에 있습니다.
잘못된 책은 구입하신 곳에서 바꾸어 드립니다.

이 책은 2020년 아름다운 청년 전태일 50주기를 맞아 기획·출간되었으며, 도서 인세 일부를
전태일재단에 기부합니다.